El pensamiento político de la derecha española en el siglo XX

Colección
Biblioteca de Historia y Pensamiento Político

Directores:
Slavador Rus Rufino y Javier Zamora Bonilla

PEDRO CARLOS GONZÁLEZ CUEVAS

El pensamiento político de la derecha española en el siglo XX

De la crisis de la Restauración (1898), a la crisis del Estado de partidos (2015)

SEGUNDA EDICIÓN
CORREGIDA Y AUMENTADA

tecnos

Cubierta de
JV, Diseño gráfico, S. L.

1.ª edición, 2005
2.ª edición, 2016

Juan Ignacio Luca de Tena, 15 - 28027 Madrid
ISBN: 978-84-309-6912-8
Depósito Legal: M-19.289-2016

Printed in Spain

Índice

PRÓLOGO A LA SEGUNDA EDICIÓN .... *Pág.* 9

INTRODUCCIÓN 15

CAPÍTULO I. LA CRISIS DE LA RESTAURACIÓN: DEL 98 A LA SEMANA TRÁGICA 29

1. OCASO DEL CONSERVADURISMO LIBERAL 29
2. REGENERACIONISMO Y «DICTADURA TUTELAR» 34
3. ENRIQUE GIL ROBLES Y JUAN VÁZQUEZ DE MELLA: LA RENOVACIÓN DEL TRADICIONALISMO CARLISTA 44
4. CATALANISMO Y *NOUCENTISME* 49
5. *EL ESPÍRITU DEL 98* 53
6. ANTONIO MAURA Y LA RENOVACIÓN DEL CONSERVADURISMO LIBERAL 58

CAPÍTULO II. DEL IMPACTO DE LA GRAN GUERRA A LA DICTADURA DE PRIMO DE RIVERA: LA RENOVACIÓN DEL CONSERVADURISMO AUTORITARIO 61

1. LA CRISIS DE ENTREGUERRAS 61
2. HACIA LA ARTICULACIÓN DEL CATOLICISMO POLÍTICO 64
3. EL MAURISMO 69
4. VÍCTOR PRADERA Y LA CRISIS DEL TRADICIONALISMO CARLISTA 76
5. LOS INTELECTUALES Y EL NUEVO CONSERVADURISMO 81
   A) *Azorín como precursor* 82
   B) *José María Salaverría o el nacionalismo integral* 84
   C) *Ramiro de Maeztu: los terrores de la Modernidad* 86
   D) *La «otra» derecha: el liberalismo crítico de José Ortega y Gasset* 90
6. LA DICTADURA PRIMORRIVERISTA 96

CAPÍTULO III. DE LA II REPÚBLICA A LA GUERRA CIVIL 109

1. LA IZQUIERDA EN EL PODER 109
2. ORTEGA Y GASSET: EL FRACASO DE LA DERECHA REPUBLICANA 116
3. LA REACCIÓN MONÁRQUICA: *ACCIÓN ESPAÑOLA* 120
4. TRADICIONALISMO Y ACCIDENTALISMO: ACCIÓN POPULAR Y LA *REVISTA DE ESTUDIOS HISPÁNICOS* 125
5. EL FASCISMO ESPAÑOL: DE LAS JONS A FALANGE ESPAÑOLA 135
   A) *Ramiro Ledesma Ramos: el voluntarismo fascista* 136
   B) *Ernesto Giménez Caballero: el esteticismo fascista* 140
   C) *José Antonio Primo de Rivera: el clasicismo fascista* 143

6. Los «solitarios» contra la II República: Salaverría, Madariaga y D'Ors 148
A) *Salaverría: el profeta de la catástrofe* 149
B) *Salvador de Madariaga: el liberalismo organicista* 150
C) *Eugenio d'Ors: el nuevo despotismo ilustrado* 153

Capítulo IV. LA ERA DE FRANCO 157

1. El franquismo: síntesis de tradiciones 157
2. Los teóricos del falangismo 165
3. La nueva derecha monárquica 169
4. La crisis del pensamiento falangista 182
5. La teorización del Estado tecnoautoritario 187
6. La derecha orteguiana: Julián Marías 191
7. La oposición conservadora al franquismo 196
8. Desarrollo, deslegitimación religiosa, fraccionamiento y crisis 201

Capítulo V. LAS DERECHAS EN EL ESTADO DE PARTIDOS 207

1. Hacia la hegemonía liberal 207
A) *La opción «centrista»* 207
B) *El «momento» Aznar* 226
2. Los exiliados en la Patria: Las «otras» derechas 235
A) *La persistencia de la Teología política:* Verbo 236
B) *El nuevo paradigma «razonalista»: Gonzalo Fernández de la Mora y* Razón Española 238
C) *Las vicisitudes de la* Nouvelle Droite *en España* 243

Capítulo VI. DE JOSÉ LUIS RODRÍGUEZ ZAPATERO A MARIANO RAJOY. DESLEGITIMACIÓN HISTÓRICA DE LAS DERECHAS Y TRIUNFO DE LA *RAZÓN CÍNICA* 249

1. El «momento» Rodríguez Zapatero: proceso histórico a las derechas españolas 249
2. Respuestas e iniciativas de la sociedad civil derechista 267
3. El Partido Popular de nuevo en el poder: de la euforia al vacío doctrinal 283

BIBLIOGRAFÍA 291

ÍNDICE ONOMÁSTICO 299

Prólogo a la segunda edición

La primera edición de este libro se publicó a mediados de 2005, prácticamente un año después de la inesperada derrota electoral del Partido Popular en las elecciones de marzo de 2004 y del inicio de lo que podríamos denominar el «momento» Rodríguez Zapatero, hechos ambos que provocaron un indudable impacto en el conjunto de la sociedad española en general y de las derechas en particular.

El libro no tuvo mala acogida en los medios de comunicación. Fue seleccionado como uno de los mejores libros del año por *El Cultural*[1]. El periodista y escritor Valentí Puig señaló que unas de sus virtudes era haber demostrado que «existe un pensamiento de la derecha española seguramente más vario y abierto que la doctrina de izquierdas»[2]. Octavio Ruiz Manjón, catedrático de Historia Contemporánea en la Universidad Complutense de Madrid, resaltó como principales logros del libro la ampliación del concepto de derecha, al insistir en la pluralidad de sus tradiciones, algo que «resulta muy útil cuando se trata de interpretar momentos específicamente delicados, como es el caso del muy debatido actualmente "bienio negro" de la Segunda República en donde cada vez resultan menos creíbles las etiquetas fascistas que algunos distribuyen alegremente». De la misma forma, se mostraba de acuerdo con la inserción en el campo de las derechas no sólo de los nacionalismos periféricos catalán y vasco, sino de la figura de José Ortega y Gasset como liberal-conservador. Y concluía: «Pedro Carlos González Cuevas, en definitiva, ha levantado un mapa rico y documentado de unas tradiciones políticas mucho más variadas de lo que a veces se ha querido creer y, con su caracterización, ha llevado a cabo una estupenda tarea para ayudar a la comprensión de la vida española de los últimos cien años»[3]. El por entonces director del diario *ABC*, José Antonio

[1] «Lo mejor de 2005», *El Cultural*, 29-XII-2005 y 4-I-2006.
[2] «Inmovilistas o regeneracionistas», *ABC*, 28-VII-2005.
[3] *El Cultural*, 15-IX-2005.

Zarzalejos, consideraba que el texto era uno de «los intentos —en buena parte logrado— de aproximarse a las características de la derecha española», sobre todo porque destacaba la «fragmentación» como uno de sus «signos de identidad». A ese respecto, destacaba como protagonistas de la vertebración de la derecha española a figuras como Cánovas del Castillo y José Ortega y Gasset, en «el ámbito del moderantismo», cuyo pensamiento se concretó en las experiencias de la Unión del Centro Democrático y en el Partido Popular[4]. Tesis que, a mi modo de ver, en modo alguno se desprenden de mi estudio. Ortega y Gasset, por desgracia, apenas influyó en la derecha política española, mayoritariamente confesional, que rechazó las aportaciones del filósofo a causa de su agnosticismo religioso y su defensa del laicismo. Por cierto, en una entrevista concedida a la *Revista de Occidente* señalé: «Que la derecha haya dejado escapar a Ortega es un grave error [...] Reinterpretar la tradición orteguiana es una tarea importante de la derecha actual»[5]. El silencio fue la respuesta. Y es que el impulsivo José María Aznar, mal aconsejado por sus mentores intelectuales, había preferido el mediocre Manuel Azaña al excelso filósofo de la razón vital.

El ensayista José María Marco lo calificaba de obra «sintética, informativa y útil». «De esto se deduce que la derecha en contra de lo que tantas veces se ha dicho, se ha esforzado por articular una posición ideológica, por elevar una crítica consistente y actualizada de la modernidad y también por fundamentar los presupuestos de su acción política». «No es algo tan común —continuaba— como parece, y merece ser resaltado frente a la estulticia tradicional de una izquierda empeñada en negar la existencia de una inteligencia de derechas». No obstante, me reprochaba el haber «cargado demasiado las tintas» en la crítica a la Restauración y en la vertiente «autoritaria y antidemocrática» de las derechas durante el período de la II República. «Lo mismo ocurrió —señalaba— durante el franquismo. La Transición no se habría hecho jamás sin una derecha que supo preservar, a pesar de todo lo ocurrido, el respeto a ciertos derechos y libertades»[6]. Algo que, por otra parte, yo nunca he negado. En mi opinión, la sociedad española en su conjunto no pudo

---

[4] «Las banderías de la derecha», *ABC*, 20-XII-2007.

[5] Ángel VIVAS, «Entrevista a Pedro Carlos González Cuevas», *Revista de Occidente*, n.º 293, octubre 2005, p. 122.

[6] «Algo más que arqueología», *La Ilustración Liberal*, 24-XI-2005.

generar un Estado de partidos o, si se quiere, una democracia liberal, mínimamente sólidos hasta muy entrados los años sesenta del pasado siglo. Ni la derecha ni la izquierda eran entonces democráticas. E incluso el liberalismo izquierdista de un Manuel Azaña, no digamos el socialismo de Francisco Largo Caballero, tenía un claro perfil autoritario y constructivista.

A José María Lassalle, hombre del Partido Popular y futuro secretario de Estado en el gobierno presidido por Mariano Rajoy Brey, admirador de Locke, Burke, Kelsen y Bobbio, y, al mismo tiempo, detractor de Voegelin y Schmitt, le pareció «un trabajo bien documentado sobre las distintas familias de la derecha». Como hombre de partido, valoraba muy positivamente el período en que José María Aznar López triunfó en las elecciones de 1996 y logró posteriormente la mayoría absoluta en 2000: «Es evidente que en ello influyó la buena gestión económica. Pero no es menos cierto que la centralidad y moderación de los mensajes políticos, emitidos por sus líderes, contribuyeron a aquella mayoría y, sobre todo, a dar forma a una hegemonía electoral dentro de las derechas que, a pesar de la derrota cosechada en las elecciones de 2004, sigue inalterada por mucho que los cantos de sirena de los que el autor denomina "exiliados en la patria" permanezcan agazapados»[7]. Un comentario superficial, porque, en el fondo, el autor no deseaba entrar en el argumento principal de la obra, es decir, las razones de la indigencia intelectual del Partido Popular en particular y de las derechas españolas en general.

Los católicos estuvieron divididos a la hora de valorar el contenido del libro. Mientras Víctor Fernández Santos, desde *Religión y Cultura*, recomendaba su lectura, porque «ahonda en matices, concretiza hechos, desarrolla sistemáticamente todo el acontecer histórico con un proceder, a mi modo de ver, objetivo»[8], Juan Pardo Maza me acusaba de no valorar positivamente la doctrina social de la Iglesia y la labor política e intelectual de Ángel Herrera Oria: «No parece entender el autor qué es la doctrina social de la Iglesia ni cuáles fueron los hitos históricos y sus desarrollos principales». No obstante, al final matizaba sus críticas: «Por lo demás, el libro es una interesante radiografía que nos ayudará a entender no tanto cómo

[7] «La derecha a examen», *ABC de las Artes y las Letras*, 8-14-X-2005.
[8] *Religión y Cultura*, marzo 2005, p. 1075.

actúa la derecha española, o alguna derecha o algunos políticos de derecha, sino por qué y para qué. Sin complejos»[9]. En parecidos términos, se expresaba el sacerdote e historiador Ángel David Martín Rubio, que incidía en mi «continua incomprensión de aquellas corrientes de pensamiento de más acusada inspiración católica». Y señalaba: «No parece que la corriente democrática y laicista dominante desde la Transición haya impedido que el centro derecha español se instale en el vacío programático y en la falta de toda referencia más allá de un vago liberalismo económico»[10]. Por mi parte, he de dejar claro que yo nunca he atacado a la Iglesia católica; y que tampoco he minusvalorado su doctrina social. Lo que he sostenido en este libro y en otros, y sigo sosteniendo, es que el catolicismo español, de profunda raigambre antimodernista, bloqueó eficazmente la aparición y consolidación en la sociedad española de doctrinas y proyectos políticos como el idealismo, el liberalismo, el positivismo, el darwinismo social, el fascismo o el nacionalismo integral. Nada más; es un hecho, no un juicio de valor.

Por su parte, Carlos Martínez-Cava Mesa se hacía eco, desde una perspectiva ideológica distinta, de mi denuncia de la ausencia en España de un debate político-intelectual en torno al tema de la «memoria histórica», es decir, sobre la guerra civil y el régimen de Franco. A su entender, el «Debate de los Historiadores» ocurrido en Alemania a lo largo de los años ochenta y noventa del pasado siglo ya se había iniciado en España con las polémicas de Pío Moa y César Vidal contra los historiadores de izquierdas[11]. Mi opinión es la antípoda: tanto Pío Moa como César Vidal hicieron imposible, bloquearon, ese necesario debate histórico-político.

El filósofo Gustavo Bueno señalaba que en mi libro intentaba tomar como «seña de identidad de la derecha su carácter conservador, pero sin dar parámetros precisos de este concepto»[12]. Por mi parte, creí dar respuesta a esa problemática, a partir del concepto de «visión trágica», tomado de Thomas Sowell.

En estos análisis y críticas, estaba presente, en mayor o menor medida, el conjunto de las derechas españolas. No así la izquierda historiográfica, que no entró en debate alguno con mis tesis. Quizás

---

[9] *Análisis Digital*, 30-XI-2006.

[10] *Aportes*, n.º 63, XXII, 2007, pp. 132-133.

[11] «Rompiendo los diques de la corrección», *Minuto Digital*, 26-IV-2006.

[12] Gustavo BUENO, *El mito de la derecha*, Madrid, 2008, p. 45.

porque la mayoría de sus representantes estiman que pensamiento político y derechas españolas son términos antagónicos. Sin embargo, sigo esperando que algún historiador de esa tendencia se decida algún día a escribir una *Historia de las izquierdas españolas. De la Ilustración a nuestros días*. Una empresa que si se hace con un mínimo de objetividad y de espíritu crítico, sería todo un acontecimiento cultural. No obstante, tengo la sospecha de que tal obra tardará en salir a la luz. Y es que las izquierdas españolas hace tiempo que son incapaces de asumir su propia historia. Como dijo hace ya muchos años, uno de los representantes del progresismo cultural en España, Josep Maria Castellet: «No había en la España del 36, ni lo hubo en la del 14 ni lo ha habido en la del 98, un auténtico pensamiento revolucionario con proyección cultural. La debilidad ideológica de la izquierda española era una enfermedad crónica, que todavía hoy no se ha podido superar»[13]. Una opinión que compartía otro hombre de izquierdas, Joan Fuster, el ideólogo por antonomasia del pancatalanismo: «La izquierda española, empezando por la hipotéticamente liberal, es de una miseria espectacular: para darle la razón a Menéndez Pelayo»[14]. Nada parece haber cambiado desde entonces. Bien es verdad que algún representante de esa izquierda historiográfica recomendó la lectura de mi libro a Pío Moa[15]; pero lo hizo con unos claros afanes polémicos. Hoy por hoy, escribir sobre las derechas españolas con un mínimo de objetividad y de distancia sigue siendo en España motivo de sospecha. Un sector de la izquierda, a través del movimiento de la denominada «memoria histórica», ofrece una imagen de las derechas absolutamente negativa, casi criminal, peluda y gesticulante[16]. No hemos seguido, ni seguiremos en lo sucesivo, semejante horizonte polémico. Como uno de mis maestros, George L. Mosse, continuaré defendiendo el principio de empatía hacia mi objeto de investigación: «He creído siempre que la empatía es la cualidad principal que debe cultivar todo historiador

[13] Josep Maria CASTELLET, *Literatura, ideología y política*, Barcelona, 1976, p. 140.

[14] «Banderas que se arrían», *La Vanguardia*, 23-V-1978.

[15] Alberto REIG TAPIA, *Anti-Moa*, Barcelona, 2006, p. 190.

[16] Sobre la evolución del concepto de «derecha» en la España contemporánea, véase Pedro Carlos GONZÁLEZ CUEVAS, «Derecha», en Javier FERNÁNDEZ SEBASTIÁN y Juan FRANCISCO FUENTES (eds.), *Diccionario político y social del siglo XX español*, Madrid, 2008, pp. 368-377.

[...] Empatía significa poner a un lado los propios prejuicios contemporáneos para encarar al pasado sin temores ni favoritismo»[17].

«Nada envejece tan pronto como un libro de historia», decía, y con razón, Marcelino Menéndez Pelayo[18]. Sin embargo, en estos diez años creo que mi libro ha envejecido con una cierta dignidad. En rigor, sigo pensando lo mismo que pensaba entonces. No obstante, en ese lapso de tiempo han ocurrido en la sociedad española una serie de hechos de singular trascendencia política, social, económica y cultural, algunos de los cuales adquirían un cierto perfil en las páginas de la obra. Todavía creo que es demasiado pronto para escribir la historia de las etapas de gobierno de José Luis Rodríguez Zapatero y Mariano Rajoy Brey, porque nos falta aún la necesaria perspectiva y distancia. Sin embargo, uno y otro son períodos muy importantes en la trayectoria intelectual y política de las derechas españolas. De ahí que juzgue necesario la inserción de un nuevo capítulo en el libro, que sintetice, en la medida de lo posible, ambos períodos. En mi opinión, la etapa de Rodríguez Zapatero supone un desafío consciente, desde el punto de vista político y cultural, al conjunto de las derechas españolas, al someterlas, a partir de los movimientos de recuperación de la «memoria histórica», a un proceso histórico revanchista; mientras que la etapa de Rajoy Brey supone el triunfo de lo que Peter Sloterdijk denominó la *razón cínica*: un conservadurismo sin ilusiones, sin esperanzas, sin proyecto; una postura meramente reactiva, no creativa, ni proyectiva[19]. En ese sentido, no hay duda de que la sociedad española atraviesa una de las crisis más profundas de su historia, a nivel político, social, económico y cultural. A la altura de 1933, el filósofo Oswald Spengler presagiaba en su libro antinazi *Años decisivos* unas «décadas grandiosas», es decir, «terribles e infaustas»[20]. Esperemos que ahora no sea así; y que la sociedad española recupere la unidad, la calidad, la dignidad y el desarrollo.

Madrid, enero-febrero de 2016.

---

[17] George L. MOSSE, *Haciendo frente a la Historia. Una autobiografía*, Valencia, 2008, pp. 11-12.

[18] Marcelino MENÉNDEZ PELAYO, *Historia de los heterodoxos españoles*, tomo I, Madrid, 1986, p. 24.

[19] Peter SLOTERDIJK, *Crítica de la razón cínica*, Madrid, 2007.

[20] Oswald SPENGLER, *Años decisivos (1933)*, Barcelona, 2011, p. 33.

Introducción

> Derecha e izquierda, simples aproximaciones de las que, por desgracia, no podemos prescindir. No recurrir a ellas sería renunciar a tomar partido, suspender los juicios en materia política, liberarse de las servidumbres del tiempo, exigir al hombre que despierte a lo absoluto, que sea únicamente animal metafísico[1].

Así se expresa, con su habitual lucidez, el filósofo Emil Cioran sobre la polémica en torno a la distinción derecha/izquierda en la vida política.

El problema es que tal distinción pretende hoy negarse; lo que, en alguna medida, se enmarca en el objetivo de abolir la política. Como señala Chantal Mouffe, «el borramiento de las fronteras entre la izquierda y la derecha, lejos de constituir un avance en una dirección democrática, es un una forma de comprometer el futuro de la democracia», porque la esencia del sistema demoliberal no es otra que el «pluralismo agonístico»[2]. En ese sentido, el caso de la derecha no deja de ser paradigmático, porque, tanto en la inmensa mayoría de los países europeos como en la propia España, nadie se autodefine políticamente como de derechas; lo que ha dado lugar a una semántica política de muy desigual valor. Hace años, Raymond Aron señalaba que «todos los partidos invocan en general las llamadas ideas de izquierda, es decir, ideas liberales y democráticas». Y concluía:

> Los socialistas reprochan a los gobiernos de derecha no reducir las desigualdades (esencialmente las desigualdades de ingresos), pero los portavoces de la derecha no les responden —y, si lo hacen, es a regañadientes— que para el bien común es inevitable y al mismo tiempo necesaria una jerarquía económica y política[3].

---

[1] E. M. CIORAN, «Ensayo sobre el pensamiento reaccionario (A propósito de Joseph de Maistre)», en *Ejercicios de admiración y otros textos*, Barcelona, 1995, p. 48.

[2] Chantal MOUFFE, *La paradoja democrática*, Barcelona, 2003, pp. 25-26.

[3] Raymond ARON, *Memorias*, Madrid, 1985, p. 676.

Y es que, en general, pero particularmente desde el final de la Segunda Guerra Mundial, ha dominado en la vida política e intelectual lo que Albert Thibaudet denominaba «sinistrismo»[4]. La palabra «derecha» tiende a identificarse, en mayor o menor medida, con valores o ideas antagónicas del universo simbólico democrático: orden, autoridad, racismo, totalitarismo, etc. Pero histórica e intelectualmente tales opiniones no pasan de ser, en el mejor de los casos, descalificaciones interesadas sin base real. Porque la derecha no es esencialmente definible por su afición al orden y a la autoridad, ya que toda sociedad humana descansa en estas ideas, que todo poder implica una minoría dirigente y una mayoría dirigida; lo que hace que esta afición parezca ser la mejor repartida del mundo. Tampoco el totalitarismo, aunque desde luego haya existido o exista una derecha totalitaria, porque éste puede ser, y de hecho ha sido, uno de los rasgos de la izquierda, particularmente del comunismo. Menos evidente aún, desde una perspectiva histórica e ideológica, es la asociación de la derecha al racismo y al antisemitismo. Las ideas racistas son producto de la visión secular de la humanidad, característica de la Ilustración[5]. Y, durante mucho tiempo, el antisemitismo fue patrimonio de la izquierda revolucionaria. Con excepción de los sansimonianos, los movimientos socialistas franceses contraponían «pueblo» a «finanza judía». Blanqui, Fourier, Marx y Proudhon utilizaron el término «judío» como sinónimo de «usurero»[6]. En España, las pautas racistas fueron defendidas por escitores asociaciados al positivismo y al laicismo, es decir, la izquierda intelectual de la época; y en el nacionalismo vasco y catalán[7]. Tampoco puede asociarse de manera unívoca y determinista, sin mediaciones culturales e ideológicas, a la derecha con una determinada clase social. Como señaló Leszek Kolakowski hace ya tiempo, una tendencia política sólo puede definirse a sí misma en el plano ideológico; y no por los grupos

[4] Albert THIBAUDET, *Les idées politiques de la France*, París, 1932, p. 2.

[5] Véase Charles TAYLOR, *Fuentes del yo. La construcción de la identidad moderna*, Barcelona, 1996, pp. 422 ss.

[6] León POLIAKOV, *Historia del antisemitismo. La emancipación y la reacción racista*, Barcelona, 1980, pp. 55 ss.

[7] Véanse Diego NÚÑEZ RUIZ, *La mentalidad positiva en España: desarrollo y crisis*, Madrid, 1975, pp. 208 ss., y Enric UCELAY-DACAL, *El imperialismo catalán*, Barcelona, 2004, pp. 289 ss.

sociales cuyos intereses puede defender, al menos en teoría[8]. Y, además, la derecha ha representado socialmente tanto a los grupos hegemónicos, aristocracia, burguesía, etc., como a los pequeños artesanos, los campesinos, las clases medias, etc.

Como alternativa al término «derecha», ciertos grupos políticos no han dudado en autodefinirse de «centro». La voz «centro» viene del griego *kentron* o punto fijo del compás que traza un círculo. Se trata, pues, de un concepto geométrico: el punto equidistante entre los extremos. Esta opción carece de entidad desde el punto de vista estrictamente político, lo mismo que desde el ideológico. Como ha señalado Julien Freund,

> la política es una cuestión de decisión y eventualmente de compromiso [...]. Lo que se llama «centrismo» es una manera de anular, en nombre de una idea no «conflictual» de la sociedad, no sólo al enemigo interior sino a las opiniones divergentes. Desde este punto de vista, el centrismo es históricamente el agente latente que, con frecuencia, favorece la génesis y la formación de conflictos que pueden degenerar, ocasionalmente, en enfrentamientos violentos[9].

En el mismo sentido se expresa Chantal Mouffe, cuando afirma que el «centrismo», al impedir la distinción entre izquierda y derecha, socava «la creación de identidades colectivas en torno a posturas claramente diferenciadas, así como la posibilidad de escoger entre auténticas alternativas». Y concluye esta autora:

> Si este marco no existe o se ve debilitado, el proceso de transformación del antagonismo en agonismo es entorpecido, y eso puede tener graves consecuencias para la democracia[10].

Tampoco desde el punto de vista ideológico o de la historia de las ideas el «centro» es un concepto mínimamente esclarecedor. Sólo tendría algún fundamento cuando entre dos posiciones hay diversos niveles intermedios. En tanto que entre la derecha y la izquierda no existe una posición dialéctica en sentido estricto, no puede existir una tercera posición que las supere. Entre ambas

---

[8] Leszek Kolakowski, «El significado del concepto izquierda», en *El hombre sin alternativa*, Madrid, 1970, pp. 165-166.

[9] «Socialismo, liberalismo, conservadurismo», *Veintiuno,* n.º 33, primavera de 1997, p. 103.

[10] Mouffe, *op. cit.,* p. 129.

existe una dinámica continua, contrastes, tensiones, pero no cabe una síntesis. Por ello, nos encontramos con una posición de perfiles imprecisos, carente de sustantividad por sí mismo, ya que depende de posicionamientos ajenos y más cerca, entonces, de lo que sería un simple señuelo electoral. En el fondo, el «centrismo» no es más que la consagración del oportunismo político. Y no es extraño que sea, de hecho, la opción preferida por los empresarios y el mundo del dinero en general[11].

Hechas estas salvedades, es preciso dejar claro lo que entendemos por «derecha». La esencia de la derecha radica, a nuestro juicio, en las características de su «visión» de la realidad. Siguiendo a Thomas Sowell, entendemos por «visión» un acto cognitivo preanalítico, es decir, lo que «intuimos o sentimos antes de elaborar un razonamiento sistemático que se puede denominar teoría», «una percepción de como funciona el mundo». Sowell clasifica las «visiones» en dos categorías muy amplias: restringida o «trágica» y no restringida o «utópica». La primera enfatiza y tiene como soporte las restricciones humanas, mientras que la segunda lo hace en la posibilidad de supresión de esas restricciones[12]. Así pues, una ideología o tendencia política puede ser clasificada como derechista cuando tiene por base las restricciones características de la naturaleza y la vida humana; lo que se traduce en el pesimismo antropológico, la defensa de la diversidad cultural, de la religiosidad, de las desigualdades, de la tradición; y del reformismo social frente a la revolución[13].

Después de estas afirmaciones, es preciso igualmente dejar claro que no puede hablarse de una derecha históricamente monolítica y homogénea; hay derechas. El plural significa que existen varias maneras de comprender y vivir la derecha, aunque coincidentes en esa serie de puntos esenciales de la visión restringida de

[11] François DULAY, «Entretiens avec Jacques Marseille», *Les collections de l'Histoire: la droite,* n.º 14, janvier 2002, p. 68.

[12] Thomas SOWELL, *Conflicto de visiones. Orígenes ideológicos de la luchas políticas,* Barcelona, 1990, pp. 15 ss; del mismo autor, *The Vision of the Anointed. Self-congratulation as a Basis for Social Policy,* Nueva York, 1995. Véase también Steven PINKER, *La tabla rasa. La negación moderna de la naturaleza humana,* Barcelona, 2003, pp. 413 ss.

[13] Un desarrollo más amplio de estos puntos en Pedro Carlos GONZÁLEZ CUEVAS, *Historia de las derechas españolas. De la Ilustración a nuestros días,* Madrid, 2000, pp. 32 ss.

la vida social. De ahí que la derecha haya alumbrado diferentes «tradiciones» y corrientes políticas, en muchas ocasiones enfrentadas entre sí.

Siguiendo al filósofo Alasdair MacIntyre, entendemos por «tradición»,

> [un] razonamiento extendido a lo largo del tiempo en el que ciertos acuerdos se definen y redefinen en términos de dos tipos de conflictos: los que tienen lugar con críticos y enemigos externos a la tradición, que rechazan todos o casi todos los elementos de los acuerdos fundamentales, y aquellos otros debates internos e interpretativos por medio de los cuales se llegan a expresar el sentido y el motivo de esos acuerdos fundamentales y en el progreso de los cuales se constituye la tradición.

Cada una de las «tradiciones» tiene sus propias pautas internas para calibrar y dar respuesta a la problemática de su época. Pero, en un momento dado, pueden entrar en un período de crisis que les lleva a desaparecer, al serle imposible renovar sus discursos y reducir el número de problemas que tiene planteados. Cuando una «tradición» se inclina en ese sentido, cuando está afectada por conflictos estériles y se limita a repetir viejas fórmulas se halla en una «crisis epistemológica»; y sólo podrá superarla elaborando una serie de conceptos o nuevas síntesis de doctrinas e ideas, un nuevo marco de referencias que reúna estos tres requisitos: que permita a la «tradición» resolver sus problemas pendientes; que explique cómo se plantean y por qué no se habían resuelto hasta ahora; y que haga ambas cosas, destacando la continuidad básica existente entre la síntesis anterior y la nueva. Nunca está garantizado que podrá llevarse a cabo esta innovación conceptual dentro de la «tradición». Por ello, no sólo puede entrar en un período de decadencia, sino desaparecer como consecuencia de la crisis[14].

De ello se deduce que las «tradiciones» no son estáticas; que han de someterse a un profundo proceso de revisión si pretenden sobrevivir. Las «tradiciones» ideológicas, como las formas culturales y artísticas, pueden clasificarse, en ese sentido, en «residuales», «dominantes» y «emergentes»[15]. La «dominante» es aquella que, en el marco de una sociedad dada o en el interior de una determinada

---

[14] Alasdair MACINTYRE, *Justicia y racionalidad*, Barcelona, 1994, pp. 394 ss.

[15] Véase Raymond WILLIAMS, *Sociología de la comunicación y del arte*, Barcelona, 1981, pp. 189 ss.

ideología política, ejerce su hegemonía, convirtiéndose, por así decirlo, en «sentido común»; mientras que las «residuales» son las vigentes en sociedades y épocas anteriores, e incapaces ya de renovarse; y las «emergentes», nacidas al socaire de las nuevas circunstancias políticas, sociales, económicas y culturales, y que intentan disputar la supremacía a las «dominantes». Ciertamente, la «dominante» puede absorber ambas, o, al menos, intentarlo, si es capaz de renovar sus contenidos. Y también puede ocurrir que la «emergente» logre ir más allá de las formas «dominantes» y sus narraciones.

Por otra parte, existen variedades nacionales. Cada sociedad nacional, en virtud de su configuración histórica, nivel institucional, desarrollo económico, cultura política, etc., potencia unas determinadas «tradiciones» y otras no. Éste es un libro de historia de las ideas políticas y sociales, pero no en su acepción abstracta y ahistórica. Porque, en nuestra opinión, la tarea del historiador de las ideas es mostrar, ante todo, la forma en que éstas actúan recíprocamente con la realidad social y política. Sólo puede interpretarse una «tradición» ideológica, saber lo que significa, en su contexto sociohistórico y cultural. Mientras no se entienda así, la labor del historiador de las ideas será infecunda. Por ello, es preciso realizar una serie de distinciones. El historiador Eugen Weber ha dado una interpretación, poco a poco convertida en canónica, sobre las diversas tendencias de la «derecha europea», que identifica con las «tres *r*»: la derecha «reaccionaria», que quisiera recuperar una supuesta Edad de Oro perdida; la derecha de «resistencia», conservadora, que desconfía de las innovaciones, pero que las acepta en la medida en que se incorporan al orden establecido; y, por último, la derecha «radical», los llamados «revolucionarios de la derecha», con frecuencia, a juicio de este autor, difíciles de diferenciar de los reaccionarios[16]. En el caso concreto de Francia, René Rémond ha distinguido entre una derecha tradicionalista y monárquica, otra liberal «orleanista», y la plebiscitaria o «bonapartista»[17]. A lo que Michael

[16] Eugen WEBER, «Introducción» a *La derecha europea*, Barcelona, 1971, pp. 13 ss.

[17] René RÉMOND, *Les droites en France*, París, 1982.

Winock ha añadido para el siglo XX las tendencias «neopopulistas», neorrealistas y democristianas[18].

A nuestro entender, estos esquemas no son enteramente aplicables a la realidad histórica española. En ese sentido, hemos distinguido, a lo largo del siglo XIX y buena parte del XX, dos grandes «tradiciones» en la derecha española. La primera es la «conservadora liberal», que, arrancando de la Ilustración ecléctica española, entroncó con los planteamientos del pensamiento burkeano y, sobre todo, del doctrinarismo francés, para concretarse en el fenómeno del «moderantismo» español y, como culminación, en el canovismo, cifra máxima del régimen de la Restauración. Esta «tradición», de base esencialmente ecléctica, admitió selectivamente las transformaciones políticas y sociales consideradas como irreversibles, tras el triunfo del liberalismo en Europa; pero con la pretensión de conservar, a partir del concepto de «constitución histórica», determinadas instituciones tradicionales, como la Monarquía y el catolicismo, auténticos ejes, desde su perspectiva, de la tradición nacional y de la conservación social. La segunda gran «tradición» es la que hemos llamado «teológico-política», o tradicionalista a secas, entendiendo este concepto a partir de la alianza del Trono y del Altar, y la sistematización del hecho religioso como legitimador de la praxis política. «Tradición» que no sólo se identifica con el carlismo, el movimiento legitimista español por antonomasia, sino con el conservadurismo autoritario, en parte coincidente con aquél por su misma apelación al fundamento religioso y parecido rechazo del mundo liberal; y en parte divergente por su diferente adaptación a las nuevas realidades socioeconómicas y fidelidades dinásticas. En el contexto español, no tiene presencia alguna la tradición «bonapartista» o «plebiscitaria»[19].

Podemos preguntarnos por las razones de la presencia de estas dos «tradiciones» hegemónicas en la sociedad española. Si seguimos los planteamientos del antrópologo Clifford Geertz, podemos señalar que existen tres perspectivas dominantes tanto en los individuos

---

[18] Michael WINOCK, «Les quatre familles de la droite», *Les collections de l'Histoire: la droite*, n.º 14, janvier 2002, p. 68; del mismo autor, *La France politique*. XIX-XX, París, 2003, pp. 137 ss.

[19] Véase Pedro Carlos GONZÁLEZ CUEVAS, *Historia de las derechas españolas. De la Ilustración a nuestros días*, Madrid, 2000, pp. 33 ss.

como en las colectividades: la religiosa, la científica y la estética[20]. Y es claro que el factor preponderante en el contexto español fue, sin duda, el religioso en su variante católica; lo que marcó el horizonte doctrinal del conjunto de la derecha española, a lo largo de más de un siglo. Ello tuvo, como todo en la vida, ventajas e inconvenientes. Ventajas, porque impidió que cristalizaran en nuestro suelo aberraciones tales como el racismo de raíz biológica, y porque supuso un claro dique a las derivas totalitarias de la «derecha revolucionaria» en el período de entreguerras y luego a lo largo del franquismo. Inconvenientes, porque hizo a la derecha española impermeable a las sugestivas novedades filosóficas y doctrinales de la época. Aceptando en alguna medida la célebre «ley», de Auguste Comte, según la cual la mente humana y las sociedades atraviesan en su trayectoria histórica por tres estadios: «teológico», «metafísico» y «positivo»[21], hemos de llegar, por fuerza, a la conclusión de que, doctrinalmente, la derecha española se encontraba todavía inserta, al menos en sus tendencias dominantes, hasta bien entrado el siglo XX, en el estadio «teológico». Durante la centuria decimonónica, no hubo nada parecido en nuestro suelo al positivismo conservador francés, de un Renan o un Taine; tampoco la asunción por parte de grupos conservadores significativos de la visión socialdarwinista de la sociedad; menos aún podemos hablar de una «derecha hegeliana» o «idealista», que transportara la ideología conservadora al estadio «metafísico». Pudo haberlo sido el krausismo, sobre todo con su concepción orgánica de la sociedad, pero su laicismo lo impidió. El clero siguió siendo, por mucho tiempo, el «intelectual orgánico» de las clases conservadoras, obstaculizando eficazmente la emergencia de una elite intelectual secular, libre de presiones eclesiásticas. Sólo así puede entenderse que la llamada «Generación del 98» pudiera aparecer, a ojos de no pocos españoles, como un movimiento intelectual izquierdista e incluso revolucionario. Y lo mismo podemos decir que una figura de contornos tan positivamente conservadores como José Ortega y Gasset fuese presentada, por los sectores más integristas del catolicismo español, como portaestandarte de la más atroz heterodoxia y del más peligroso radicalismo político. Por otra parte, la hegemonía católica impidió la emergencia de una derecha

---

[20] Clifford GEERTZ, *La interpretación de las culturas*, Barcelona, 1990, pp. 114 ss.
[21] Auguste COMTE, *Discurso sobre el espíritu positivo*, Madrid, 1980, pp. 65 ss.

El Viático, grabado de Jenaro Pérez Villaamil (Biblioteca Nacional de Madrid). La hegemonía del clero católico en el desarrollo del pensamiento conservador del siglo XIX marcaría su impronta tradicionalista en buena parte de las corrientes ideológicas de la derecha española en el siglo siguiente. *Archivo Anaya.*

democratacristiana, producto histórico-político de las desavenencias entre la Iglesia y el Estado. De la misma forma, bloqueó la aparición de un nacionalismo español secular, que pudiera abarcar bajo su égida al conjunto de la población, cualesquiera que fuesen sus convicciones religiosas.

No deja de ser significativa, en ese contexto, la anécdota que cuenta Manuel Fraga, cuando invitó, en 1961, al célebre constitucionalista Carl Schmitt al Instituto de Estudios Políticos, donde hubo de escuchar una intervención del tradicionalista José María Valiente, lo que suscitó el siguiente comentario del pensador alemán:

> Claro, yo en mi primer libro sobre política romántica, que es un libro sobre los movimientos legitimistas, sé que queda todavía en Europa algún Lord escocés para el cual los Estuardos siguen siendo legítimos, que queda algún noble francés, etc., que tiene una idea semejante, pero aquí todavía tienen alguna actividad política[22].

Ello no se encuentra relacionado únicamente con factores de orden religioso-cultural. España era, a comienzos del siglo XX, una nación económicamente subdesarrollada, agraria, con fuertes diacronías en su seno; carente de *hinterland* colonial; y cuya unidad resultaba aún incipiente y que se iba a ver pronto amenazada por la emergencia de movimientos nacionalistas en el País Vasco y Cataluña. Además, el régimen político liberal era escasamente representativo, incapaz de garantizar una auténtica institucionalización de los conflictos sociales y políticos. De ahí el carácter revolucionario de la izquierda socialista, tendente a convertirse periódicamente en auténtica contrasociedad; y el arraigo y la fuerza del anarquismo en un importante sector de las clases obreras; todo lo cual era, en el fondo, reflejo de la cultura política iliberal dominante en la sociedad civil. No existió, sin embargo, un pensamiento revolucionario de auténtica proyección cultural. Si algo destaca en la historia del pensamiento español contemporáneo es la inanidad ideológica de la izquierda, consecuencia, en parte, de la debilidad de nuestro liberalismo.

A lo largo del siglo XX, iban a producirse importantes transformaciones sociales y políticas. Como en el resto de las sociedades

---

[22] Manuel FRAGA, «La derecha», *Papeles y Memorias de la Real Academia de Ciencias Morales y Políticas*, n.º VI, octubre de 1999, pp. 16-17.

europeas, el siglo XX español fue profundamente trágico y convulso. La centuria comienza en nuestro país con las consecuencias de la derrota ante Estados Unidos en 1898 y la pérdida de los restos del imperio colonial. El «Desastre» del 98 puso de relieve la fragilidad del sistema político, y llevó a un replanteamiento intelectual de la identidad nacional y de los valores sociales que hasta entonces habían configurado el imaginario colectivo. En estrecha coincidencia con ello, se produjeron ecos de la «revolución intelectual» finisecular, sobre todo a través de los escritores noventayochistas, que había puesto en cuestión los fundamentos de la cultura establecida, es decir, el positivismo y la Ilustración. Esta crisis implicó la decadencia de las ideologías políticas tradicionales —conservadurismo y liberalismo—, y la emergencia de una gran variedad de reacciones desde la derecha hasta la izquierda: nacionalismo integral, sindicalismo revolucionario, etc., cuya incidencia en España fue más tardía que en otros países europeos.

A la crisis política e intelectual finisecular se sumó, con el estallido de la Gran Guerra y el posterior triunfo de la revolución bolchevique en Rusia, la crisis social, que socavó los fundamentos estructurales del Estado liberal de Derecho. Esta nueva crisis implicó la emergencia de un nuevo orden socioeconómico que el historiador Charles S. Maier ha denominado «corporativo», consistente en la articulación de nuevos mecanismos de distribución del poder que favorecieran a las fuerzas organizadas de la economía y de la sociedad, en detrimento de un parlamentarismo cada vez más debilitado[23]. Estas transformaciones provocaron igualmente una alta movilización social y política. Se iniciaba así el período que el historiador Ernst Nolte ha llamado de «guerra civil europea», caracterizada por la lucha incesante y encarnizada entre el comunismo soviético, la democracia liberal, el fascismo y las variedades nacionales de autoritarismo conservador[24].

Esta crisis tuvo graves repercusiones en la sociedad española. Por de pronto, supuso la desaparición del conservadurismo liberal como fuerza política influyente. Esta «tradición» fue incapaz de renovarse. En cambio, la «tradición» «teológico-política», tanto en su versión

---

[23] Charles S. MAIER, *La refundación de la Europa burguesa*, Madrid, 1988.

[24] Ernst NOLTE, *La guerra civil europea, 1917-1945*, México, 1994; del mismo autor, *Después del comunismo. Aportaciones a la interpretación de la historia del siglo XX*, Barcelona, 1995.

carlista como conservadora autoritaria, salió claramente reforzada. El carlismo no sólo logró renovarse ideológicamente, mediante las aportaciones de Juan Vázquez de Mella y luego de Víctor Pradera, sino se adaptó eficazmente a la nueva política de movilización. Cobró auge un nuevo conservadurismo autoritario con la aparición de la Asociación Católica Nacional de Propagandistas, de Ángel Herrera, y luego con el maurismo.

Este auge obstaculizó la aparición y cristalización tanto de la derecha radical como luego del fascismo. Conviene, a ese respecto, precisar conceptos. Entendemos por «derecha radical» un estilo de pensamiento, nacido de la crisis finisecular de los valores de la Ilustración, que busca legitimar su proyecto político antiliberal, no sobre la base de la religión, sino en las nociones científicas de la biología, la psicología, la sociología o la jurisprudencia. Esta corriente de pensamiento fue minoritaria en España, dada la influencia del catolicismo, pero en otros países europeos estuvo representada por figuras como Charles Maurras, Oswald Spengler, Carl Schmitt, Giovanni Papini, etc. En España, sus portaestandartes más reseñables serían los catalanistas seguidores de Enric Prat de la Riba y los *noucentistas* de Eugenio d'Ors, luego convertido al nacionalismo español, y José María Salaverría.

Polémica sigue siendo cualquier definición del fenómeno fascista. Hoy, el fascismo suele presentarse en la historiografía como una «derecha revolucionaria», cuya ideología era una síntesis de nacionalismo y socialismo[25]. Socialmente, expresión de unas clases medias «emergentes», deseosas de una mayor participación en el poder social y político. En ese sentido, tanto el movimiento como luego el régimen fascista se distinguieron de los sistemas políticos conservadores clásicos en cuanto promocionaron la movilización de masas y por su pretensión de mostrar una nueva faz de civilidad, su idea de crear un «hombre nuevo» y una nueva sociedad, bajo la égida del líder carismático y del partido único. Desde el punto de vista económico, fue un intento de lograr el desarrollo industrial, a partir de la intervención del Estado a gran escala sobre nuevas bases centralizadas. Desde la óptica religiosa, el fascismo resultó ser un pro-

[25] Una buena antología del pensamiento fascista es la editada por el historiador Renzo de FELICE, *Autobiografia del fascismo. Antologia di testi fascistici, 1919-1945*, Turín, 2001.

ducto de la «época de secularización»; sus fundamentos filosóficos eran inmanentistas y activistas[26].

Pese a las apariencias, el conjunto de la derecha española, anclada en el paradigma «teológico-político», no aceptó, ni en el fondo podía aceptar, el fascismo como ideología ni como praxis política; a lo sumo, y con gran oportunismo, lo interpretó como «tradicionalismo actualizado». En el fondo, para las derechas los planteamientos fascistas eran extremadamente peligrosos. Como tendremos oportunidad de ver, el fascismo español no llegó a germinar en la opinión pública, y tan sólo llegaría a ser una fracción minoritaria del espectro político de la II República.

La Dictadura de Primo de Rivera significó el primer triunfo, aunque efímero, del conservadurismo autoritario. Bajo su égida, la derecha liberal fue barrida del escenario político con suma facilidad. El poder fue ocupado por los militares, mauristas, católicos-sociales, etc. El primorriverismo supuso igualmente el ascenso de una subtradición ideológica, el «conservadurismo burocrático», consistente en la tendencia a plantear problemas políticos en términos administrativos. Su caída mostró la inmadurez de estos sectores políticos; pero el advenimiento de la II República les daría nuevo vigor. El conjunto de las derechas hubo de enfrentarse a la primera experiencia democrática de nuestro país. Una experiencia caracterizada por el radicalismo izquierdista, representado por los republicanos y los socialistas; lo que no hizo sino extremar las tendencias autoritarias y confesionales de la derecha española. Ejemplos claros de ello fueron la CEDA, el primer partido de masas de la derecha española, y el movimiento cultural y político fraguado en torno a la revista y sociedad de pensamiento monárquica *Acción Española,* dirigida por Ramiro de Maeztu. El desarrollo de la II República mostró también la inviabilidad de una derecha liberal y republicana; los intentos de Miguel Maura y de Niceto Alcalá Zamora carecieron de autonomía ideológica y de base social. Lo mismo podemos decir de los proyectos políticos del filósofo José Ortega y Gasset, un liberal-conservador

---

[26] Veánse Renzo de FELICE, *El fascismo. Sus interpretaciones*, Buenos Aires, 1976; del mismo autor, *Entrevista sobre el fascismo con Michael Leeden*, Buenos Aires, 1979; Zeev STERNHELL, *El nacimiento de la ideología fascista*, Madrid, 1994; A. James GREGOR, *Los rostros de Jano. Marxismo y fascismo en el siglo XX*, Madrid, 2002; Emilio GENTILE, *Qu'est-ce que le fascisme. Histoire et interprétation,* París, 2002; Augusto del NOCE, *L'époque de la sécularisation*, París, 2001, pp. 149 ss.

en permanente diálogo intelectual con las nuevas tendencias ideológicas y filosóficas nacidas de la crisis finisecular. En el fondo, Ortega y Gasset fue un hombre de derechas, en cuyos escritos se expresa la mayoría de los motivos del pensamiento elitista y conservador: el realismo político e histórico, el sentimiento del valor de la continuidad, una teoría de la nación como empresa integradora; y, finalmente, un sentimiento fuertemente aristocrático de la sociedad y de la vida, en el que los pocos están llamados a dirigir a los muchos. Sin duda, hay que ubicar a Ortega en la derecha —¿dónde si no?—; además, sin su aportación intelectual es imposible conocer e interpretar la aparición de nuevas tendencias en el seno del conservadurismo español.

El régimen nacido de la guerra civil fue el recipiente donde confluyeron todas las corrientes de la derecha española, de las cuales Francisco Franco fue un hábil dominador. Lo que posteriormente se ha denominado «franquismo» fue la síntesis de las diversas «tradiciones» configuradoras de la derecha española. Marcó la edad de oro de la derecha católica y autoritaria: la religión, la propiedad, la autoridad, la unidad nacional, etc., fueron los valores más ensalzados y protegidos. No obstante, las transformaciones socioeconómicas y culturales producidas bajo su égida provocaron cambios cualitativos en el discurso político de las derechas. En primer lugar, el desarrollo económico y luego el Concilio Vaticano II sumieron a la tradición «teológico-política» en una profunda crisis. Al mismo tiempo, se produjo la emergencia de una derecha postmetafísica, positivista, encarnada en el proyecto tecnocrático de los años sesenta. Igualmente, apareció una derecha liberal-democrática, que no daría sus frutos hasta la muerte de Franco y el advenimiento del Estado de partidos. Un período que no ha conducido a un utópico «fin de la historia» y mucho menos a una «España sin problema», sino a la aparición de nuevos retos y a la emergencia de nuevas «tradiciones» intelectuales y políticas.

Capítulo I

La crisis de la Restauración: del 98 a la Semana Trágica

1. OCASO DEL CONSERVADURISMO LIBERAL

Históricamente, la trayectoria doctrinal y política del liberalismo español se ha caracterizado por su debilidad. Desde el punto de vista ideológico, el liberalismo español aceptó las premisas básicas de la modernidad europea; pero hubo de hacerlo con más dificultades e incoherencias y con menos respaldo social, como consecuencia del atraso de la sociedad española en su conjunto. A falta de una sólida base de poder, no tuvo más remedio que vivir en una continua hipoteca ante las fuerzas sociales tradicionales, hecho que se tradujo en su tendencia a la consagración del catolicismo como religión estatal, el monarquismo y su consecuente antirrepublicanismo. Dentro del espacio político e ideológico de las derechas, el siglo XIX español registró, política e intelectualmente, la tensión entre el tradicionalismo ideológico y el conservadurismo autoritario, de Juan Donoso Cortés y Jaime Balmes, y sus herederos, y el liberalismo doctrinario, cuyos máximos teorizantes fueron Antonio Alcalá Galiano, Andrés Borrego, Nicomedes Pastor Díaz, Francisco Pacheco, etc. El carlismo careció de relevancia intelectual hasta el llamado «Sexenio Democrático», cuando algunos de los herederos de Donoso y Balmes, los llamados «neocatólicos», principalmente Antonio Aparisi y Guijarro y Cándido Nocedal, pasaron a sus filas, dotándole de un proyecto político mínimamente coherente. Igualmente la centuria decimonona se caracterizó por la tensión entre una filosofía como el krausismo, aclimatada a la sociedad española sobre todo como grupo de presión ideológico y político, y el neoescolasticismo del cardenal Zeferino González y el tradicionalismo de Francisco Javier Caminero. Las dos corrientes más fecundas del siglo, el positivismo y el idealismo, tuvieron en España una recepción tardía y marginal; lo que tendría importantes consecuencias en el ámbito político e ideológico[1].

La Restauración de 1874 supuso el triunfo de la tradición conservadora liberal, que vivió su momento estelar. El nuevo régimen se configuró institucionalmente, a través del texto constitucional de 1876, según los moldes doctrinales de la tradición conservadora liberal, cuyo principal teorizante fue Cánovas del Castillo. Esta tradición admitía de modo pragmático aquellas transformaciones políticas y sociales que parecían irreversibles, pero intentaba conservar, al mismo tiempo, determinadas concepciones sociales y políticas tradicionales. No cabe duda de que esta tarea ideológica podía calificarse de ecléctica. Así, trató de conciliar historia y razón, pasado y presente, sociedad estamental y sociedad burguesa, Antiguo Régimen y sociedad liberal[2]. En el texto constitucional de 1876, la Monarquía aparece como la médula misma del Estado español, que representa una legitimidad que se encuentra por encima de las determinaciones legislativas; ya que se trata de la institución fundamental, anterior y superior a toda norma escrita, y que, por tanto, debía sustraerse a la decisión de cualquier poder constituyente. El monarca disfrutaba de amplios poderes, dándole atribuciones que, de hecho y sin salirse de la ley, podían convertir el sistema en una autocracia monárquica. El rey podía convocar, suspender y cerrar las Cortes; nombrar y separar libremente a los ministros; disponía, además, del mando supremo del Ejército y la Armada. Por otra parte, el Parlamento se convertía en un adorno político más que en una institución efectiva. El silencio de la Constitución era total con respecto a la posibilidad de responsabilización política del Gobierno ante las Cortes. No existen previsiones de censuras e interpelaciones. Las Cortes, formadas por el Congreso y el Senado, eran copartícipes con el rey en la soberanía nacional. El Congreso se encontraba integrado por representantes nombrados a razón de uno por cada cincuenta mil habitantes; y, en virtud, en un primer momento, del sufragio censitario y, desde 1890, del universal, dado que el texto constitucional no establecía

---

[1] Véase Rodrigo FERNÁNDEZ CARVAJAL, *El pensamiento español en el siglo XIX*, Murcia, 2000.

[2] Pedro Carlos GONZÁLEZ CUEVAS, «El pensamiento político de Antonio Cánovas del Castillo», en Javier TUSELL y Florentino PORTERO (dirs.), *Cánovas del Castillo y el sistema político de la Restauración*, Madrid, 1997.

un modelo específico de sufragio. Mientras que el Senado se perfilaba como feudo de la aristocracia y los poderes tradicionales y económicos: Grandes de España, altos cargos del Ejército, jerarquía eclesiástica, etc.[3].

El resultado de esta realidad institucional fue el predominio político, sobre todo a lo largo del reinado de Alfonso XIII, del monarca. A través del nombramiento del gobierno y de la disolución de las Cortes, quedaba en su mano la designación del ejecutivo y en la de éste, supuesta la corrupción electoral generalizada que caracterizó al sistema, la fabricación de mayorías parlamentarias. El régimen se perfiló, durante toda su existencia, como un sistema político de pluralismo restringido, basándose en un acuerdo entre las dos tendencias históricas del liberalismo español, la moderada y la progresista, introduciendo el «turnismo», copiado del «rotativismo» que ya habían inventado los portugueses. Ambos partidos, conservador y liberal, coincidentes en lo esencial, se alternaron en el poder mediante un acuerdo previo de prefabricar los resultados electorales. Y ello pese a que, en 1890, se restaurara el sufragio universal, a instancia de los liberales. Sin embargo, aquella ampliación del derecho electoral era para el Gobierno «un mero sufragio función, y no el reconocimiento de un derecho político que implicase la soberanía popular»[4].

De hecho, la ampliación del sufragio tuvo como consecuencia el perfeccionamiento de las prácticas caciquiles características del sistema. El caciquismo no puede ser considerado únicamente como una corrupción pasajera del régimen de la Restauración, ni un mero producto del apoliticismo de los españoles, a los que el liberalismo ha llegado demasiado pronto. Ciertamente, el caciquismo no puede comprenderse sin un análisis global de la realidad social española; forma parte del entramado de una nación como España en que la burocratización de tipo patrimonial caracteriza el dominio de la sociedad por el Estado: la desarticulación y la pasividad de las masas, la centralización gubernamental, la distribución regional de los

---

[3] Jorge Solé Tura y Eliseo Aja, *Constituciones y períodos constituyentes en España (1808-1936)*, Madrid, 1985; Bartolomé Clavero, *Manual de Historia constitucional de España*, Madrid, 1990; Francisco Tomás y Valiente, *Códigos y constituciones*, Madrid, 1989.

[4] Antonio María Calero, «La prerrogativa regia en la Restauración», *Revista de Estudios Políticos*, n.º 55, enero-marzo de 1987, pp. 312 ss.

centros de decisión, el localismo y el abismo entre el régimen legal y el ejercicio cotidiano del poder[5].

El permanente recurso a las prácticas caciquiles forma parte, asimismo, de una acción deliberada por parte de las elites políticas del sistema, con el objetivo de restringir la participación política y sostener el régimen.

La persistencia del caciquismo tuvo importantes consecuencias de orden político, social y económico. Así reclutado, el Parlamento era una institución incapaz de servir de plataforma institucional que asegurara la coherencia política y económica del Estado. Íntimamente ligado a estas insuficiencias, se encontraba el carácter frágil y, en consecuencia, corrupto de una administración que se disolvía en una intrincada selva de intereses privados y clientelas personales. La debilidad político-administrativa del régimen de la Restauración se traducía en la imposibilidad de racionalización burocrática y fiscal. La composición oligárquica del Parlamento y las peculiaridades del sistema organizativo de contribución directa —que permitía a los grandes terratenientes influir en el reparto de la carga tributaria correspondiente a cada provincia y a cada municipio— influyeron decisivamente en una distribución brutalmente desigual de la imposición tributaria, centrada fundamentalmente en los que menos tenían[6].

Todo ello hizo que el régimen de la Restauración mostrara, a lo largo de su existencia, unas evidentes limitaciones en el fomento del bienestar social de las clases trabajadoras, y especialmente de los trabajadores agrícolas de la España meridional.

Igualmente, esta situación social y económica repercutió en la debilidad de España como nación. La unidad nacional siguió siendo incipiente hasta bien entrado el siglo XIX. La dificultad para la construcción de una Monarquía unitaria, primero, y la debilidad que caracterizó al Estado moderno, después, impidieron la unificación real de todo el territorio. De ahí que el nacionalismo español fuese

---

[5] José VARELA ORTEGA, *Los amigos políticos*, Madrid, 1977; Javier TUSELL, *Oligarquía y caciquismo en Andalucía (1890-1923)*, Barcelona, 1976; Javier MORENO LUZÓN, *Romanones. Caciquismo y política liberal*, Madrid, 1998; José VARELA ORTEGA (dir.), *El poder de la influencia. Geografía del caciquismo en España (1875-1923)*, Madrid, 2001; Antonio ROBLES EGEA (comp.), *Política en penumbra. Patronazgo y clientelismo políticos en la España contemporánea*, Madrid, 1996.

[6] Carlos MOYA, *El poder económico en España (1939-1970)*, Madrid, 1975; Francisco COMÍN, *Hacienda y economía en la España contemporánea (1800-1936)*, vol. II, Madrid, 1989.

débil, y que tuviera que coexistir con identidades de carácter local, propiciadas en ocasiones por la ineficacia y debilidad del propio Estado liberal, caracterizado como de «centralismo legal, pero de localismo real»[7].

En ello también tuvo su incidencia la impronta del catolicismo. La Iglesia católica, aunque no cejó en sus críticas al liberalismo, se benefició de una legislación muy favorecedora de sus intereses, particularmente en materia educativa. El pragmatismo de Cánovas llevó a proponer una tímida tolerancia de cultos y de opiniones, porque la intolerancia era ya indefendible ante el mundo moderno. La Constitución de 1876 reconoció la tolerancia de cultos como mal menor. Pero el Estado era confesionalmente católico; no se inhibía con relación a la cuestión religiosa; se ponía al lado del catolicismo, le apoyaba y se dejaba apoyar por él. Lo que se concretó en el modelo de familia, en la escuela y en la presencia permanente de la Iglesia en los rituales básicos de la vida cotidiana: el bautizo, la comunión, el matrimonio, el santoral, las fiestas, el entierro, etc. En ese sentido, el catolicismo impregnó la «cultura cívica» de los españoles: una cultura apática, de súbdito, de resignación[8]. Además, el catolicismo, al excluir el particularismo, no favoreció el nacionalismo político. Y monopolizó los símbolos esenciales de la nación: Santiago Matamoros, Santa Teresa, San Ignacio, la Virgen del Pilar, etc. Intelectualmente, la influencia católica se vio reforzada, sobre todo en el ámbito de las derechas, por la obra de Marcelino Menéndez Pelayo, militante de la Unión Católica, grupo tradicionalista dirigido por el político y filósofo neocatólico Alejandro Pidal y Mon, e integrado en el Partido Liberal-Conservador de Cánovas. Influido por Balmes, Martí d'Eixalá, Milá i Fontanals, Herder y Burke, Menéndez Pelayo identificó el *Volkgeist* español con el catolicismo. El «genio» español era heredero de Roma y del cristianismo. España nace con la conversión del rey godo Recaredo al catolicismo. Des-

[7] Juan Pablo FUSI, *España. Autonomías*, Madrid, 1982, pp. 14 y 20; José ÁLVAREZ JUNCO, *Mater dolorosa. La idea de España en el siglo XIX*, Madrid, 2001; Andrés de BLAS, *Sobre el nacionalismo español*, Madrid, 1989.

[8] Véase Antonio ROBLES EGEA, «Sistemas políticos, mutaciones y modelos de relaciones de patronazgo», en *Política en penumbra. Patronazgo y clientelismo políticos en la España contemporánea*, Madrid, 1996, pp. 232 ss.; María Jesús GONZÁLEZ HERNÁNDEZ, «Algunas reflexiones sobre la cultura política en la España de la Restauración», en Manuel SUÁREZ CORTINA (ed.), *La cultura española de la Restauración*, Santander, 1999, pp. 451 ss.

de entonces, español equivale a católico. El ideal cristiano se desarrolla a lo largo de la Reconquista. Llega a su plenitud con los Reyes Católicos y los Austrias, logrando la unidad nacional y el descubrimiento y evangelización de América. Decae en los siglos XVIII y XIX, con el auge de la Ilustración, el liberalismo y el krausismo, como filosofías heterodoxas y, por tanto, antinacionales[9]. Convertido, según Clarín, en el «Bonald español», Menéndez Pelayo adquirió, para el conjunto de las derechas españolas, el rango de intérprete dotado de autoridad; lo que, a la larga, tendría graves consecuencias ideológicas, obstaculizando, durante décadas, la emergencia de una derecha laica, abierta a otras perspectivas intelectuales. Y, sobre todo, impidiendo la cristalización de un nacionalismo secular, que acogiera bajo su égida al conjunto de la población española, fuesen las que fuesen sus creencias religiosas.

El Desastre de 1898 supuso un auténtico aldabonazo nacional, al menos para las elites intelectuales y políticas. Los valores en que hasta entonces se asentaba el concepto de patria española y la legitimación del régimen político se hundieron. Lo que favoreció la emergencia de los nacionalismos periféricos catalán y vasco. Todo lo cual pareció dar la razón, como veremos, a los críticos del sistema. En un primer momento, el Desastre y su repercusión en la opinión pública hizo presagiar una próxima y pronta caída del régimen, a manos de sus adversarios o simplemente de los militares. A la vista de no pocos, era obvio que el grueso de la responsabilidad histórica y política recaía en la elite dirigente. Sin embargo, la rapidez de la derrota ante Estados Unidos y la atonía con que fue recibida por el grueso de la población impidieron la formación de un partido de la guerra y la consiguiente articulación de una alternativa de carácter autoritario. No obstante, el conservadurismo liberal recibió un golpe del que nunca se pudo reponer.

2. REGENERACIONISMO Y «DICTADURA TUTELAR»

Sin embargo, las críticas al régimen de la Restauración fueron muy anteriores al Desastre del 98. En ello fueron prioneros los krausistas

[9] Marcelino MENÉNDEZ PELAYO, *Historia de los heterodoxos españoles*, Madrid, 1968.

y los miembros de la Institución Libre de Enseñanza. Gumersindo de Azcárate, en su célebre obra *El self-goverment y la Monarquía doctrinaria,* estimaba que la construcción política canovista dejaba «vivo en el fondo lo esencial del antiguo régimen»[10]. En el mismo sentido, otro krausista, Francisco Giner de los Ríos, acusó permanentemente al conservadurismo liberal canovista de carencia de sistema, de «estar vacío de contenido», convirtiéndose, de hecho, en mero oportunismo político, al servicio de las oligarquías reaccionarias[11]. El krausismo no era una filosofía revolucionaria; su concepción de la sociedad era netamente conservadora, organicista; y sólo su laicismo le acercaba, en aquellos momentos, a las izquierdas, sobre todo por el acusado confesionalismo católico del conjunto de las derechas españolas. De hecho, el organicismo krausista fue criticado por los socialistas españoles, acusándole de encubrir, bajo su armonicismo social, la hegemonía de la burguesía y del conjunto de las clases conservadoras[12].

El carácter liberal del krausismo y del institucionismo no fue óbice para que algunos intelectuales insertos en su universo ideológico o influidos por él profundizaran en las críticas al régimen de la Restauración, bordeando una crítica transcendente al sistema liberal. El tema de la dictadura aparece, así, en algunos institucionistas, aun antes del Desastre de 1898. Tal fue el caso de Joaquín Costa, en cuya obra abundan alabanzas a gobernantes autoritarios o déspotas ilustrados como Colbert, Aranda, Bravo Murillo o Bismarck. El jurisconsulto aragonés estimaba que la dictadura era un recurso extremo, pero normal, que incluso podía estar «previsto en la Constitución». La dictadura tenía una función «terapéutica», «medicinal» o curativa y, por tanto, respetable; lo que, traducido al lenguaje jurídico, se convierte en «tutelar». La dictadura es, para Costa, una tutela excep-

---

[10] Gumersindo de AZCÁRATE, *El self-government y la Monarquía doctrinaria*, Madrid, 1877, pp. 102 ss.

[11] Francisco GINER DE LOS RÍOS, *Estudios jurídicos y políticos*, Madrid, 1921, pp. 87-88.

[12] Gonzalo FERNÁNDEZ DE LA MORA, «El organicismo krausista», *Revista de Estudios Políticos*, n.º 22, julio-agosto de 1981, pp. 99-185; del mismo autor, *Los teóricos izquierdistas de la democracia orgánica*, Barcelona, 1985; Elías DÍAZ, *La filosofía social del krausismo español*, Madrid, 1973; Juan LÓPEZ MORILLAS, *El krausismo español*, México, 1982; Carlos BLANCO AGUINAGA, «Los socialistas españoles contra el armonismo institucionista», en *Homenaje a Juan López Morillas*, Madrid, 1982, pp. 100-101.

cional y plena que ciertas naciones requieren en etapas de inmadurez o de crisis[13].

Otro institucionista preocupado por el tema de los poderes de excepción fue el historiador Rafael Altamira, quien en 1895 dio en el Ateneo de Madrid una significativa conferencia, muy influida en el fondo por los planteamientos de Costa, a quien cita, titulada «El problema de la dictadura tutelar en la historia», donde se pronunció a favor de la legalización y ordenación jurídica de la dictadura. Para avalar sus tesis, el historiador cita no sólo a Costa, sino a Giner, Carlyle, Tomás de Aquino, Donoso Cortés, Taparelli, Napoleón III, Stuart Mill, Benjamin Kidd, Emerson, Le Bon, Gumplowicz, etc. El problema fundamental era, a su juicio, «la explicación de cómo en un pueblo infante, o enfermo, y aún moribundo, se pueden producir personalidades vivas y superiores que saquen al pueblo mismo de su estado inferior». En ese sentido, Altamira llegó a sostener que «la dictadura, como la tutela, requiere, cuando menos, una serie de actos de conformidad por parte del sujeto sobre el que se ejerce»; que suele traducir «una aspiración instintiva» del pueblo; y que, por todo ello, «las dictaduras (salvo casos raros y anormales de brevísima duración) se producen cuando deben producirse, y son, en cierta manera, obra social también»[14].

El tema de la dictadura, aunque ya en un nivel más práctico que teórico, aparece igualmente en las obras del geólogo, ingeniero y prolífico arbitrista Lucas Mallada y Pueyo, cuya producción ideológica supone un claro antecedente de las críticas de Macías Picavea y Costa. Mallada partía de un diagnóstico muy pesimista sobre la situación de la sociedad española. Su estado de postración tenía sus raíces en la pobreza del suelo, en la progresiva pérdida de fe religiosa en las clases populares, en los defectos del «carácter nacional» —mezcla, según él, de ignorancia, fantasía, rutina y falta de patriotismo—, en el atraso en las comunicaciones, desbarajuste administrativo, caciquismo e inmoralidad de la clase política. Como solución, abogaba por una serie de reformas administrativas; y esperaba que la realización de su programa viniese de las nuevas generacio-

[13] Joaquín COSTA, «La vida del Derecho, ensayo sobre el Derecho consuetudinario» (1876), en *Obras*, t. VI, Zaragoza, 1982, pp. 235, 237 y 239.

[14] Rafael ALTAMIRA, *De historia y arte. Estudios críticos*, Madrid, 1898, pp. 149-150 y 168.

nes y, sobre todo, del advenimiento de un caudillo que las guiara al grito de «¡Viva España con honra!»[15].

No debemos ver en estos planteamientos «prefascismo» alguno, suponiendo que dicho concepto tenga un contenido preciso[16]. Estos autores, y otros de los que luego hablaremos, tenían el liberalismo como ideal normativo, el autoritarismo como transición práctica y la dictadura comisaria como recurso de excepción. En realidad, este planteamiento no era absolutamente contradictorio, pues, como señaló Carl Schmitt, existe la tradición de

> una dictadura nacida a partir de un racionalismo inmediato y absolutamente consciente de sí mismo: la dictadura educativa de la Ilustración, el jacobinismo filosófico, el despotismo de la razón, una unidad formal que radica en el espíritu racionalista y clasicista, la alianza de la filosofía y el sable[17].

Poco después de la derrota salía a la luz la obra de Ricardo Macías Picavea, *El problema nacional,* que suponía una severa crítica de la Restauración, siguiendo, en alguna medida, los pasos de los críticos krausistas, institucionistas y de Lucas Mallada. Macías Picavea no fue un krausista *sensu stricto,* pero había conocido a Sanz del Río en Madrid, durante su servicio militar; y se familiarizó con el racionalismo armónico; y luego con el positivismo[18]. Militó, además, en el republicanismo vallisoletano; y dirigió el períodico *La Libertad.* En esta obra analizó las causas de la decadencia de España y propuso un programa de reformas. La obra iba dirigida a los «representantes del país productor», es decir, a las Cámaras de Comercio, Sociedades de Amigos del País, Cámaras Agrarias, etc. Macías Picavea atribuye, desde un punto de vista histórico, los males españoles al «austracismo», a la llegada de una dinastía extranjera a la dirección del país, tras la estimulante experiencia de los Reyes Católicos. La Casa de Austria impone a la nación un proyecto histórico ajeno a sus intere-

---

[15] Lucas MALLADA, *Los males de la patria,* Madrid, 1890.

[16] Enrique TIERNO GALVÁN, «Costa y el regeneracionismo», en *Escritos,* Madrid, 1972; del mismo autor, «El prefascismo de Macías Picavea», en *Idealismo y pragmatismo en el siglo XIX español,* Madrid, 1977.

[17] Carl SCHMITT, *Sobre el parlamentarismo,* Madrid, 1990, p. 68; del mismo autor, *La dictadura,* Madrid, 1968.

[18] Fernando HERMIDA DE BLAS, *Ricardo Macías Picavea a través de su obra,* Valladolid, 1998.

Retrato de Joaquín Costa. El Ateneo de Madrid encargó al pintor Gárate este óleo en 1915 como homenaje al brillante jurisconsulto aragonés, fallecido en 1911, por su labor, a la vez regeneradora y combativa, contra las principales lacras del sistema social y político de la Restauración. *Archivo Anaya.*

ses. Por su culpa, las cualidades negativas del pueblo español adquieren un desarrollo asombroso: cesarismo, caciquismo, centralismo, unidad católica, intolerancia, vagancia, irreligiosidad decadentista, etc. Frente a todos estos males, Macías Picavea ofrecía un amplio repertorio de «soluciones practicables»: cierre de las Cortes, suspensión de los partidos políticos, corporativismo, descentralización regional y una amplia política hidráulica, pedagógica y moralizadora. Para llevar a cabo esta política, el autor desconfía del pueblo, de la Monarquía y de los partidos tanto dinásticos como antidinásticos. La solución sólo podría venir de un «hombre histórico», un dictador, que encabezara la transformación de la sociedad española[19].

Sin embargo, fue Joaquín Costa el crítico más radical e influyente de la clase política y del sistema de la Restauración. Tras el Desastre, el jurisconsulto aragonés exigió la jubilación de la clase política, tanto conservadora como liberal. Su principal argumento, incansablemente reiterado, era histórico. La situación española era semejante a la de Francia tras la derrota de Sedán, y los gobernantes españoles debían sufrir la suerte de Napoleón III y sus partidarios, es decir, el fin de la clase política, el cambio de régimen y el acceso de hombres nuevos al poder[20]. Los gobernantes «no han hecho nada [...], ni siquiera se han disculpado». El Parlamento era «órgano de los oligarcas, un simulacro o una aprensión de Parlamento», «feria de vanidades», «instrumento para hacer carrera, puente para pasar desde el montón anónimo de los oprimidos a la clase de los privilegiados y entrar a la parte del botín y de los honores en uno u otro grado de la jerarquía feudal, con carteras, direcciones, consejos, magistraturas y gobiernos civiles», «bolsa de contratación del poder»[21]. Los partidos eran «oligarquías de personajes sin ninguna raíz en la opinión ni más fuerza que la puramente material que les comunica la posesión de la *Gaceta*». Esta denuncia era complementaria de su célebre tesis de que la real constitución de España no era la Monarquía constitucional, sino un cacicato oligárquico. Era la tesis de su famosa encuesta en el Ateneo de Madrid, en la que intervinieron docenas de intelectuales y políticos. Hay un texto que

---

19 Ricardo MACÍAS PICAVEA, *El problema nacional*, Madrid, 1899.

20 Joaquín COSTA, *¿Quiénes deben gobernar después de la catástrofe?*, Madrid, 1900, p. 32.

21 Ibídem, pp. 12-13; Joaquín COSTA, *Oligarquía y caciquismo*, Madrid, 1975, p. 94.

sintetiza esa conclusión: «oligarcas y caciques constituyen lo que solemos denominar clase directiva o gobernante, distribuida o encasillada en partidos»; tales gentes eran, a juicio de Costa, «minorías de los peores según la selección al revés»[22].

Tampoco confiaba el aragonés en la dinastía. Durante su juventud, Costa había sido indiferente a las formas de gobierno. A raíz del Desastre, confió en que la Regente le diese el acceso al poder. Luego, se hizo antidinástico y, posteriormente, republicano hasta el final de sus días. Costa denunció la ineficacia constitucional del «poder moderador»; el rey, dirá, «es una ficción»; era una «monarquía absoluta, refugiada entre caciques y oligarcas y en sus miserables instrumentos»[23]. La fórmula política costista une elitismo y populismo. El aragonés popularizó el lema de «una revolución desde arriba, de una revolución hecha desde el poder». El primer impulso debía venir de la elite, concretamente de una minoría del «patriciado natural» no responsable del Desastre; esa elite cancelará los mitos ilusorios de la Restauración y elaboraría un programa concreto, movilizando a las «clases neutras», la inmensa mayoría del país; esas clases elegirían un presidente de la República, que ejercería el poder ejecutivo independientemente del Parlamento. El gobernante costista es resueltamente autoritario, el «cirujano de hierro», «brazos de acero», «mucho bisturí», capaz de aplicar un «tratamiento quirúrgico», es decir, «físico y coactivo». Y ésta es su descripción de su acción gubernamental: «se requiere sajar, quemar, resecar, amputar, extraer pus, transfundir sangre, injertar músculo; una verdadera política quirúrgica»[24].

Este dictador ejerce la tutela sobre un cuerpo enfermo; asume la plenitud del poder ejecutivo y nombra a sus ministros entre «las personas más competentes en cada una de las ramas de la Administración, sin tener que sujetarse a compromisos, exigencias o combinaciones de los grupos parlamentarios». Era preciso, además, que las Cortes funcionasen «separadamente del Gobierno y que el Gobierno funcione separadamente de las Cortes, sin que por una crisis o por una votación del uno haya de disolverse el otro»[25]. El

[22] Ibídem, pp. 28 y 31.

[23] Joaquín Costa, *Crisis política de España. Doble llave al sepulcro del Cid*, Madrid, 1914, p. 108.

[24] Joaquín Costa, *Oligarquía y caciquismo (1902)*, Madrid, 1975, pp. 81, 86 y 110.

[25] Ibídem, pp. 163, 107 y 106.

Parlamento debía conservarse, pero aislado, poniendo «sordina a su voz para obtener, a pesar de él, los efectos bienhechores del silencio, dejándolo al propio tiempo en pie como un ejercicio de aprendizaje»; reducirlo, en fin, a la pura función legislativa. El programa costista, sintetizado en los «criterios de gobierno», se concreta en la educación, la higiene popular, la reducción del gasto público, el equilibrio presupuestario, la previsión social, etc.[26]. Cuando la tutela del pueblo español haya dejado de ser necesaria, porque el empeño regeneracionista se haya cumplido, el presidencialismo, que Costa denomina «neoliberal», dará paso al «régimen parlamentario como ideal», en el «self-government del país por el país»[27].

La vida política de Costa fue una sucesión de clamorosos fracasos. Sus empeños en movilizar a «las clases neutras» en torno a sus consignas —la Unión Nacional, la Liga Nacional de Productores, etc.—, se quedaron en agua de borrajas. Sin embargo, sus objetivos deslegitimadores se cumplieron plenamente. El régimen de la Restauración nunca se repuso ni de los efectos del Desastre ni de sus airadas críticas. La clase política fue incapaz de responder intelectual e ideológicamente a las diatribas de que eran objeto. Es más: en cierta forma, como tendremos oportunidad de ver, las interiorizó, aunque, en el fondo, no hizo demasiado por solucionar los problemas que las suscitaban. Además, los incipientes sectores antiparlamentarios encontraron en la producción costista munición altamente aprovechable. Su vehemente y ambigua denuncia del parlamentarismo y su exaltación del «cirujano de hierro» iban a tener singular transcendencia.

Por otra parte, las tendencias antiparlamentarias y corporativas fueron ganando, poco a poco, posiciones en las sociedades europeas, al socaire de la crisis de la razón ilustrada, por un lado, y de la creciente ineficacia de la institución parlamentaria, ante una sucesión de crisis políticas, sociales y coloniales, por otro. La filosofía comenzó a teñirse de vitalismo e irracionalismo, tributario de Nietzsche, Schopenhauer, Kierkegaard y Bergson. Frente a la razón ilustrada, lo irracional resurgía[28].

---

26 COSTA, *Oligarquía y caciquismo*, pp. 108 ss.

27 COSTA, *Oligarquía...*, pp. 73 y 107.

28 H. Stuart HUGHES, *Conciencia y sociedad. La reorientación del pensamiento social europeo, 1890-1930*, Madrid, 1972; John W. BURROW, *La crisis de la razón. El pensamiento europeo, 1848-1914*, Barcelona, 2001.

Dos años antes de que Costa elaborara su célebre *Oligarquía y caciquismo*, un joven escritor y poeta, Charles Maurras, desarrolló, entre una serie de próceres políticos, su *Encuesta sobre la Monarquía*, de cuyas respuestas se deducía la necesidad de instauración de un sistema político monárquico, antiliberal, antiparlamentario y descentralizado. La Monarquía encarnaba el «nacionalismo integral» para Francia, mientras que la República parlamentaria era sinónimo de anarquía y desnacionalización[29]. Las tendencias anarquizantes y antinacionales se extendían igualmente al campo literario y artístico. La vida política francesa era también el reflejo de las transgresiones románticas de los cánones estéticos del clasicismo grecolatino, inherente a la tradición nacional francesa. El romanticismo, heredero de Rousseau, significaba el individualismo en el arte. Era la expresión de rebeldía individual contra la inteligencia que modera y jerarquiza los contenidos de la obra artística[30]. Maurras, a través del grupo *L'Action Française*, se convirtió, y no sólo en su país, en el ídolo intelectual de los sectores sociales y políticos reaccionarios. No estaba sólo; su compatriota Maurice Barrès, desde una perspectiva distinta, subjetivista, no pretendidamente científica, como en Maurras, exaltó la nación, entendida como herencia, «la tierra y los muertos», frente a los «desarraigados» cosmopolitas, apátridas, y los partidos políticos. A diferencia de Maurras, Barrès no fue monárquico; su alternativa era una República de carácter presidencialista, abierta a reformas sociales y a la descentralización regional[31].

En Portugal apareció igualmente un nacionalismo antiparlamentario de tendencias tradicionalistas, como el representado por el *Integralismo Lusitano,* fundado en 1914 por Antonio Sardinha e Hipólito Raposo[32]. Y el poeta Fernando Pessoa exaltó la nación, el imperio y la dictadura plebiscitaria de Sidonio Paes[33]. También en Italia apareció un nuevo nacionalismo, representado primero por literatos como Giovanni Papini, Giuseppe Prezzolini, Gabriel d'Annunzio, que igualmente atacó las bases del liberalismo y del parlamentarismo, abogando por un sistema político autoritario e

[29] Charles MAURRAS, *Encuesta sobre la Monarquía*, Madrid, 1935.

[30] Charles MAURRAS, *Romanticisme et Révolution*, París, 1922, pp. 11 ss.

[31] Zeev STERNHELL, *Maurice Barrès et le nationalisme français*, París, 1985.

[32] Carlos FERRÃO, *O Integralismo Lusitano e a República (Autopsia dun mito)*, Lisboa, 1964; Jesús PABÓN, *La revolución portuguesa*, 2 vols., Madrid, 1941.

[33] João Gaspar SIMÕES, *Vida y obra de Fernando Pessoa*, México, 1984.

imperialista. En 1910 se fundó el Partido Nacionalista Italiano, por escritores, intelectuales y políticos, como Luigi Federzoni, Alfredo Rocco, Francesco Coppola, Paolo Orano y Enrico Corradini, algunos de los cuales ocuparían posteriormente importantes cargos en el régimen fascista[34].

En Alemania, el movimiento más significativo y brillante de la derecha radical fue la llamada «Revolución Conservadora», heredera de la crítica finisecular a la Ilustración, y que, además, encontró una nueva fuente de legitimidad posteriormente, tras la Gran Guerra, en la experiencia de las trincheras. La «Revolución Conservadora» englobaba a diversos autores con frecuencia opuestos en temas y perspectivas filosóficas, pero unidos por el propósito de desarrollar nuevos valores para una nueva época, de la que se consideraban intérpretes y profetas. Su punto de partida era la crítica de la modernidad liberal y marxista; pero no se autodefinían, a diferencia de Maurras, como «reaccionarios», sino defensores de un nuevo conservadurismo, que no miraba al pasado. Despreciaban tanto la Alemania guillermina como luego la weimariana. Sus figuras más conocidas fueron Oswald Spengler, autor de la célebre obra *La decadencia de Occidente*, defensor de una visión cíclica de la historia y de un socialismo prusiano contrario a la socialdemocracia; Werner Sombart, economista crítico, desde una perspectiva romántica, del liberalismo y del marxismo; Carl Schmitt, defensor del «decisionismo» político y debelador de las contradicciones del parlamentarismo clásico; Othmar Spann, teórico del corporativismo y de la sociología «universalista» antiindividualista; Max Scheler, fenomenólogo en un principio, que derivó luego hacia una visión panteísta y romántica detractora de los valores burgueses[35].

Hay que decir, sin embargo, que en España el avance hacia formas de nacionalismo antiparlamentario fue mucho más lento que en otros países europeos. En muchos casos, la crítica al parlamentarismo en nuestro país unió la anterior crítica liberal —o, si se quiere, por emplear el término del propio Costa, «neoliberal»— con la de los nuevos movimientos europeos.

---

[34] Franco GAETA, *Nazionalismo italiano*, Nápoles, 1965; Francesco LEONI, *Il nazionalismo italiano*, Milán, 1981.

[35] Véase Stefan BREUER, *Anatomie de la Révolution conservatrice*, París, 1996.

3. ENRIQUE GIL ROBLES Y JUAN VÁZQUEZ DE MELLA: LA RENOVACIÓN DEL TRADICIONALISMO CARLISTA

Pese a su derrota en 1876 y la escisión integrista de 1888, el tradicionalismo carlista siguió siendo una fuerza política importante en la sociedad española de finales de siglo. Sin embargo, su actuación tras el Desastre del 98 no fue muy significativa. El pretendiente Carlos VII, duque de Madrid, esperaba que el desprestigio y desmoronamiento del régimen de la Restauración le haría aparecer como alternativa salvadora. No obstante, a lo largo de la guerra con Estados Unidos, el carlismo no dejó de verse en una situación contradictoria, porque no podía atacar directamente a un régimen que defendía los últimos restos del imperio español en nombre de la tradición nacional frente a una nación protestante. Consumada la derrota, tuvieron lugar algunos conatos subversivos sin incidencia real, que el propio Carlos VII desautorizó[36].

A diferencia de otros partidos, los carlistas consiguieron, sin embargo, dotarse de nuevas formas de organización y de acción para conseguir sus objetivos y garantizar su supervivencia en un momento de fuertes transformaciones sociales y políticas. Era necesaria una reacomodación a los nuevos tiempos, generadores de inéditos problemas: crítica del caciquismo, cuestión social, incidencia del sufragio universal, surgimiento de los nacionalismos periféricos catalán y vasco, etc. La nueva organización combinó diversos tipos de acción, desde el mitin a la propaganda oral, manifestaciones, actos conmemorativos, celebraciones de fiestas y, sobre todo, la organización de Juntas y Círculos Tradicionalistas[37].

Por otra parte, el ideario carlista fue sometido a un replanteamiento, bajo el impulso de Enrique Gil Robles, primero, y, luego, de Juan Vázquez de Mella y Fanjul.

Nacido en 1849, Gil Robles fue el doctrinario más sistemático del tradicionalismo de comienzos de siglo. Catedrático de Derecho Político en Salamanca, traductor de Stahl, crítico del krausismo, fue

[36] Véase Jordi CANALL y Eduardo GONZÁLEZ CALLEJA, «No era la ocasión propicia... La conspiración carlista de fin de siglo en un memorial de Don Carlos», *Hispania*, n.º 181, 1992, pp. 705 ss.

[37] Jordi CANALL, «Sociabilidad política en la España de la Restauración: el carlismo y los círculos tradicionalistas», *Historia Social*, n.º 15, invierno de 1993, pp. 29 ss.

nombrado por Carlos VII jefe de la minoría parlamentaria carlista en 1903. Su intervención en la encuesta de *Oligarquía y caciquismo,* de Joaquín Costa, da una idea de su capacidad de análisis. En opinión de Gil Robles, la omnipotente y omnipresente oligarquía que Costa denunciaba era el sujeto y el beneficiario real del triunfo de la revolución burguesa en la sociedad española de mediados del XIX, cuyos orígenes ideológicos se encontraban en el Renacimiento «pagano», precursor de la Revolución francesa, que, disolviendo las estructuras del Antiguo Régimen, catapultó al poder a una burguesía «irreligiosa» e «hipócritamente pietista», en contra no sólo de los estamentos privilegiados, sino del conjunto de la población, convertido en masa indiferenciada e inorgánica. La europeización no haría sino agravar los males inherentes al liberalismo y a la sociedad capitalista-burguesa. Se imponía en su contra una labor de «deseuropeización», a cargo de una dictadura encarnada en la figura paternal de Carlos VII:

> Esta realeza es el punto de partida de la reivindicación y de la reorganización, el punto de apoyo y la palanca y la fuerza misma restauradora de la Patria [...]. El rey practica como padre estas operaciones dolorosas, con mano firme y pía a un tiempo, y cuando castiga severo, templa el rigor con la dulzura y en la acervidad correctiva mezcla el calmante con el amor paternal[38].

La clave del proyecto restaurador de Gil Robles era la crítica al liberalismo y la articulación de una alternativa al mismo. Su punto de partida es el concepto orgánico de sociedad, desde cuyo marco de referencia se considera «lo social» como un ámbito autónomo ante lo que el Estado, si no reducido a la pasividad absoluta, ha de tener una intervención secundaria. Desde esa óptica, el Estado liberal era un Estado absoluto, cuyo proceso de monopolización y concentración de poder amenazaba con absorber todas las formas sociales preestatales. El Estado se reduce a la organización del poder central, y se deja todo lo demás al dominio de la sociedad. En la concepción de Gil Robles, la sociedad es una entidad orgánica que, frente a la imagen liberal-individualista, se encuentra estratificada en clases, a cada una de las cuales corresponde una función determinada. La sociedad civil es la nación, un compuesto de partes que

[38] *Oligarquía y caciquismo*, t. II, Madrid, 1975, pp. 148, 155 y 165.

> no dejan de ser personas ni de mantener, como tales, en el conjunto, la personalidad correspondiente, perteneciendo a él más que para la subsistencia y prosperidad del todo para la armónica utilidad de las partes.

Estas partes en que se divide la sociedad son los cuerpos intermedios entre ésta y el Estado, es decir, la familia, el municipio, la provincia, el gremio y la región; y todas tienen derecho de «autarquía», o sea, «derecho de propio e inmediato gobierno», en virtud de «su personalidad e independencia y en proporción de la capacidad personal y de la entidad y cuantía de los bienes que posee». La nación es, en realidad, la única entidad que tiene Estado. Sin embargo, como la palabra «Estado» no tiene aquí referencia al todo nacional en cuanto tal, sino a la «entidad colectiva formada por la persona física o moral en quien la soberanía reside, y por los delegados suyos que desempeñan funciones políticas superiores que el soberano no puede ejercer»; es decir, que se denomina Estado

> al organismo del poder central, por ser el soberano y sus funcionarios de inmediata superior jerarquía, los miembros más importantes de la sociedad nacional [...]. Y entonces ya no se nota fácilmente que, en tal acepción más estricta, el Estado y la sociedad se distinguen realmente como la parte y el todo actual y físico.

Esta distinción era muy importante para no incurrir en el error liberal y estatista, al relativizar las consecuencias de la *summa potestas* única y unitaria, que suponía la reducción de todo derecho a derecho de Estado, a través de la eliminación de los ordenamientos jurídicos y sociales inferiores y superiores del Estado: las corporaciones y la Iglesia católica. Consecuencia de esta concepción organicista es la doctrina de la «democracia cristiana», es decir, la atribución y el reconocimiento al pueblo del *status*, de la posición que le corresponde en el conjunto social; y, además, la soberanía ejercida por los grupos sociales intermedios, conservando su esfera de autarquía, a través de las organizaciones gremiales y corporativas. En virtud del carácter orgánico de la sociedad, la democracia no puede subsistir, en la dinámica social, sin su correspondencia y complementaridad con otros sectores, tales como la aristocracia y la clase media. De esta forma, se articula la soberanía específicamente «social», distinta de la «política», que es patrimonio exclusivo del monarca. Gil Robles concibe la soberanía «política» como el derecho que corresponde a la persona superior de una sociedad para obligar a los miembros de ella a los actos conducentes al fin social, en cuanto por naturaleza y circunstancias, sean incapaces esos miembros de ordenarse a dicho bien o fin.

Lo que conduce a la legitimación de una auténtica autocracia monárquica, en la que el rey ejerce «la plenitud del poder legislativo, ejecutivo y judicial que cada persona ejerce en la de su correspondiente autarquía». Esta concepción de la soberanía y de la sociedad culmina en la doctrina de la representación, donde se desenvuelve la soberanía política del monarca y las «autarquías» de los diferentes cuerpos intermedios sobre los que se articula la sociedad. La representación se resuelve en las peticiones y consultas que se realizan a través del diálogo institucional entre el rey y el pueblo, organizado corporativamente en unas cortes estamentales. La representación debía articularse en dos cámaras: la cámara baja, nutrida fundamentalmente de los diputados y procuradores de «las sociedades directamente constitutivas de la nación», es decir, de los cuerpos intermedios; mientras que la cámara alta tendría un fuerte componente selectivo y aristocrático, dando representación a los estamentos de la nobleza y de la Iglesia[39].

Sin embargo, el ideólogo por excelencia del tradicionalismo carlista, a lo largo de la Restauración, fue el asturiano Juan Vázquez de Mella. Gran orador, nunca fue, en cambio, un pensador sistemático, a diferencia de Gil Robles. Nacido en 1861, Vázquez de Mella participó en las conferencias del Palacio de Loredán, convocadas por Carlos VII, en las que se trató de elaborar un programa tradicionalista acorde a las nuevas circunstancias sociales y políticas. De aquellas conferencias salió la llamada *Acta Loredán*, redactada por el propio Vázquez de Mella, y que fue publicada en *El Correo Español*. El Acta insistía en la defensa de la «constitución interna» de la nación española, basada en la Monarquía, el catolicismo y el régimen foral; lo más novedoso, sin embargo, fue la asunción del programa social-católico definido en la encíclica *Rerum Novarum*, reivindicando la restauración de los gremios y la

[39] Enrique GIL ROBLES, *Tratado de Derecho Político, según los principios de la Filosofía y el Derecho cristianos*, t. I, Madrid, 1961, pp. 51, 341, 244-245 y 111 ss.; t. II, pp. 14-15, 16, 378-381, 299, 357, 668 y 652 ss.

extensión de las sociedades cooperativas de producción y consumo[40].

A partir de las premisas social-católicas y tradicionalistas, Vázquez de Mella se esforzó en construir su propia variante corporativa, que él autodefinió como «sociedalismo jerárquico», cuyos antecedentes se encontraban en Donoso, Aparisi y Gil Robles. El «sociedalismo» mellista se coloca, siguiendo a Gil Robles, en una posición radicalmente antiestatista, al negar que el Estado fuese la única fuente del derecho. Por encima de él existían otras fuentes jurídicas, las de los grupos sociales naturales, surgidos espontáneamente de la sociabilidad humana, que en su existencia representan resistencias orgánicas al poder estatal. De ahí que Vázquez de Mella defienda una doble soberanía, la social y la política, en cuyo dualismo se encuentra la salvaguardia de las libertades concretas, al cristalizar en él las «autarquías» de los grupos sociales y de los gremios, que emergen de la familia, como núcleo esencial de la integración del individuo en la totalidad social[41].

La sociedad civil se encuentra estratificada jerárquicamente en clases sociales, a cada una de las cuales corresponde una función determinada. La existencia de clases sociales tiene su fundamento en la «naturaleza humana», consecuencia de la capacidad superior de adaptación de los individuos a las funciones que son inherentes a la sociedad. Vázquez de Mella divide la sociedad en tantas clases cuantos son los intereses colectivos, en torno a los que se agrupan las personas. Hace referencia, en ese sentido, al interés intelectual, religioso y moral; a los intereses materiales, al interés aristocrático y a la defensa. De acuerdo con ello, entre las clases figuran la intelectual —Universidad—, religiosas y morales —la Iglesia—, económicas —agricultura, comercio e industria—, militar y aristocrática. Son estas clases, y no los partidos, las que deben estar presentes en los Ayuntamientos, en las Juntas Regionales y en las Cortes de la nación, a través de las cuales se ejerce la soberanía social[42].

La concepción orgánica de la sociedad llevaba a Vázquez de Mella a planteamientos regionalistas y foralistas. El ideólogo tradicionalista concebía España como una federación de regiones, es

---

[40] Inserto en Melchor FERRER, *Historia del tradicionalismo español*, t. XXVII, vol. II, Sevilla, 1957, pp. 132 y 140.

[41] Juan VÁZQUEZ DE MELLA, *Obras completas*, t. VIII, Madrid, 1949, pp. 165-166.

[42] Juan VÁZQUEZ DE MELLA, *Obras completas*, t. II, Madrid, 1949, pp. 285-286.

decir, una unidad política superior compuesta por regiones autárquicas, en la que el soberano, es decir, el rey, comparte con ellas la soberanía. En la concepción mellista, las regiones son pequeños Estados autónomos, en los que el rey común tiene la condición medieval de conde de Barcelona, rey de Castilla y de Navarra, señor de Vizcaya, etc. Las regiones habían sido históricamente «afluentes de la nación y casi siempre Estados independientes o federados», que, con el tiempo, fueron uniéndose hasta llegar a constituir la nación española. Así, España no era una realidad protofenómenica, sino un agregado de distintas regiones y culturas. De ahí que la Monarquía hubiera de tener una estructura federativa: las regiones disfrutarían de derecho a estar representadas por la Junta y la Diputación; conservarían el derecho privativo y su lengua; dispondrían de «autarquía» administrativa y económica, etc.[43].

4. CATALANISMO Y *NOUCENTISME*

Las tendencias antiparlamentarias tuvieron un importante eco en el catalanismo. En realidad, ello no suponía una discontinuidad en la trayectoria ideológica del nacionalismo catalán, que, desde sus orígenes, había criticado al régimen liberal español, a partir de unos supuestos claramente tradicionalistas y contrarrevolucionarios. Ideológicamente, las corrientes catalanistas se alimentaron, a lo largo del siglo XIX, del proteccionismo aduanero, del foralismo carlista y del federalismo pimargalliano, que se vio reforzado por el tradicionalismo característico de la Iglesia católica, uno de cuyos representantes, el obispo de Vich, Josep Torras i Bages, abominaba de la civilización moderna y liberal, presentando a Cataluña como una nación esencialmente católica y rural, y, por lo mismo, esencialmente antitética del materialismo, urbanismo y parlamentarismo característico de la modernidad[44].

En ese mismo sentido, no faltaron en los primeros ideólogos del catalanismo críticas al liberalismo; unas críticas no basadas únicamente en el análisis concreto de sus indudables deficiencias en el

[43] Juan VÁZQUEZ DE MELLA, *Obras completas*, t. XXVIII, Madrid, 1949, pp. 269-270; t. VIII, Madrid, 1949, p. 318.

[44] Josep TORRAS I BAGES, *La tradición catalana*, Barcelona, 1988, pp. 84-87.

caso español, sino transcendentes y de principio. El régimen liberal era contemplado por los catalanistas como un ente artificial, ajeno y sobreañadido a la pluralidad de los pueblos que coexistían en el marco español[45]. Así, por ejemplo, Narciso Verdaguer i Callís, director de *La Veu de Catalunya,* admirador de Maurras y Barrès, estimaba que la misión fundamental del catalanismo era acabar con el parlamentarismo[46].

Estas tendencias contrarrevolucionarias se manifestaron, ya a finales del siglo XIX, en la formación de la *Unió Catalanista,* que elaboró en su primera asamblea las célebres Bases de Manresa, donde se propugnaban unas cortes elegidas corporativamente[47]. De hecho, las primeras recepciones de las ideas de Maurras y Barrès en España fueron realizadas por los catalanistas de *La Veu*, que publicaron algunos textos de estos autores. No es extraño que la mayoría de los catalanistas mantuvieran, a lo largo del *affaire* Dreyfus, posturas abiertamente antisemitas[48].

Además, la formación intelectual del máximo doctrinario catalanista, Enric Prat de la Riba, era análoga a la de Maurras: Comte, Renan, Fustel de Coulanges, etc. De acuerdo con su perspectiva tradicionalista-positivista, Prat asociaba sociedad a naturaleza. La nación era concebida como una «comunidad natural, necesaria, anterior y superior a la voluntad de los hombres, que no pueden deshacerla ni mudarla». No fue nunca partidario del sistema parlamentario, para él sinónimo de fragmentación, incoherencia, desorden y cuyas consecuencias sociales y políticas más palpables eran

> la burocracia, el absolutismo de las pandillas de políticos profesionales y el alejamiento de todos los elementos del país que por su inteligencia, su posición y sus intereses, deberían ejercer una mayor influencia en la dirección del Estado.

---

[45] En ese sentido, resultan por completo distorsionadoras las opiniones sustentadas por el historiador Vicente CACHO VIU, en su obra *El nacionalismo catalán como factor de modernización*, Madrid, 1998.

[46] Narciso VERDAGUER I CALLÍS, *La primera victoria del catalanisme*, Barcelona, 1919, pp. 71 ss. Sobre este autor: Joaquim COLL I AMARGÓS, *Narcís Verdaguer i Callís*, Abadía de Montserrat, 1998.

[47] Jordi LLORENS I VILA, *La Unió Catalanista i els origens del catalanisme polític*, Barcelona, 1992; Josep TERMES y Agustí COLOMINES, *Les Bases de Manresa de 1892: els origens del catalanisme*, Barcelona, 1992.

[48] Joaquim COLL I AMARGÓS, *El catalanisme conservador davant l'afer Dreyfus, 1894-1906*, Barcelona, 1994, pp. 69-92.

Asamblea de la Unió Catalanista celebrada en Manresa en 1892. El grabado, publicado en *La Ilustración Catalana* en mayo de ese año, iba acompañado de un artículo donde se elogiaba el manifiesto antidemocrático aprobado por esta asamblea y conocido como Bases de Manresa. *Archivo Anaya.*

Frente a ello, el líder catalanista propugnaba la representación corporativa

> mediante el sufragio universal de los cabezas de familia, por gremios y profesiones, a fin de acabar con el parlamentarismo que entrega el gobierno de los Estados a los charlatanes de oficio.

La movilización catalanista tenía como fin último la consecución de un Estado propio; pero Prat no era separatista. Su solución era el Estado federal en el interior; y el Imperio en el exterior, como expansión cultural, política y económica de Cataluña, a costa de las naciones menos desarrolladas[49].

La crisis del 98 fortaleció al catalanismo. Y Prat de la Riba logró, tras el Desastre, grandes éxitos políticos, consiguiendo agrupar a las

[49] Enric PRAT DE LA RIBA, *La nació i l'estat. Escrit de juventut*, Barcelona, 1987, pp. 97 ss.; *La nacionalitat catalana*, Barcelona, 1906, pp. 81 ss.

tendencias dispersas de la derecha catalanista, formando la *Lliga Regionalista.* Junto al Centro Nacionalista y otros grupos menores, la *Lliga* formó, en 1906, la Solidaridad Catalana, unión electoral, que, al año siguiente, obtuvo un notable éxito electoral. Y, entretanto, para encauzar el nacionalismo catalán dentro del sistema de la Restauración, Antonio Maura recogió las sugerencias de «mancomunar» a las diputaciones provinciales de carácter local, proyecto que ni él, ni Canalejas, su sucesor, consiguieron que se aprobara en el Parlamento; pero que finalmente el gobierno de Eduardo Dato logró sacar adelante en 1913, siendo nombrado Prat presidente de la Mancomunidad, desde cuyas instituciones llevó a cabo una importante labor política y, sobre todo, cultural.

A través de la nueva Mancomunidad, Prat y su partido lograron atraerse a un considerable número de intelectuales catalanes, cuya personalidad más reseñable fue Eugenio d'Ors, principal teórico del movimiento *Noucentista*. En el desarrollo de su proyecto político, Prat encontró en D'Ors a un lúcido y dotado colaborador intelectual. Fruto de la compenetración de D'Ors y Prat fue la colaboración del primero en las páginas de *La Veu de Catalunya*, donde publicó, bajo el pseudónimo de Xenius, su célebre *Glosari;* y su nombramiento como secretario general del Instituto de Estudios Catalanes. Siguiendo a Maurras, el *Noucentisme* se mostraba antirromántico, antiparlamentario, clasicista e imperialista. El liberalismo representaba «el individualismo atomístico», «el Estado mal menor»; mientras que la democracia era «la ideología revolucionaria de los instintos de la burguesía», y que significaba el triunfo de los «politicastros». Por el contrario, el *Noucentisme* significaba imperialismo, «socialización, Estatismo, el Estado educacional, la Ciudad, la idea de expansión de los pueblos, la Justicia Social, la lucha por la Ética y por la Cultura»[50]. A ese respecto, la máxima aportación dorsiana al proyecto catalanista fue su definición de la catalanidad, en su célebre obra *La bien plantada*. A través del arquetipo de Teresa, D'Ors presenta la esencia de la tradición catalana frente a la castellanidad, tal y como ésta era presentada por los noventayochistas, sobre todo por Unamuno y Zuloaga, defensores, a juicio de Xenius, de un estilo «místico, ardiente, amarillo, áspero». En contra del supuesto misticismo castellano, D'Ors concebía Cataluña como la portavoz de la

[50] Eugeni d'ORS, *Glosari*, Barcelona, 1982, pp. 91, 125 y 153 ss.

razón clásica, del límite, de los «detalles exactos», del orden y la armonía. Igualmente, el arquetipo se vuelve contra el modernismo, símbolo de la anarquía individual, de las «prosas bárbaras y rústicas», del romanticismo. El arquetipo de Teresa venía, además, a concretarse en un auténtico proyecto político de restauración nacional catalana:

> Yo no he venido —dirá Teresa— a instaurar una nueva ley, sino a restaurar la ley antigua. No quiero traeros la revolución, sino la continuación [...]. Pensemos, después de esto, en la danza de la sardana. Pensemos en los versos y las costumbres de nuestro viejo derecho. Pensemos en la tabla de Dalmau y en las cabezas retratadas en ella. Pensemos en el Libro del Consulado del Mar. Pensemos en Ampurias, y en las excavaciones de Ampurias. Pensemos en Esculpacio, numen tutelar de nuestra actual restauración clásica[51].

A pesar de que, finalmente, la *Lliga* evolucionará hacia posturas liberal-conservadoras, de adecuación al sistema de la Restauración, D'Ors no estuvo sólo en sus posturas antiparlamentarias y antiliberales[52]. Su *Noucentisme* encontró un importante eco en el grueso de la joven intelectualidad catalanista: Joan Estelrich, Jaume Bofill, Josep Maria Junoy, Josep Maria López-Picó, Josep Vicenç Foix, etc.[53].

Muerto Prat de la Riba en 1917, D'Ors cayó en desgracia ante el nuevo presidente de la Mancomunidad, Puig i Cadalfach; lo que, finalmente, provocó su célebre «defenestración» en enero de 1920. Tras su marcha de Cataluña y su instalación en Madrid, D'Ors siguió pensando de idéntica forma; tan sólo abandonó el catalanismo para adherirse al nacionalismo español.

5. *EL ESPÍRITU DEL 98*

En el resto de España, la crisis del 98 generó igualmente una reacción de carácter intelectual, muy semejante a la ocurrida en otros países

---

[51] Eugenio d'ORS, *La bien plantada*, Barcelona, 1982, p. 51.

[52] El reducir la influencia de Maurras, en Cataluña, a la figura de D'Ors es uno, entre otros muchos, de los errores en que incurre, llevado de sus filias catalanistas, Vicente CACHO VIU, en su discutible libro *Revisión de Eugenio d'Ors*, Madrid/Barcelona, 1997.

[53] Pedro Carlos GONZÁLEZ CUEVAS, «Charles Maurras en Cataluña», *Boletín de la Real Academia de la Historia*, t. CXCV, cuaderno II, Madrid, 1998.

europeos. Lo que se ha venido en llamar «espíritu del 98» significó una reacción de inconformismo, de rebeldía, de inquietud por parte de la elites intelectuales emergentes, con respecto al sistema y la sociedad de la Restauración; y que envuelve la búsqueda de una tradición sustentadora de un nuevo nacionalismo español[54]. Esta apelación fue igualmente tributaria del enrarecido momento filosófico y literario finisecular, teñido de vitalismo, decadentismo e irracionalismo, lo que explica el voluntarismo de que está impregnado el conjunto de las obras y de las tesis de estos autores[55].

El conjunto de los noventayochistas no fue ni liberal ni demócrata. En ese sentido, se les ha calificado de «anarco-aristócratas»[56]. Otros, como Ramón Iglesia, han hecho referencia al «reaccionarismo de la generación del 98»[57]. En realidad, nunca tuvieron una posición política fija, coherente y definida.

Buena prueba de la ambivalencia política de los noventayochistas fue la trayectoria de José Martínez Ruiz, *Azorín*, quien, en un primer momento, dio su adhesión a Pi y Margall y luego al anarquismo. Pero su anarquismo estaba inspirado por Stirner y Nietzsche, que nada tenía que ver con el populismo de los anarquistas obreros. Su crítica se centraba en los valores tradicionales y en la vida política oficial. Son memorables, en ese sentido, sus retratos del célebre cacique y político conservador Romero Robledo[58]. Pronto veremos, sin embargo, al escritor alicantino militar en el Partido Conservador, de la mano de Juan de la Cierva; y exaltar en sus escritos a Maura, Barrès y Maurras.

Miguel de Unamuno rechazó el tradicionalismo de Menéndez Pelayo, al que acusó de «casticista» y de causante, por tanto, del

---

[54] Pedro LAÍN ENTRALGO, *La Generación del 98*, Madrid, 1998; Gonzalo FERNÁNDEZ DE LA MORA, *Ortega y el 98*, Madrid, 1979; José Luis ABELLÁN, *Sociología del 98*, Madrid, 1997.

[55] Hans HINTERHÄUSER, *Fin de siglo. Figuras y mitos*, Madrid, 1980.

[56] Gonzalo SOBEJANO, *Nietzsche en España*, Madrid, 1967, p. 481.

[57] Ramón IGLESIA PARGA, «El reaccionarismo de la Generación del 98», en *El hombre Colón y otros ensayos*, México, 1994, pp. 201 ss. En las diatribas de este autor existe seguramente un profundo desengaño. Este exiliado tras la guerra civil había participado, en un principio, en la fundación del grupo fascista *La Conquista del Estado,* dirigido por Ramiro Ledesma Ramos, si bien lo abandonó muy pronto (Ramiro LEDESMA RAMOS, *¿Fascismo en España? Discurso a las juventudes de España*, Barcelona, 1968, pp. 62 ss.).

[58] AZORÍN, *Artículos anarquistas,* Barcelona, 1984; *La Andalucía trágica*, Madrid, 1991.

atraso social, cultural y científico español; pero estimaba que la labor europeizadora tenía que contar con un nuevo concepto de «tradición»; y éste era necesario buscarlo en la «intrahistoria» nacional, ese nivel profundo e incontaminado del alma colectiva, subrayando de ese modo su intemporalidad e independencia con respecto a los hechos que suceden en la superficie de los acontecimientos humanos. La vía propuesta para acceder a la «intrahistoria» no es sino una relectura vitalista de las tesis positivistas de Hipólito Taine, según las cuales el pasado y el presente forman una sola y única realidad, dada la similitud de los condicionamientos geográficos y raciales que venían conformando la comunidad nacional. La tierra y los hombres en ella forjados constituyen la fuente viva de la «tradición»; en consecuencia, sólo desde el presente histórico es posible adentrarse en las huellas del pasado. Así, la tarea de los «españoles europeizados» no habría de consistir en la construcción abstracta de un sistema teórico, sino en redescubrir los tesoros ocultos en el «alma» del pueblo, herencia de un pasado del que el propio pueblo no tenía una memoria expresa[59].

Tampoco el joven Ramiro de Maeztu se caracterizó por su adhesión a los principios liberales o por su respeto al régimen de la Restauración. Influido por Nietzsche, Spencer, Marx y Costa, su producción ideológica vino marcada por la apabullante impresión de la derrota militar del 98. A su juicio, la sociedad española se enfrentaba, tras el Desastre, a una serie de desafíos —modernización económica, secularización, consolidación de la unidad política española frente a la emergencia de los nacionalismos periféricos, etc.—, que el régimen de la Restauración era incapaz de solventar. Se trataba de un sistema político «burocrático-teocrático-militar», constituido en auténtico baluarte de las fuerzas más regresivas del país; era un obstáculo para «el desenvolvimiento nacional»[60]. Cánovas había corrompido al conjunto de la sociedad española, sobre todo a nivel político; lo que había tenido consecuencias letales a todos los niveles[61]. El Parlamento español distaba de ser representativo; era expresión de una parte muy minoritaria de la sociedad. Además,

---

59 Miguel de UNAMUNO, «En torno al casticismo», en *Obras completas*, t. I, Madrid, 1966, pp. 890 ss.

60 Ramiro de MAEZTU, *Hacia otra España*, Madrid, 1997, pp. 55 ss.; *Artículos desconocidos*, Madrid, 1977, pp. 110 ss.

61 «Disolución», *Germinal*, 30 de julio de 1897.

entre los dos partidos oficiales apenas existían diferencias, ni tan siquiera matices en lo que respecta a los intereses defendidos, a las ideologías o a la conducta. Y el único motivo de sus coyunturales reyertas era el reparto de los presupuestos. Por todo ello, el Parlamento español podía ser comparado a una especie de enorme Bolsa, donde se compraban y vendían votos sin miedo ni vergüenza, donde todos eran embaucados por políticos intrigantes, abogados, periodistas, viviendo la mayoría a costa de la nación[62]. El político español típico no estaba a la altura de las circunstancias; era, desde luego, un experto en «manubrios, registros, expedientes, traslados, resurrecciones, llaves dobles, ganzúas y demás travesuras»; pero por completo ignorante de saberes tan decisivos en la sociedad contemporánea como la ciencia política y la sociología[63].

Así reclutado, el Estado era incapaz no sólo de garantizar un desarrollo económico sostenido, sino de llevar a la práctica su proyecto político de unidad nacional; no había conseguido eliminar la persistencia de importantes diferencias histórico-culturales y económicas entre las distintas regiones españolas. El centralismo español era más teórico que real: «El Estado no ha logrado ser máquina que fundiera los distintos idiomas e ideales regionales»[64].

En opinión de Maeztu, la solución vendría del desarrollo económico y, sobre todo, de una auténtica reforma intelectual y moral, consistente en la transformación de la mentalidad de las elites burguesas, la secularización de las conciencias, la articulación de una auténtica conciencia nacional unitaria, a través de un nuevo sistema educativo, basado en valores prácticos, en los deportes, la sociología, la geografía y el arte nacional. A lo que había que añadir la labor de los intelectuales en la invención de símbolos y mitos. Para lo que era preciso, además, la colaboración del Ejército, en el que Maeztu vio siempre el más firme elemento cohesionador de la sociedad española. Las fuerzas armadas podían formar, con su capacidad socializadora, «el espíritu nacional que tanto contribuye al resurgimiento de la ciencia, las letras, la industria y demás actividades de la ciencia moderna»[65].

---

62 «Los tres escoltas de Cataluña», *España*, 21 de marzo de 1904; «Crónica. El hambre en política», *Las Noticias*, 20 de diciembre de 1899.

63 «El wagnerismo en política», *El Imparcial*, 1 de octubre de 1901.

64 «La nación contra el Estado», *Revista Nueva*, 25 de agosto de 1899.

65 «Deber social del Ejército», *El Imparcial*, 13 de febrero de 1902.

Muy crítico con la situación española se mostraba igualmente el novelista Pío Baroja, quien se autodenominaba «liberal-radical», pero en el sentido anarco-aristocrático a que hemos hecho referencia. El escritor vasco abominaba del «romanticismo en política»; y es que la única política posible era «la absolutamente experimental», es decir, «antirromántica y positiva»; lo que ponía en cuestión las bases del sistema liberal. El sufragio universal, desde esta perspectiva, no resolvía nada, y, en consecuencia, debía ser suprimido, lo mismo que el Parlamento, el jurado y las demás instituciones representativas, «que no tienen más base que la ley de las mayorías y el número aplastante que representa la fuerza de un rebaño de bárbaros». La política experimental demostraba que la masa era «siempre lo infame, lo cobarde, lo bajo»; y que en los parlamentos, «los sentimientos falsos sustituyen a los sinceros, que las almas viles y rastreras se sobreponen a las altas y nobles». La política experimental tendría por base «el absolutismo de los inteligentes». «Si el país necesita —concluía Baroja— entenebrecer su vida, obscurezcámosla. Si necesita un buen tirano, busquémosle»[66]. Maurras no lo hubiera dicho mejor.

Su valoración de la clase política era consecuentemente muy negativa. El Parlamento era «el Charladero Nacional». Maura, por ejemplo, tan sólo destacaba por su oratoria «presuntuosa y relamida». Todo lo cual desembocaba en un antipoliticismo tan radical como virulento:

> Que se hunda la Monarquía o que se levante la República para nosotros es igual; siempre habrá los mismos conventos, los mismos curas, los mismos generales, los mismos magistrados; siempre habrá funcionarios que puedan decir ante eso que llaman el altar de la Patria: Ave, patria, los que van a comer te saludan[67].

Azorín, Maeztu y Baroja lanzaron, en diciembre de 1901, el llamado *Manifiesto de los Tres*, propugnando como panacea de los males nacionales «aplicar los conocimientos de la ciencia en general a todas las llagas sociales»; y, concretamente, «la enseñanza obligatoria, la fundación de cajas de crédito agrícola y la implantación del divorcio». En el Manifiesto se declaraba igualmente que la

66 «Política experimental», *Electra*, 16 de marzo de 1901.

67 «Lo que nos importa», *El Globo*, 5 de abril de 1903; «El estancamiento», *El Pueblo Vasco*, 4 de septiembre de 1905.

unión nacional no podía realizarse en torno al ideal democrático, porque lo consideraban

> como un absolutismo del número que no ha producido ni producirá la liberación de la Humanidad, sino una especie de nuevos privilegios a favor de los más audaces y de los más indelicados[68].

6. ANTONIO MAURA Y LA RENOVACIÓN DEL CONSERVADURISMO LIBERAL

Ante tal cúmulo de críticas, las misma elites políticas dinásticas —o, al menos, un sector de éstas— fueron capaces de percibir el agotamiento táctico de la vía restrictiva propia del conservadurismo liberal, tras el Desastre. Tal fue el caso, entre otros, de Francisco Silvela, disidente del canovismo, que logró acceder a la jefatura del Partido Conservador y tuvo oportunidad de imponerle su programa político reformista[69]. Al frente de su gobierno, Silvela logró neutralizar las amenazas de golpe de Estado militar; su ministro de Hacienda, Fernández Villaverde, llevó a cabo una reforma económica de carácter estabilizador, tendente a la contención de precios, el equilibrio presupuestario y la ortodoxia monetaria; y un primer atisbo de legislación social, llevado a cabo por Eduardo Dato, con las leyes de accidentes de trabajo y del trabajo de las mujeres y los niños, etc.[70]

Sin embargo, la figura más sobresaliente del reformismo dinástico fue, sin duda, el mallorquín Antonio Maura, sucesor de Silvela en la jefatura conservadora. Maura fue ideológicamente un conservador liberal, pero en su pensamiento político es perceptible, al mismo tiempo, una acusada impronta tradicionalista. Para Maura, el catolicismo era «la médula histórica de nuestra nacionalidad»; y la Monarquía, una institución política superior, intangible; era, además, el núcleo de la nacionalidad española. En ese sentido, su proyecto

---

[68] Inserto en Ramón GÓMEZ DE LA SERNA, «Azorín», en *Obras completas*, t. I, Barcelona, 1956, pp. 1046 ss.

[69] Florentino PORTERO, «Francisco Silvela, jefe del conservadurismo español», *Revista de Historia Contemporánea*, n.º 2, diciembre de 1983, pp. 147 ss.

[70] Feliciano MONTERO, *Orígenes y antecedentes de la previsión social*, Madrid, 1988, pp. 142 ss.; Carlos SECO SERRANO, *Semblanza política y humana de un estadista de la Restauración: Eduardo Dato a través de su archivo*, Madrid, 1978, pp. 45 ss.

renovador debía desenvolverse en la continuidad de la vida tradicional. Igualmente, participaba de la concepción organicista de la sociedad común a tradicionalistas y krausistas. Sin embargo, la defensa del organicismo y del voto corporativo no pasaba de ser, en su pensamiento, una solución correctora de las deficiencias del sistema político y no implicaba, por tanto, una crítica transcendente del sistema[71].

Como en el caso de Silvela, el proyecto maurista nace de la percepción del agotamiento del modelo político canovista. La crisis política y de legitimidad era consecuencia de que «la inmensa mayoría está vuelta de espaldas, no interviene para nada en la vida política»[72]. Al socaire de este diagnóstico, Maura popularizó, asumiendo algunas de las críticas costistas al sistema, el lema de la «revolución desde arriba», que, en su correspondencia privada, definiría como «una Dictadura austera, cívica, inteligente, preparadora de la regularidad jurídica en la vida popular y del Estado»; y que cerrara el paso a una posible Dictadura militar representada por «un general soez, ignorante, estampilla de un puñado de amigotes peores que él»[73].

Desde la perspectiva maurista, esta «revolución» consistía, fundamentalmente, en reformas de carácter político, para lograr el «descuaje del caciquismo» y la movilización de las «masas neutras»; lo que pasaba por la renovación de la vida local, de los procedimientos electorales y de la representatividad parlamentaria, que intentó plasmar en sus discutidas leyes de Administración Local y de Reforma Electoral. Fue, sin embargo, la pretensión gubernativa de descentralizar y de introducir el voto corporativo en la vida municipal, así como la elección de segundo grado en la designación de los diputados provinciales, lo que mayor polvareda levantó en la oposición liberal y republicana[74].

Al lado de la aprobación de estas medidas, Maura intentó una política de reconstrucción militar, sobre todo en la Marina, y de

---

[71] Antonio MAURA, *Estudios jurídicos*, Madrid, 1916, pp. 28-29; *Treinta años de vida pública*, Madrid, 1953, pp. 488 ss.; *La educación cívica*, Madrid, 1913, pp. 9-10.

[72] MAURA, *Treinta...*, pp. 290-291.

[73] Archivo Antonio Maura, legajo 115, 11-16 de marzo de 1901.

[74] María Jesús GONZÁLEZ HERNÁNDEZ, *El universo conservador de Antonio Maura*, Madrid, 1997.

reafirmación de los valores que él y sus partidarios consideraban inherentes a la nación española. Durante su gobierno «largo», la Institución Libre de Enseñanza sufrió, particularmente con respecto a la Junta de Ampliación de Estudios, graves quebrantos[75]. Igualmente, derogó la Real Orden de Matrimonio Civil y su actuación contribuyó a conservar la influencia del clero en la enseñanza, aunque aumentó la escolaridad obligatoria de los seis a los doce años[76]. Bajo su mandato se creó el Instituto Nacional de Previsión y se aprobaron las leyes de Conciliación y Arbitraje, que sentaron en jurisprudencia el concepto de «jurados mixtos», el de huelga, etc.

El proceso que condujo a la caída de Maura es de sobra conocido. El conflicto de fronteras en Melilla requirió una importante movilización de fuerzas militares, que suscitó la protesta de republicanos, anarquistas y socialistas. Protesta que degeneró en los graves sucesos de Barcelona —la llamada «Semana Trágica»—; y la represión subsiguiente, sobre todo la ejecución del pedagogo Francisco Ferrer Guardia, produjo una clamorosa ofensiva antimaurista tanto en el interior como en el exterior, que en el Parlamento español contó incluso con el apoyo del Partido Liberal, el cual, de esta forma, rompió la solidaridad del «turno». Alfonso XIII, por su parte, se adelantó, ante el enorme alcance que tomaba la marejada antimaurista, a la dimisión del político conservador, abriendo el paso a los liberales. De aquella forma finalizaba la experiencia reformista de Maura, sin haber podido llevar a cabo la mayoría de sus proyectos. Un golpe del que nunca se repondría.

---

[75] María Dolores GÓMEZ MOLLEDA, *Los reformadores de la España contemporánea*, Madrid, 1982, pp. 471 ss.

[76] Manuel PUELLES BENÍTEZ, *Educación e ideología en la España contemporánea*, Barcelona, 1991, pp. 264 ss.

Capítulo II

Del impacto de la Gran Guerra a la Dictadura de Primo de Rivera: la renovación del conservadurismo autoritario

1. LA CRISIS DE ENTREGUERRAS

A la crisis política y de identidad nacional cuya fecha emblemática fue 1898, y a la que las elites dinásticas fueron incapaces de dar respuesta adecuada, iba a añadirse una profunda crisis social. A pesar de la neutralidad española en el conflicto, la Gran Guerra tendría consecuencias letales para el régimen de la Restauración. Por una parte, al final de la guerra las sociedades europeas entraron en una fase de inquietud interna y de inestabilidad política. Las viejas elites sociales se batieron en retirada. El viejo principio de legitimidad monárquica, sobre todo tras el triunfo de la revolución rusa, entró en una crisis prácticamente irreversible. Como señaló Guglielmo Ferrero:

> Al igual que sucediera en la Francia de 1789, la legitimidad monárquica se encontró de golpe sumida en el fondo de una profunda falla que, sin que nadie supiera cómo, la historia había abierto en cuestión de segundos a los pies exactos de sus fundamentos tradicionales[1].

Finalizado el conflicto, se produjo la abdicación del Káiser y la renuncia de su heredero. Poco después caían las testas coronadas de Grecia, Rusia, Hungría, Austria, etc. Este eclipse de la legitimidad tradicional favoreció el desarrollo de otras nuevas legitimidades, como la democrática y la carismática.

---

[1] Guglielmo FERRERO, *El Poder. Los Genios invisibles de la ciudad*, Madrid, 1991, pp. 147-148.

Por otra parte, la nueva coyuntura abrió un período descrito por el historiador Charles S. Maier como de «refundación» de la Europa capitalista, en el que fue fraguándose una alternativa social y política a la movilización de masas suscitada por la guerra y la crisis revolucionaria surgida a partir del triunfo del bolchevismo y sus precoces y fallidos intentos de transcender las fronteras del antiguo imperio zarista. Por de pronto, la crisis implicó un profundo cuestionamiento de las bases del Estado liberal de Derecho. Y es que la sociedad no podía ser concebida ya como un mero conglomerado de individuos; tampoco podía seguirse manteniendo que la voluntad política fuese el resultado de la agregación de voluntades individuales. De esta forma, el conjunto de las sociedades europeas iba a asistir a la instauración de un nuevo sistema sociopolítico consistente en la articulación de mecanismos para la transacción entre los intereses sociales. Maier denomina el nuevo sistema institucional «corporativo», cuya edificación implicaría la creación de nuevos mecanismos de distribución de poder que favorecieran a las fuerzas organizadas de la economía y de la sociedad, en detrimento de un parlamentarismo cada vez más debilitado[2]. Este cambio de modelo social trajo consigo una variación de las estructuras del Estado. Comenzaba, así, la articulación de una nueva relación entre economía y sociedad, que abarcaría, a la vez, formas de democracia liberal, autoritarias y totalitarias de representación social y política; y que englobaría tanto a sociedades de alto desarrollo capitalista como a subdesarrolladas. En ese sentido, el sociólogo Ramesh Misrah, siguiendo a Philippe Schmitter, ha adoptado, con el objetivo de extraer algún sentido a esa diversidad, la distinción entre «corporativismo social» y «corporativismo de Estado». En el primero, asociado a las democracias liberales, el papel del Estado no resulta determinante, la organización de los sectores económicos no es jerárquica y la participación en las disposiciones es voluntaria, mientras que en la segunda forma, característica de los regímenes autoritarios y totalitarios de la época de entreguerras, exige un Estado activo y conductor, una organización estrictamente jerárquica y una incorporación obligatoria[3].

---

[2] Charles S. MAIER, *La refundación de la Europa burguesa*, Madrid, 1988. Véase igualmente Carl Schmitt, *Sobre el parlamentarismo*, Madrid, 1990.

[3] Ramesh MISRHA, *El Estado del bienestar en crisis. Pensamiento y cambio social*, Madrid, 1992, pp. 162 ss. Véase también Giacomo MARRAMAO, *Lo político*

Ante tales retos, las elites políticas, económicas e intelectuales conservadoras se vieron desbordadas. El triunfo de la revolución en la recién proclamada Unión Soviética coadyuvó a que las organizaciones obreras se hicieran más patentes, en el deseo de lograr mejoras muy sensibles en la situación económica y social, caso de no poder alcanzar entonces la deseada revolución socialista. Ambos posicionamientos provocaron una gran movilización política y, por ende, la aparición de nuevas organizaciones y de nuevos planteamientos en el campo de las derechas. Es en estos momentos cuando hacen su aparición con fuerza los movimientos católico-corporativos, de derecha autoritaria y, sobre todo, fascistas, cuyos mentores políticos e intelectuales fraguaron una alternativa tanto al debilitado orden liberal como a la incipiente y amenazadora revolución socialista. Se iniciaba así la «guerra civil europea», que enfrentaría demoliberalismo, comunismo y fascismo[4].

El caso español no difiere cualitativamente de estos esquemas. Sin embargo, existe una serie de diferencias que hicieron que la aparición de estos nuevos movimientos políticos fuese más tardía. No fue sólo la condición neutral en la Gran Guerra lo que hizo que, en un primer momento, no se plantearan con tanta rotundidad los problemas de posguerra; fue igualmente lo peculiar de la situación española, con el auge de los localismos y de los nacionalismos periféricos, que adquirieron, a lo largo de la crisis, un nuevo y decisivo protagonismo, impidiendo, de hecho, la cristalización de un movimiento conservador a nivel nacional; o el papel determinante de la Iglesia católica y del Ejército, la debilidad y el fraccionamiento de las burguesías y de las clases medias españolas; y el papel secundario de España como nación en el contexto internacional.

La crisis del Estado liberal español tuvo su fecha emblemática en 1917, y se produjo en diversas oleadas. La primera, a cargo del Ejército, con la aparición de las Juntas de Defensa; la segunda, protagonizada por unos sectores parlamentarios deseosos de acabar con el «turno» de partidos; y la tercera, en fin, desencadenada en la huelga general revolucionaria del mes de agosto, en la cual el Par-

---

y las transformaciones. Crítica del capitalismo e ideologías de la crisis entre los años veinte y treinta, México, 1982.

[4] Ernst NOLTE, *La guerra civil europea*, México, 1994; *Después del comunismo. Aportaciones a la interpretación de la historia del siglo XX*, Barcelona, 1995.

tido Socialista y los dos grandes sindicatos obreros, UGT y CNT, de acuerdo con los republicanos, pretendieron poner a prueba la consistencia del Estado a la hora de encauzar o someter aquel reto generalizado. A ello hay que añadir la actitud del funcionariado civil, que, al socaire de la nueva situación política, no vaciló, como ya lo habían hecho los militares, en emplear la huelga como medio de presión. De igual forma, la debilidad y el fraccionamiento de la nación y del Estado volvieron a ponerse de manifiesto, al producirse una clara extensión de los sentimientos particularistas, que provocaron un claro «conflicto entre nacionalismos». Además, la revolución rusa fue recibida entre los trabajadores organizados con gran entusiasmo, lo que alentó un incremento considerable de la conflictividad huelguística, el llamado «Trienio Bolchevique» en Andalucía; e igualmente en Barcelona, donde se produjo una ola de atentados contra patronos y obreros, que nadie parecía capaz de frenar[5]. Todo lo cual desembocó en el golpe de Estado militar de septiembre de 1923, que daría paso a la dictadura del general Miguel Primo de Rivera.

2. HACIA LA ARTICULACIÓN DEL CATOLICISMO POLÍTICO

La doctrina social católica fue reflejo del difícil equilibrio de la Iglesia en un momento histórico en que el desarrollo del capitalismo, por un lado, y la aparición del movimiento obrero, por otro, habían puesto en cuestión el mantenimiento de las tradicionales esferas de poder en la sociedad civil y en el propio Estado e incluso en su anteriormente indiscutida hegemonía idelógica como institución. A ese respecto, la función del pensamiento social católico, sintetizado en las encíclicas papales, consistió, entre otras cosas, en el intento de salvar la pretensión de competencia de la jerarquía

[5] Juan Antonio Lacomba, *La crisis española de 1917*, Madrid, 1970; Francisco Villacorta Baños, *Profesionales y burócratas. Estado y poder corporativo en la España del siglo XX*, Madrid, 1989; Ignacio Olabarri, «Un conflicto entre nacionalismos: la cuestión regional en España (1808-1939)», en Fernando Fernández Rodríguez (dir.), *La España de las autonomías*, Madrid, 1985, pp. 105 ss.; Fernando del Rey Reguillo, *Propietarios y patronos*, Madrid, 1992.

eclesiástica y su aparato institucional en la dirección de la sociedad civil.

En general, caracterizó a la doctrina social católica una concepción jerárquica de la sociedad, la rehabilitación del régimen corporativo y la concepción de la democracia no como gobierno del pueblo, sino para el pueblo, quintaesencia del paternalismo eclesiástico. Además, las encíclicas papales de la época no abandonaron en ningún momento el principio tradicionalista de que el pensamiento moderno —es decir, el liberalismo, el socialismo, la democracia, etc.—, era radical y perniciosamente erróneo. Contra la concepción conflictualista de la sociedad, reafirmó el armonicismo que veía en el conjunto social un orden jerárquico basado en la desigualdad y en la distinta e insuperable función de las distintas partes del todo social. Desde esta óptica, el conflicto como motor de la historia es reemplazado por el principio de orden, a partir del cual colocado cada miembro del cuerpo social en el lugar que le corresponde, por voluntad en última instancia divina, la armonía del conjunto se alcanza mediante la coordinación de sus partes, iguales y distintas. En las encíclicas, uno de los pilares fundamentales era la defensa de la propiedad privada, sancionada como de acuerdo con la «naturaleza» humana. Sin embargo, frente al liberalismo abstencionista, las encíclicas defienden un cierto intervencionismo del Estado, que tiene su complemento en la doctrina de la «subsidiariedad», según la cual el Estado debe tener una función subsidiaria con respecto a las asociaciones intermedias —familia, gremio, iglesia, etc.—, cuyo contenido está constituido por la ayuda —*subsidium*— que les aporta.

La rehabilitación del régimen corporativo estaba inserta en el intento de integración del mundo del trabajo en el orden capitalista, obstaculizando cualquier veleidad de carácter revolucionario. El corporativismo católico tenía un acusado contenido «pluralista», que partía de la sociabilidad humana como base de la sociedad civil y también de las asociaciones privadas que aparecían en su seno, anteriores al Estado, que no podía impedir su existencia, siempre que éstas no atentaran contra la paz pública y la seguridad nacional. En ese sentido, se hacía hincapié en la legitimidad de las organizaciones sindicales o gremiales espontáneas, en cuyo funcionamiento el Estado no debía inmiscuirse. La corporación se configuraba como una agrupación mixta de patronos y obreros, que se caracterizaba por su autonomía con respecto al aparato estatal, aunque no se trata de una asociación privada, puesto que el Estado era quien había de concederle *status* jurídico transfiriéndole competencias[6].

Estas ideas tuvieron amplia difusión en la sociedad española, pero la organización del movimiento social católico fue relativamente tardía. La posición privilegiada del catolicismo obstaculizó la génesis dentro de su propio aparato no ya de actitudes liberales o críticas, sino de la necesidad de movilización social y política. El episcopado español se encontraba inserto en el aparato estatal y fue muy consciente en todo momento del papel esencial que le correspondía en el ámbito de la sociedad civil, de cara a la legitimación del orden social. Además, tanto su nivel cultural como su capacidad intelectual fueron mediocres. El catolicismo español de la época hizo hincapié en factores de religión popular, con mitos coloristas y sencillos de intenso valor simbólico y acento emocional. Un catolicismo pasadista saturado de añoranzas de un tiempo irreversible, con un mensaje teológicamente magro e históricamente arcaizante. La Iglesia católica española no se vio afectada por la angustia del «modernismo», ni participó en la renovación de la escolástica que arranca del Concilio Vaticano I, ni tuvo en su seno figuras parangonables a las de Loisy, Von Hügel, Murri, Gatry, Mercier o Maritain. Si exceptuamos a Menéndez Pelayo, muerto en 1912, la alta intelectualidad española vivía al margen de la Iglesia. En esos ámbitos, los católicos estaban, sin duda, a la defensiva.

Y es que, desde comienzos del siglo XX, se volvió a asistir en la sociedad española a una lucha ideológica entre los sectores intelectuales adscritos a la Institución Libre de Enseñanza, que insistían sobre todo en la secularización de las instituciones y del aparato educativo, y los católicos[7]. En ese sentido, fue de capital importancia la aparición en 1909 de la Asociación Católica Nacional de Propagandistas, como tentativa de creación, en réplica a los planteamientos institucionistas, de minorías dirigentes en el seno del catolicismo español y de articulación de un movimiento unitario siguiendo como norte ideológico el contenido de las encíclicas

---

[6] Véase Pietro SCOPPOLA, «La democracia en el pensamiento católico del siglo XX», en *Historia de las ideas políticas, económicas y sociales. El siglo XX*, México, 1984, pp. 125-222.

[7] Véase María Dolores GÓMEZ MOLLEDA, *Los reformadores de la España contemporánea*, Madrid, 1981.

papales. Su creador, el padre Ángel Ayala, personificaba el modelo de católico oficial de la época. Sus escritos son, en buena medida, manuales para la acción y promoción del perfecto propagandista católico. La perspectiva conservadora de Ayala se hacía explícita en su valoración del «sentido común» como filosofía espontánea del hombre medio. El propagandista católico debía ser, en su opinión, antes que intelectual, hombre de «sentido común», capaz de enlazar la concepción católica del mundo con las creencias populares. El propagandista debía ser, pues, un hombre de acción, no un pensador, ni un intelectual:

> Lo que preferimos es el apóstol inteligente que sabe usar todos los medios antiguos y modernos en orden a la acción católica, al inteligente que no sabe hacer nada de eso y que no utiliza su entendimiento ni para escribir, ni para enseñar, ni para investigar, ni para predicar, ni para gobernar, ni para nada[8].

Entre los propagandistas católicos predominaban hombres procedentes de las clases medias tradicionales y de las profesiones liberales, aunque tampoco estaban ausentes los aristócratas y miembros de la alta burguesía. En su seno, destacaron José María Pemán, Víctor Pradera, Mariano Puigdollers, el Marqués de Lozoya, Miguel Herrero García, Antonio Bermúdez Cañete, José Corts Grau, Nicolás González Ruiz, José Larraz, Alberto Martín Artajo, José María Gil Robles, Salvador Minguijón, Fernando Martín Sánchez-Juliá, Ángel Herrera, etc.[9].

No menos importante fue la labor católica en lo relativo a los medios de difusión de la ideología. En ese aspecto, fueron esenciales las Campañas de Propaganda y, sobre todo, la aparición de *El Debate* como portavoz de la opinión católica. A partir de 1924, la Asociación dispuso de un boletín. A su modo, *El Debate* cumpliría su función de «intelectual colectivo» entre los sectores católicos, aspirando a la unión de sus diversos sectores políticos. Sin embargo, en lo referente a la ideología, la aportación del diario católico y sus mentores careció de la audacia de la novedad. En todo momento,

---

[8] P. AYALA, «Formación de selectos», en *Obras completas*, t. I, Madrid, 1947, pp. 77-78.

[9] Chiaki WATANABE, *Confesionalidad católica y militancia política: la Asociación Católica Nacional de Propagandistas y la Juventud Católica Española (1923-1936)*, Madrid, 2003.

siguió fielmente las líneas generales del pensamiento tradicionalista español, que arrancaba, sobre todo, de Balmes y Menéndez Pelayo, al lado de los planteamientos social-católicos perfilados en las encíclicas papales. Su principal figura, Ángel Herrera Oria, significa en la historia del pensamiento de la derecha española un serio retroceso, tanto a nivel de método como de perspectiva, si lo comparamos con Balmes, Donoso o Cánovas del Castillo. La producción herreriana es una reiterativa exposición de los esquemas clásicos de la neoescolástica y de los principios emanados de la encíclicas papales, careciendo de la capacidad de análisis y formación filosófica de aquellos pensadores. Doctrinalmente, Herrera era un monárquico tradicional de profundo sesgo patrimonialista y paternalista. Fiel intérprete de las tesis aristotélico-tomistas, estimaba que la Monarquía no sólo se encontraba de acuerdo con uno de los principios axiales del paternalismo eclesiástico, según el cual todo poder nacía del derecho que poseía el padre de mandar a sus hijos, sino que era, al mismo tiempo, la garantía de la unidad política y de la continuidad social:

> El gobierno humano que más se acerca al rey ideal tomista es el padre de familia en relación con los hijos pequeños [...]. Filosóficamente, el rey es más uno [...]. La primera institución del «mejor régimen» es la institución que garantice, defienda y conserve la unidad. El bien común pide una fuerte institución unificadora.

Como Menéndez Pelayo y Cánovas, cuyas ideas interpretaba en sentido tradicionalista, Herrera identificaba la nación, entendida como «unidad moral» y «obra de la Providencia en la Historia», con el catolicismo y la Monarquía. El rechazo de la democracia liberal fue frontal en Herrera y los suyos. Siguiendo las tesis de la *Inmortale Dei*, desdeñaba la democracia y defendía la «demofilia». A ese respecto, comenzaba distinguiendo entre dos tipos de democracia: el «clásico», que se identificaba con el derecho natural y que se reducía al principio de que el pueblo debía tener representación en el sistema político, y el «revolucionario», cuya pretensión era que «el origen del poder está en el pueblo», lo que había sido condenado explícitamente por la Iglesia. Iusnaturalismo y voluntarismo jurídico eran, pues, las dos especies de democracia; lo que hacía que su versión liberal fuese completamente infecunda y peligrosa:

La soberanía procede de Dios, causa eficiente, y se constituye en beneficio de la sociedad, causa final. Postulado inconmovible de todo derecho público cristiano. Por consiguiente, la democracia tomista no se corresponde con la soberanía liberal moderna.

La democracia tomista se identificaba con el régimen corporativo, y no sólo a nivel social, sino igualmente político:

Se debe desechar el principio de sufragio universal y la llamada democracia inorgánica [...]. Ha de defenderse una forma de democracia orgánica que empiece a vivificar con savia del pueblo las primeras instituciones de la vida pública y de las organizaciones económicas. Las más importantes instituciones en ese sentido, después de salvar los derechos de la familia, son el municipio y la corporación[10].

A la altura de 1919, *El Debate* apostaba ya por una dictadura, aunque civil, no militar:

En lo que piensa todo el mundo es en un gobierno civil o en una dictadura de hombres civiles que, teniendo de lado a todas las fuerzas vivas y asesorado de los elementos sanos del país, acometa y realice sin pérdida de momento todas las obras necesarias para el resurgimiento y prosperidad de España[11].

3. EL MAURISMO

La caída de Antonio Maura, en 1909, provocó, como ya hemos señalado, una profunda crisis no sólo en el conservadurismo dinástico, sino en el propio sistema del «turno». La crisis se agravó hasta límites insospechados cuando, tras el asesinato del líder liberal José Canalejas, Alfonso XIII renovó la confianza a los liberales, lo que fue la causa de la dimisión de Maura como jefe de la oposición conservadora. Caídos los liberales y llamado a la presidencia el conservador Eduardo Dato, se consumó la división de la derecha dinástica, produciéndose una serie de réplicas escalonadas. El maurista Ossorio y Gallardo dimitió de la jefatura del partido conservador de Zaragoza, mientras que Gabriel Maura hizo lo mismo en

---

[10] Ángel HERRERA, *Obras selectas,* Madrid, 1963, pp. 5-6, 7 y 197 ss.; «Cánovas y el sufragio universal», *El Debate,* 15 de noviembre de 1927.

[11] «Lo del día. Dictadura civil», *El Debate,* 28 de junio de 1919.

Retrato de Antonio Maura (1853-1925). Su prestigio como político reformador quedó arruinado tras los sucesos de la Semana Trágica en 1909. No obstante, su legado ideológico lo asumió una generación de jóvenes conservadores que propondrían diferentes soluciones a la crisis de la monarquía española. *Archivo Anaya.*

Santander. Las Juventudes Conservadoras cambiaron su nombre por el de Mauristas. El 30 de noviembre de 1913 se celebró una asamblea en Bilbao, de la que surgió el maurismo como «facción» política diferenciada[12].

Como ya hemos señalado, Maura no podía considerarse, al menos en el contexto político español, un conservador radical. Pero el grupo político que tomó su nombre fue, con algunas excepciones, la manifestación española más próxima al paradigma de la derecha radical moderna. Por de pronto, la irrupción del maurismo en la vida política supuso un cambio notable en las pautas de comportamiento que había caracterizado hasta entonces al conservadurismo dinástico. El hecho era poco menos que insólito. Por vez primera, en la España de la Restauración, una fuerza política de la derecha dinástica se propuso movilizar a su potencial electorado. Además, a través del maurismo entró en la arena política una nueva generación de jóvenes de clase media y alta destinada en el futuro a un papel de primer orden en la vida nacional: Antonio Goicoechea, José Calvo Sotelo, José Félix de Lequerica, Félix de Llanos y Torriglia, el Conde de Vallellano, César Silió, Luis de Galinsoga, Alfredo Serrano Jover, Gabriel Maura, etc. Desde su óptica, las reformas políticas propugnadas por Maura iban a atener un carácter más preciso y concreto. Se trataba de un proyecto de racionalización económica y vertebración política, cuyo objetivo era el establecimiento de las premisas sociales a partir de las cuales se hiciera viable el desarrollo industrial controlado por las elites tradicionales, y la culminación del proceso nacionalizador español. El «descuaje del caciquismo», el saneamiento de la administración, el aumento del aparato burocrático, el intervencionismo estatal fueron algunos de los puntos cardinales del pensamiento sociopolítico de los mauristas, coincidentes en ese proyecto de «modernización conservadora».

Los planteamientos ideológicos de la derecha maurista tuvieron su principal expositor en Antonio Goicoechea y Cosculluela. Nacido en 1876, era un hombre formado en las corrientes organicistas, social-católicas y del positivismo finisecular. Goicoechea presentó al maurismo como superador del canovismo. No el liberalismo doctrinario, sino la «democracia conservadora»; no el centralismo,

---

[12] María Jesús GONZÁLEZ HERNÁNDEZ, *Ciudadanía y acción. El conservadurismo maurista, 1907-1923*, Madrid, 1990, pp. 22 ss.

sino el regionalismo; no el individualismo posesivo, sino el intervencionismo estatal; y, sobre todo, no el resignado pesimismo canovista, sino la fe «en el espíritu creador y en las inagotables energías de la raza»[13].

Para Goicoechea, las nuevas realidades socioeconómicas habían superado la concepción social característica del liberalismo y, en consecuencia, se imponía un nuevo tipo de democracia, «conservadora» y «orgánica», síntesis de representación corporativa e individual. En ese sentido, el político maurista vio con no escasa lucidez las transformaciones que engendraría en las sociedades europeas el impacto de la Gran Guerra. Tras la conflagración, se impondría una mutación esencial en la organización de la sociedad. La nueva política que se perfilaba en el horizonte era el ascenso del imperialismo y el proteccionismo, del paternalismo estatal y del aumento del poder del Estado en la sociedad civil. Se trataba, en fin, del tránsito de la sociedad liberal a la «sociocracia»[14]. El maurismo, por boca de Goicoechea, se convirtió en portaestandarte del nacionalismo económico. El Estado debía de participar directamente en la actividad económica garantizando el proceso de industrialización en un sentido abiertamente proteccionista, a partir del fomento de la iniciativa privada y del impulso a las industrias nacionales; lo que implicaba igualmente la transformación del aparato estatal, aumentando el nivel de burocratización y de las exigencias administrativas. No se imponía sólo la especialización burocrática, sino la tecnificación, en razón de las complejas materias que el Estado tenía que asumir; y es que había sonado la hora de las «especialidades y de los especialistas»[15].

Estas transformaciones no debían acarrear la pérdida de la identidad nacional, concebida en un sentido abiertamente tradicionalista. La «revolución desde arriba» no sólo había de respetar la espiritualidad genuinamente española, sino, en buena medida, restaurarla. En el discurso maurista, la tradición adquiría un claro sesgo normativo; lo que era perceptible en su idea nacional, cuya explicación se

[13] Antonio GOICOECHEA, *Hacia la democracia conservadora*, Madrid, 1914, pp. 176-177.

[14] Antonio GOICOECHEA, *La guerra europea y las nuevas orientaciones del Derecho Público*, Madrid, 1916, pp. 37-38.

[15] Antonio GOICOECHEA, *El problema económico y financiero de España*, Madrid, 1917, pp. 37-38; *Política de derechas*, Madrid, 1922, pp. 21-22.

realiza en referencia al pasado. En la tradición de la Monarquía y del catolicismo se encuentra la esencia de la Patria; y negando a Dios y al Rey se niega la tradición y, por tanto, la nación configurada históricamente a través de ella. En ese sentido, la tradición capacitaba para dejar de lado aquellas otras tradiciones que resultaban disfuncionales para el proyecto político de que eran matriz, tales como el krausismo, el costismo, el noventayochismo, etc.; todos ellos expresión de una *intelligentsia* traidora, descastada y cosmopolita. Por ello, una de las reivindicaciones mauristas era, en consonancia con lo anterior, la reconquista de la autonomía espiritual frente a las corrientes europeístas, auspiciadas por la Institución Libre de Enseñanza, para lo que era necesario establecer modelos de cultura que se transmitieran a través de la escuela, configurando un arquetipo de conducta específico. A ese respecto, lo principal era «la enseñanza de la Historia Nacional, que debe ocupar un lugar preferente entre los conocimientos que se divulguen en la escuela»[16].

Este nacionalismo, muy próximo al modelo maurrasiano, se declaraba compatible con las autonomías regionales. El problema catalán, en concreto, según Goicoechea, era consecuencia de un siglo de centralismo y de intento de absorción por parte del Estado de la vida local y de anulación de las tradiciones históricas de los pueblos. El despertar regionalista era en sí mismo un hecho positivo, que reflejaba el apego a la tierra, el arraigo, la búsqueda de autenticidad por encima del artificialismo de los goznes centralistas. Pero el regionalismo era incompatible con la solución federal, cuyas tesis no hacían sino reproducir la concepción contractualista rousseauniana, que contemplaba la nación como un producto meramente convencional, nacido del pacto social originario. De acuerdo con la concepción organicista, en cambio, las partes estaban en función del todo; y, en ese sentido, la autonomía regional no podía tener otro fundamento que la unidad nacional superior, «una cosa eterna, como una unión indestructible de regiones indestructibles». Las competencias del poder regional estarían fijadas mediante el sistema de «especialidad», según el cual se encontrarían limitadas por las atribuciones regladas del Estado nacional. A ese respecto, el papel de la Monarquía resultaba esencial, porque el regionalismo exigía su existencia como complemento que impidiera la disgregación

[16] Antonio GOICOECHEA, *Problemas del día*, Madrid, 1916, pp. 21-22 y 227-228.

nacional, siendo, al mismo tiempo, el más serio soporte del proceso descentralizador[17].

En lo relativo al problema social, el conjunto de los mauristas asumió el programa social-católico. Al lado de Goicoechea, el teórico social más lúcido del maurismo fue José Calvo Sotelo. Nacido en 1893, Calvo Sotelo se mostró en todo momento como un representante del conservadurismo burocrático, preocupado, sobre todo, por los problemas relacionados con el desarrollo económico y el perfeccionamiento técnico. La impugnación del individualismo liberal, que ya aflora en sus primeros escritos, se encuentra inserta en las corrientes del organicismo jurídico. Fue uno de los alumnos predilectos del krausista Gumersindo de Azcárate, que prologó y dirigió su tesis doctoral. Frente al liberalismo absentista, Calvo Sotelo levantó la doctrina del «abuso del derecho» como puente tendido entre el atomismo contractualista y los nuevos retos a los que se enfrentaban las sociedades contemporáneas. Calvo Sotelo apuntaba aquí a la utilización del aparato estatal como instrumento económico-social, pasando de su labor de mero gendarme a un Estado administrativo e interventor, que era lo que exigían las nuevas circunstancias[18]. Y es que, en su interpretación de la sociedad contemporánea, Calvo Sotelo no se encontraba muy lejos de Marx; otra cosa eran, por supuesto, sus conclusiones de orden práctico. Calvo Sotelo interpretaba la revolución política del siglo XIX bajo la imagen del ascenso económico y político de la burguesía dentro de los cuadros de la sociedad feudal y del Antiguo Régimen, que dio a la luz la sociedad de clases. Tal sociedad se caracteriza por la contradicción entre la forma jurídica y la realidad social. Una sociedad en la que domina la servidumbre económica bajo la superestructura de la libertad política y la igualdad formal. Esta crítica del liberalismo no llevaba a planteamientos de carácter revolucionario, como los socialistas. Nacido como crítica radical de la sociedad capitalista, el socialismo no era una solución racional y justa a la problemática generada por el liberalismo económico. Además, el socialismo, como proyecto político, no buscaba la emancipación del proletariado, sino el ascenso de una elite burocrática sin entrañas, cuyos objetivos, al

[17] Antonio GOICOECHEA, *El proyecto de Estatuto Regional y las aspiraciones autonomistas*, Madrid, 1919, pp. 26-28, 39, 43 y 47-49.

[18] José CALVO SOTELO, *La doctrina del abuso del derecho como limitación del derecho subjetivo*, Madrid, 1917, pp. 43 ss.

pretender utópicamente la restauración de una perfecta unidad entre la vida individual y colectiva, llevaban a la edificación social de un sistema social tiránico y monstruoso, que aplastaría, de instaurarse, todas las formas espontáneas de organización. El remedio se encontraba en la reforma social, en la edificación de un Estado paternal, mediante la organización general de retiros y pensiones, de seguros contra el riesgo y la enfermedad. En la construcción de este Estado benefactor tendría una función esencial el sindicato, bien entendido que se trataba de un sindicato de carácter profesional, no de clase. El sindicato encerraba la doble virtud de garantizar la descentralización de servicios públicos y, sobre todo, de otorgar preeminencia a los problemas de carácter social y económico, es decir, «gestión de intereses, de servicios públicos». En ese sentido, Calvo Sotelo estimaba que el Parlamento debía incorporar los mecanismos de representación corporativa, sin abandonar por ello la representación individual[19]. Seducido por la experiencia del *Círculo Proudhon*, en Francia, que reunía a los nacionalistas maurrasianos y a los sindicalistas revolucionarios en una común lucha contra el liberalismo, Calvo Sotelo interpretó el maurismo como una filosofía social de «totalización», consistente en una síntesis de contrarios, que abarcara las alternativas aparentemente irreconciliables de derecha/izquierda, tradición/reforma social, orden/libertad:

> No; si la derecha significa privilegio y la izquierda igualdad ante la ley, nosotros somos izquierda. Si la derecha significa respeto a la autoridad y la izquierda indisciplina social, nosotros somos de derecha[20].

El proyecto maurista exigía igualmente la revalorización del modelo clásico-humanístico de enseñanza. El maurista más preocupado por los temas pedagógicos fue el vallisoletano César Silió y Cortés. Formado en la escuela sociológica de Gabriel Tarde, Silió estimaba que la escuela debería convertirse en el instrumento de la nacionalización propugnada por el maurismo. Una «pedagogía nacional» sería la fautora del «milagro de remover nuestra alma y, renovándola, tendríamos lo demás por añadidura: cultura, riqueza, poder, confianza en el propio valer y en los propios medios». Su

---

[19] José CALVO SOTELO, *El proletariado ante el socialismo y el maurismo,* Madrid, 1915, pp. 7-8, 31-33 y 37.

[20] José CALVO SOTELO, *Acción Maurista,* Madrid, 1917, p. 16.

modelo de segunda enseñanza era de claro carácter humanístico, es decir, encaminado sobre todo al cultivo de un determinado modelo de vida que comportara unas especiales actitudes. Silió pretendía crear, en el ámbito español, un paralelo del *gentleman* británico, «el tipo supremo de ciudadano y clase directora»; y, para lograrlo, era indispensable echar mano de la enseñanza clásica y confesional[21].

4. VÍCTOR PRADERA Y LA CRISIS DEL TRADICIONALISMO CARLISTA

La Gran Guerra contribuyó decisivamente a fraccionar aún más el carlismo. A lo largo de la contienda, Vázquez de Mella fue incondicional partidario de la causa de los imperios centrales, estimando que una derrota de Gran Bretaña redundaría en beneficio de España, que podría conseguir, libre de su presión, la unidad peninsular, lo mismo que la reconquista de Gibraltar, punto clave para la reorientación de la política exterior hacia Iberoamérica[22].

Finalizada la guerra, Don Jaime de Borbón, sucesor de Carlos VII desde 1909, publicó un manifiesto en enero de 1919 donde se desautorizaba a los que, como Vázquez de Mella, habían defendido posturas germanófilas. Aquella desautorización escondía, de hecho, otras divisiones más radicales existentes en el seno del legitimismo español, sobre todo las relacionadas con la propia personalidad de Don Jaime, a quien no pocos tradicionalistas consideraban escéptico en materia religiosa y liberal en política, y a quien censuraban su pertinaz soltería, o la actitud del carlismo ante la ofensiva de los nacionalismos periféricos catalán y vasco, robustecidos por el principio de las nacionalidades propugnado por el presidente norteamericano Woodrow Wilson, en sus catorce puntos. Contrariado por la posición de Don Jaime, Vázquez de Mella rechazó públicamente aquel manifiesto y abandonó el carlismo, fundando en agosto de 1919 el Partido Tradicionalista, basado en los principios ideológicos del sociedalismo jerárquico. Sin embargo, el nuevo partido no pudo competir con el carlismo ni consiguió un espacio político propio.

---

21 César SILIÓ Y CORTÉS, *La Educación Nacional,* Madrid, 1914, pp. 60 y 239 ss.

22 Juan VÁZQUEZ DE MELLA, *El ideal de España. Los tres dogmas nacionales,* Madrid, 1915, pp. 62 ss.

Sus dirigentes, sobre todo Vázquez de Mella, optaron por la alternativa del golpe de Estado militar. Y es que la situación social y política provocada por la Gran Guerra, junto al triunfo de la revolución bolchevique en Rusia, había hecho sucumbir al liberalismo. La ofensiva revolucionaria, por tanto, sólo podría ser contrarrestada mediante el programa tradicionalista de restauración social y política, apoyado por la fuerza de las armas. La función del tradicionalismo radicaba, en aquellos momentos, en promover una alianza de todas las fuerzas conservadoras en torno al Ejército, frente al proletariado agrupado en torno al Sindicato Único. A la altura de 1920, sólo existían dos alternativas, a juicio de Vázquez de Mella: dictadura del proletariado o dictadura militar:

> Frente a esa dictadura, ¿puede subsistir para la defensa social un conglomerado de grupos que disputan clamorosamente y se insultan y escarnecen en un parlamentarismo estéril? No; la dictadura revolucionaria de abajo y la inutilidad del Parlamento exigen la suspensión de éste y el gobierno de una dictadura, pero dictadura militar. Los dictadores civiles, que son abogados, ya lo he dicho muchas veces, no saben gobernar rápida y enérgicamente, porque tienen la voluntad atada al casuismo de la ley y al expediente y no pueden dar un paso sin tropezar con un tomo del Alcubilla[23].

Fracasada la alternativa del Partido Tradicionalista, Vázquez de Mella, enfermo, abandonó progresivamente la actividad política; pero encontró en la figura de Víctor Pradera a su más directo discípulo. Con Pradera, se acentuó la evolución del tradicionalismo hacia la defensa de la unidad nacional frente a los nacionalismos periféricos; la afirmación del regionalismo, el corporativismo social y la apología directa del golpe de Estado militar. Nacido en 1873, Pradera militó desde muy joven en las filas carlistas. Y fue un pensador mucho más sistemático y equilibrado que Vázquez de Mella. Su condición de ingeniero y su educación francesa dotaron al tradicionalista navarro de una indudable capacidad especulativa y lógica. Pradera poseía una esmerada formación en el campo de la filosofía, la sociología y la economía, disciplinas por las cuales mostró siempre un interés apasionado. La filosofía neoescolástica, el tradicionalismo donosiano y mellista, y el positivismo de Charles Maurras, a

[23] «Declaraciones del señor Vázquez de Mella», *El Pensamiento Español,* 31 de enero de 1920.

quien consideraba «uno de los grandes cerebros del mundo» y a cuyo diario, *L'Action Française*, estaba suscrito, fueron sus puntos ideológicos de partida[24].

Desde los comienzos de su vida política, Pradera se caracterizó por su enemistad hacia los nacionalismos periféricos, en particular el vasco. A su juicio, tanto el catalanismo como el *bizkaitarrismo* carecían de fundamento histórico y racional en sus reivindicaciones. La irracionalidad del nacionalismo vasco resultaba proverbial. La raza, por ejemplo, aparte de ser un concepto oscuro, privaba a la comunidad política y, por ende, a la nación, de su calidad de fuerza mantenedora del Estado, porque, en el fondo, suprimía la comunidad de cultura, que, para Pradera, era el catolicismo. Tampoco resultaban histórica y políticamente convincentes los argumentos de los nacionalistas en lo relativo a la defensa de una supuesta identidad ajena al conjunto español. La lengua, en concreto, no podía servir de fundamento a la configuración de un Estado independiente. La oficialidad de la lengua castellana era perfectamente compatible con la existencia y vigencia oficial de las lenguas vernáculas, como el catalán o el vascuence. Los nacionalismos periféricos compartían, además, el centralismo y el unitarismo uniformista característicos del Estado liberal, su concepción de la soberanía como única y absorbente, e incompatible, por tanto, con las libertades y autarquías forales, como lo demostraban los planes de los nacionalistas vascos con relación a Navarra[25].

La alternativa de Pradera tanto a los nacionalismos como al centralismo liberal era el «foralismo» o «regionalismo». Siguiendo en lo fundamental a su maestro Vázquez de Mella, Pradera partía de una concepción organicista de la sociedad, que considera el Estado descompuesto en varias partes —familia, municipio, región—, en cuya cúspide, y por un proceso de agregación natural, se sitúa la nación. Desde esa perspectiva, el poder central ha de aceptar esa organización preexistente, «natural», en tanto que las regiones son unidades anteriores a él, con su personalidad y rasgos propios, configurados orgánicamente a lo largo de la historia. En ese sentido, España se presentaba como un «Imperio»; era una unidad política

[24] Víctor PRADERA, *Obras completas,* t. I, Madrid, 1945, p. 324.

[25] Víctor PRADERA, *Regionalismo y nacionalismo*, Madrid, 1917, pp. 27-28; *Fernando el Católico y los falsarios de la Historia*, Madrid, 1922, pp. 421-422; *Obras completas*, t. I, Madrid, 1945, pp. 314 y 322.

superior compuesta por regiones autárquicas o, lo que es lo mismo, una federación de regiones en la que el soberano, o sea, el rey, compartía con todas ellas la soberanía nacional. En concreto, el País Vasco no podía ser considerado una nación, sino un «sociedad menor» dentro de la unidad superior de la nación española[26]. La restauración de las autarquías regionales sólo podía tener lugar en el marco político e institucional de una Monarquía tradicional y «federativa», único sistema capaz de garantizar, al mismo tiempo, la «unión social» entre las distintas regiones y su identidad diversa. El marco histórico de referencia de Pradera era, en ese sentido, la Monarquía de los Reyes Católicos, que había conseguido hábilmente conjugar la diversidad de los distintos reinos que componían España con la necesaria unidad política.

> Por ella, el órgano de la unidad nacional española es el Rey de España, pero Rey de España sin dejar de serlo y sin que entre su voluntad y las regiones se interpongan otras voluntades, es también el Rey de las regiones españolas, o sea, el principio de vidas diversas entre sí y diversas de la vida de España[27].

Otra de las preocupaciones de Pradera fueron los temas sociales y económicos. Su concepción organicista de la sociedad le sirvió para legitimar el orden capitalista. Una de las consecuencias era su visión de la empresa como una comunidad de intereses entre los distintos factores de producción: patronos, técnicos y obreros. En el marco de la empresa, cada una de las clases sociales ejerce su función «natural», que es interdependiente de las demás; en consecuencia, la lucha de clases es un absurdo; todo conflicto social es una situación patológica: una enfermedad que intenta ejercer funciones diversas a las que le corresponde y que acaba por desbaratar la «armonía» del conjunto social. En el fondo, la empresa es concebida por Pradera como una sociedad familiar en un sentido amplio, donde «empresa» se comprende como la sociedad patronal, una condición en la que las relaciones son entre superior e inferior; y, por tanto, son relaciones de desigualdad, como lo son las de padre-hijo. El «patrono» es en la empresa lo que el padre en la familia, es decir, a quien compete dirigir el

---

[26] Víctor PRADERA, *El misterio de los fueros vascos*, Madrid, 1918, pp. 22-23.

[27] Víctor PRADERA, *Fernando el Católico y los falsarios de la Historia*, Madrid, 1922, pp. 422-423.

proceso productivo de forma jerárquica y piramidal; es el sujeto que tiende a transformar la producción y cuya acción creadora, manifiesta a través de la introducción de nuevos métodos en el marco económico y en la dirección de éste, viene a ser el motor del progreso económico y social. En palabras de Pradera, «el gran fecundador del trabajo»[28].

Pradera se mostraba ferviente partidario del sistema capitalista, al que consideraba el único «modo de producción» «natural», «racional» y «científico». Sus defectos debían ser imputados, no a su esencia u organización, sino al pecado original, «la manifestación eterna del estado de caída del hombre». Y aquí entraba, en consecuencia, la función del catolicismo como fundamento de la comunidad moral, que compensara el fraccionamiento social creado por el materialismo mercantil y el racionalismo liberal. El catolicismo debía convertirse en guardián de las virtudes cívicas y públicas; lo sagrado iluminaba el orden, la estabilidad y la coherencia social:

> El remedio contra la lucha social no puede hallarse sino en la restauración de los principios morales y jurídicos, y, por lo tanto, de los religiosos que aquellos derivan, en las relaciones humanas[29].

A diferencia de Vázquez de Mella, Pradera conocía el marxismo e incluso utilizó algunos de los planteamientos de Marx y Engels para refutar el contractualismo liberal. En el fondo, las teorías marxistas coincidían con la filosofía social católica en su impugnación del individualismo. La división social del trabajo significaba que las relaciones personales estaban obligadas a transformarse en relaciones de clase; y que, fuera lo que fuese aquello que los individuos deseasen, la naturaleza y el nivel de las necesidades, así como las fuerzas productivas, determinaban el carácter social de las relaciones mutuas. De esta forma, Marx demostraba que los intereses individuales tenían, en el fondo, una relevancia muy escasa en el efecto y la significación social dentro de esa situación en la que no son los individuos los que regulan los vínculos sociales, sino que los víncu-

---

[28] Víctor Pradera, *Dios vuelve y los dioses se van. Modernas orientaciones de Economía política derivadas de viejos principios*, t. I, *Propiedad y trabajo*, Madrid, 1923, pp. 18-19 y 247 ss.

[29] Ibídem, p. 302.

los que han creado pasan a ser una fuerza independiente que regula sus vidas. Otra cosa era, por supuesto, su valoración del socialismo, al que, desde una perspectiva donosiana, interpretaba como una especie de teología satánica, compendio y síntesis de todos los errores característicos de la Modernidad: teológico, político, social y económico. Su optimismo político y antropológico le llevaba a negar que la sociedad fuese, como era de hecho, un organismo regido por leyes propias e inmanentes, lo que fundamentaba sus objetivos revolucionarios, preludio de los efectos absolutamente antihumanos que se producirían de llevarse a la práctica sus teorías y supuestos[30].

5. LOS INTELECTUALES Y EL NUEVO CONSERVADURISMO

El estallido de la Gran Guerra y su desenlace, lo mismo que el triunfo de los bolcheviques en Rusia, produjo un claro giro conservador en un importante sector de la intelectualidad española, al que tampoco fue ajena la recepción de las ideas y planteamientos políticos de las nuevas derechas europeas, en particular la francesa y la alemana. Y es que para las mentes más lúcidas el sistema de la Restauración, bueno o malo en el momento de su advenimiento, había dado de sí cuanto podía, lo que implicaba la necesidad de una cierta renovación ideológica, al calor de las corrientes foráneas. Comenzó entonces a tomar cuerpo no sólo un proceso de importación de pautas conservadoras europeas, sino una auténtica movilización de los intelectuales españoles en ese proceso. Sin embargo, no se trató de un proceso unidireccional y homogéneo. Además, la mayoría de sus protagonistas, con alguna excepción, no se identificó, al menos en aquellos momentos, con ninguna de las tradiciones existentes en el seno de la derecha española, y mucho menos con la Iglesia católica. En cualquier caso, sin sus aportaciones resulta inexplicable la evolución ideológica de la derecha española y la emergencia de nuevas tradiciones a lo largo del siglo.

---

30 Víctor PRADERA, *Conferencia pronunciada en el Teatro del Centro de Madrid el 6 de marzo de 1920*, p. 2.

A) Azorín como precursor

Como la mayoría de los escritores marcados por el Desastre del 98, Azorín tuvo una trayectoria política ambivalente y contradictoria. Tras su etapa de anarquismo intelectual, el alicantino inició un polémico cambio ideológico y político, que le llevó a militar abiertamente en las filas del conservadurismo dinástico, de la mano primero de Antonio Maura y luego de Juan de la Cierva. Sin embargo, el conservadurismo de que se hizo portavoz no coincidía en absoluto con la tradición liberal-conservadora, oficial en la derecha dinástica. Buena prueba de ello fue su obra *El político*, en la que no pocos vieron un homenaje a Maura. Se trata de una curiosa amalgama de vitalismo, regeneracionismo y conservadurismo radical, cuyo lejano modelo pretendía ser *El Príncipe* de Maquiavelo. En sus páginas se recomienda al dirigente político la práctica de virtudes tales como la fortaleza, la elegancia, la cautela, el equilibrio, la serenidad, el sentido de la autoridad y, sobre todo, la conciencia de la importancia del factor fuerza en las relaciones políticas y sociales:

> No dé el político en la candidez de creer en la famosa distinción entre el derecho y la fuerza. No hay más que una cosa: fuerza. Lo que es fuerte es lo que es de derecho [...]. La fuerza es la vida, y la vida es un hecho desconocido[31].

A ese respecto, Azorín llegó a la conclusión de que la sociedad española necesitaba una política de autoridad a la hora de llevar a cabo la regeneración nacional. Y que el llamado a ejercerla era Juan de la Cierva, el famoso cacique murciano. Pero ello no podía conseguirse sin la existencia de un auténtico proyecto conservador, ausente, a su juicio, en la derecha española desde la muerte de Cánovas del Castillo. Muy compenetrado con la cultura francesa, Azorín estimó que el nacionalismo integral maurrasiano podía servir de modelo. En ese sentido, los profetas del nuevo conservadurismo serían Maurras, Barrès y Cánovas. Consecuentemente, la derecha española debía articular una auténtica doctrina política, que englobara tanto la economía como la estética y la sociología. El nuevo conservadurismo tendría su fundamento en la física social de Comte; su estética reposaría en el lema barresiano de la «tierra y los muer-

[31] Azorín, *El político*, Madrid, 1980, pp. 45-46.

tos»; y su economía, en la defensa de las estructuras agrarias de producción. Todo lo cual chocaba frontalmente con los principios liberales de sufragio universal, parlamentarismo y juicio por jurado, que debían ser erradicados de la vida pública como virus que fomentaban la discontinuidad, la incoherencia y el desorden: «El sufragio universal es una superstición, como lo es el jurado»[32]. La influencia maurrasiana estuvo igualmente presente en sus teorías estéticas. Como el provenzal, Azorín abominaba del romanticismo, sobre todo del español, al que acusaba de falta de profundidad, incoherencia y extravagancia. En concreto, Larra era un escritor vacío, arrogante y jactancioso[33].

Al estallar la Gran Guerra, el alicantino viajó como corresponsal a París, recogiendo, en el diario *Abc*, sus impresiones sobre el desarrollo de la contienda. Y en la capital francesa entró en contacto con los círculos de *L'Action Française*. El grupo maurrasiano le parecía la organización más compacta, disciplinada y sólida de la derecha francesa, mientras que Maurras no sólo podía ser considerado un gran escritor político, sino «un admirable artista literario»[34]. Incluso tuvo Azorín oportunidad de entrevistarse con el propio Maurras, quien le invitó a almorzar junto a sus acólitos Louis Dimier y Jacques Bainville[35].

El giro conservador de Azorín se prolongó en el tiempo. Ya en la Dictadura primorriverista, a la que apoyó en un primer momento, el escritor alicantino defendió, en su discurso de entrada en la Real Academia de la Lengua, contestado por Gabriel Maura, la interpretación tradicionalista de la historia nacional, en la que se exalta el siglo XVI y a Felipe II, como una de las etapas españolas más fecundas. En el siglo XVI, dirá, «la religión era la verdadera patria, y acaso hoy, con todo nuestro centralismo, con toda nuestra cultura —nexo de la patria—, nos sentimos menos ligados unos a otros que en los siglos pretéritos». Niega, además, en ese discurso, la existencia de la decadencia española, porque en el siglo XVI fue «cuando comen-

---

[32] AZORÍN, *Un discurso de La Cierva*, Madrid, 1914, pp. 80 ss.

[33] AZORÍN, *Rivas y Larra*, Madrid, 1975, pp. 56 ss.

[34] AZORÍN, *Con bandera de Francia*, Madrid, 1950, pp. 85 ss. y 124 ss.; *Entre España y Francia (páginas de un francófilo)*, Barcelona, 1916, p. 151.

[35] «Las letras francesas. Carlos Maurras», *La Prensa*, Buenos Aires, 3 de octubre de 1922; *Con bandera...*, pp. 89 ss.

zamos a adquirir —puesta la vista en América— conciencia de la fortaleza y de la fecundidad de España»[36].

B) José María Salaverría o el nacionalismo integral

Otro escritor proclive al nuevo conservadurismo autoritario fue José María Salaverría. Nacido en 1873, fue, en todo momento, un *outsider;* nunca militó en un partido político, pero contribuyó a la renovación ideológica de la derecha española. Periodista y novelista, Salaverría estuvo influido desde muy joven por Nietzsche y Schopenhauer, y luego, sobre todo a partir de la Gran Guerra, por Maurras, si bien nunca fue un monárquico fervoroso. Su ideario fue un nacionalismo español de nuevo cuño. Como Azorín, se dolía de la situación doctrinal de la derecha española, que, desde la muerte de Cánovas, se desenvolvía en una suerte de apatía, que la había hecho perder no sólo el norte ideológico, sino el favor y el apoyo de los intelectuales; todo lo cual contrastaba con los éxitos de Maurras, Barrès y Peguy en Francia. «Este elemento cultural, fino, universitario, fogoso —dirá— es lo que les falta a las derechas españolas»[37]. Su libro *La afirmación española* fue uno de los primeros llamamientos a la movilización de los intelectuales y clases medias frente a la ofensiva de los nacionalismos periféricos catalán y vasco, lo mismo que frente al movimiento obrero revolucionario en pro de la edificación de una nación sólida y poderosa. Objeto preferido de sus diatribas fue la llamada «Generación del 98», a la que acusó de europeísmo, cosmopolitismo, individualismo romántico, generador todo ello de posturas antipatrióticas, antimilitaristas, derrotistas, puramente negativistas, que llevaban a la decadencia nacional. En ese sentido, Salaverría no dudaba, siguiendo a Maurras, de tachar a los escritores noventayochistas de «románticos»: «Tenían —dirá— el vicio de la revolución, como buenos románticos que eran»[38]. En otra de sus obras, también de resonancias maurrasianas, hacía un llamamiento a la juventud, a la que, contra el negativismo noventayochista, era

---

[36] AZORÍN, *Una hora de España (Entre 1560 y 1590)*, Madrid, 1986.
[37] «Doctrina conservadora», *Abc*, 9 de diciembre de 1916.
[38] José María SALAVERRÍA, *La afirmación española*, Barcelona,1917, p. 40.

necesario educar en valores vitales, optimistas y patrióticos, dotándola de una nueva fe en las potencialidades de España como nación: «España te impone el deber de continuar su historia, de defenderla y engrandecerla.» La nación era, para Salaverría, una idea ante todo moral: el asidero superior a la efímera vida personal, la inspiración, el móvil para una vida plenamente humana: «Todo lo que tienes, muchacho, pertenece a tu Patria; todo lo que eres se lo debes a ella. El idioma, la educación, los rasgos físicos, el traje que vistes, el aire que respiras...»[39]. No obstante, y esto es lo que individualiza el nacionalismo salaverriano de los planteamientos del resto de las derechas españolas, destacaba su escaso apego a la Iglesia. El nacionalismo español debía tener por base la historia y las figuras carismáticas que habían forjado España, pero la tradición invocada por Salaverría no era la católica. El escritor vasco exaltaba a los conquistadores de América, como Pizarro y Cortés, en un sentido heroico, vital, individual, tan próximo a Carlyle como a Nietzsche, y no como evangelizadores del indio[40].

Su rechazo de los nacionalismos periféricos fue, a ese respecto, absoluto. Se trataba de «grietas de donde se escapa la mejor fuerza de España», «torpes mezclas de rebelde irlandés y de filibustero tropical, envueltos en imitaciones simiescas de *L'Action Française* y alimentado con dinero de Navieras y de comerciantes barceloneses»[41]. De la misma forma, Salaverría veía con profunda prevención y pesimismo las características de la nueva sociedad de masas que iba emergiendo en Europa tras la Gran Guerra. A un lado, se encontraba la masa inerte; al otro, el individuo distinguido. Era el segundo, dotado de una moral superior, el que debía dirigir a los primeros. Sus enemigos principales eran «el hombre-hongo», característico de la nueva civilización democrática, acomodaticio, sin auténtica individualidad ni exigencia heroica; y, sobre todo, el movimiento obrero revolucionario, representante del «subpueblo», cuyos utópicos proyectos igualitarios y perspectiva internacionalista eran las grandes amenazas para el porvenir nacional:

---

39 José María SALAVERRÍA, *El muchacho español*, Madrid, 1917, pp. 48 y 126.

40 José María SALAVERRÍA, *Los Conquistadores*, Madrid, 1918, pp. 55 ss.

41 «El fascio en España», *Abc*, 7 de noviembre de 1922; «En memoria del carlismo», *Abc*, 28 de agosto de 1923.

> El obrerismo actual no admite esas leyes naturales; protesta contra todo abuso de la biología, y quiere dar al mundo el sentido de la igualdad absoluta que los dioses no acordaron crear desde el principio[42].

C) Ramiro de Maeztu: los terrores de la Modernidad

El tradicionalismo español iba a tener un inesperado teórico en la figura de Ramiro de Maeztu; nadie lo hubiera sospechado unos años antes. Su adhesión al catolicismo y a los principios tradicionalistas no fue consecuencia de un proceso intelectual simple. Si algo destaca es su carácter enormemente complejo. Tras sus comienzos noventayochistas, Maeztu permaneció catorce años en Inglaterra como corresponsal de varios periódicos españoles e iberoamericanos, lo que supuso, con el tiempo, un cambio cualitativo en su trayectoria política e ideológica. En Inglaterra, casi desde el principio, Maeztu se replanteó el tema de la religión y sus relaciones con la sociedad, a través de su amistad con el teólogo Friedrich von Hügel y su asistencia a las reuniones de la *London Society for the Study of Religion*. Al mismo tiempo, se sintió fascinado por las ideas teológicas de los modernistas, como Campbell, Tyrrell, Loisy, Murri, Fogozzaro, etc.[43]. En un principio, ello no implicaba, ni tenía por qué implicar, actitudes de signo conservador. Antes al contrario, Maeztu fue, en aquellos momentos, uno de los portaestandartes, al lado de Ortega y Gasset, de la alternativa «liberal-socialista» al régimen de la Restauración. Interesado por la deriva intervencionista del nuevo liberalismo británico y por los planteamientos de la Sociedad Fabiana, Maeztu propugnó una alianza de obreros e intelectuales a partir de un programa reformista que propugnaba la nacionalización de los servicios públicos, salario mínimo, subida de los impuestos sobre las grandes propiedades, expansión de la instrucción pública, y la creación de una elite de técnicos y burócratas encargados de dirigir el Estado intervencionista[44]. Al mismo tiempo, Maeztu, al profundi-

---

[42] José María Salaverría, *En la vorágine. El fervor multitudinario*, Madrid, 1919, pp. 27 ss.

[43] Véase Pedro Carlos González Cuevas, *Maeztu. Biografía de un nacionalista español*, Madrid, 2003, pp. 85 ss.

[44] Ramiro de Maeztu, «Obreros e intelectuales», en *Liberalismo y socialismo*, Madrid, 1984, pp. 89-90.

zar en el estudio de la filosofía de Kant, encontró en los planteamientos *a priori* de las categorías formales de razón el fundamento de la existencia de un espíritu supratemporal y supramaterial, lo que dio un nuevo impulso a sus ideas religiosas, cada vez más presentes en sus escritos[45].

Su contacto con los intelectuales «guildistas» de la revista *The New Age*, la lectura de las obras de Cecil Chesterton y de Hilaire Belloc y la amistad con el filósofo Thomas Edward Hulme le empujaron aún más en la dirección conservadora. Pronto se convirtió en el portavoz del socialismo gremial en España. A la altura de 1914, consideraba que el llamado «liberal-socialismo» degeneraría, de llevarse a la práctica, dado su estatismo, en una burocracia despótica, incompatible con «los ideales de libertad y democracia»[46]. El «guildismo», en cambio, defendía los gremios, porque servían a dos importantes fines políticos: contención del poder y representación de intereses. E insistía, sobre todo, en el reconocimiento de la dualidad que existía en cada hombre,

> un ser económico, a quien le conviene votar como zapatero en la asociación de zapateros, y un ser moral, un ciudadano que tiene el deber de votar como hombre en los colegios de sufragio universal[47].

Sus contactos con Hulme le persuadieron de la transcendencia política y social del dogma del pecado original, lo mismo que de la falsedad de los principios subjetivistas y románticos. Hulme había sostenido que la cultura moderna, heredera del humanismo, llevaba a las sociedades a un callejón sin salida. Humanismo, individualismo y romanticismo equivalían a relativismo y subjetivismo. Sólo un retorno a los principios y valores clásicos, basados en el pesimismo antropológico, el orden y la tradición, podría dar solución a la problemática social y política suscitada por el proyecto de la modernidad. Igualmente, Maeztu se sintió influido por las ideas «distributivas» de Belloc, con sus críticas al socialismo de Estado, abogando, en contraste, por un sistema de distribución, en el que se garantizara la propiedad privada, asignada a cada individuo, mediante «guildas» cooperativas.

---

[45] Ramiro de MAEZTU, «Autobiografía», en *Obra*, Madrid, 1974, p. 199.
[46] Ramiro de MAEZTU, *Un ideal sindicalista*, Madrid, 1961, pp. 34 y 42.
[47] Ibídem, pp. 71 ss.

El estallido de la Gran Guerra sorprendió a Maeztu en plena evolución ideológica. Su opción no fue dudosa en favor de Inglaterra. Pero fundamentó su aliadofilia en su nueva perspectiva católica. Alemania era la representante de la «herejía germánica», consecuencia directa de la Reforma protestante y sus doctrina de la justificación por la fe, frente a la doctrina católica del pecado original y la justificación por las obras. El luteranismo había afirmado la dominación del sujeto en lo relativo a la capacidad de atenerse a sus propias intelecciones, y, en consecuencia, dejó al hombre libre de ataduras de orden ético y moral. La consecuencia lógica de aquel proceso fue la independencia del Estado con relación a la autoridad ética de la Iglesia, debido a los principios subjetivistas que le servían de base. Libre de cualquier poder ajeno a sí mismo, se convirtió con Hegel en un valor completamente autónomo, lo que explicaba la crueldad de los alemanes a lo largo del conflicto[48].

Bajo la impresión del desarrollo del conflicto europeo, Maeztu redactó, en 1916, a partir de una serie de escritos publicados en *The New Age* y otros diarios y revistas, *Authority, Liberty and Function in the Light of the War,* traducido posteriormente al español con el título de *La crisis del humanismo. Los principios de autoridad, libertad y función a la luz de la guerra.* El punto de partida de la obra era la dramática situación en la que se debatían las sociedades europeas, cuya raíz se encontraba en el subjetivismo y el relativismo inherente a la modernidad. En el Renacimiento apareció un nuevo tipo de hombre, seguro de su individualidad y cada vez más alejado de la transcendencia. La individualidad quedó libre de frenos y la ética se antropormizó, relativizándose. El hombre se convirtió, pues, en «un esclavo de sus propias pasiones». Y en este relativismo ético se encontraba la génesis de los dos errores característicos de la modernidad, dominantes en las sociedades contemporáneas: el liberalismo y el estatismo burocrático y socialista. El liberalismo tenía como sustrato el individualismo atomista, que no contemplaba otra fuente de certeza y de moralidad que el individuo aislado, sobre el que era imposible fundamentar una sociedad bien organizada. De igual forma, el socialismo, a pesar de sus diferencias ideológicas con el liberalismo, tenía su raíz última en el relativismo subjetivista, susti-

---

[48] Ramiro de MAEZTU, «Introducción» a *El terrorismo alemán en Bélgica,* de A. J. TOYNBEE, Londres, 1917, pp. 25 y 37.

tuyendo la arbitrariedad del individuo por la del Estado, error en el que igualmente habían caído Hegel y la mayoría de la *intelligentsia* alemana. El proyecto socialista convertía al Estado en el único propietario de los medios de producción, que, de esta forma, asumía las funciones de juez y parte con relación a la sociedad civil, encarnadas en una burocracia despótica. Frente a todo ello, Maeztu propugna la superación del relativismo mediante el retorno al principio de «objetividad de las cosas». Continuando su evolución ideológica iniciada en su singular interpretación de la filosofía kantiana, Maeztu propugnó un idealismo objetivo, como remedio para poner coto a la desintegración de la jerarquía de valores comúnmente aceptados. La «objetividad de las cosas» abre a los hombres el acceso al mundo suprahistórico. Con la expresión «primacía de las cosas» Maeztu se refiere a los valores eternos, que se encuentran por encima de la subjetividad individual y del mundo material, tales como la Verdad, la Justicia, el Amor y el Poder, cuya unidad se encarna en Dios. Desde tal óptica se llega a la conclusión de que el hombre se encuentra en el mundo no para seguir su personal arbitrio, sino como servidor de esos valores objetivos. Es el supuesto en el que descansa el «clasicismo cristiano», debelador del materialismo y del humanismo, de su ilusoria creencia en la bondad natural del hombre. El catolicismo era consciente de que el optimismo antropológico conducía a la disolución social; y sólo mediante la autoridad que domeñara su naturaleza corrupta, fruto del pecado original, podría conseguirse la armonía y la estabilidad.

Sobre la base de esta moral objetiva, era posible edificar una teoría objetiva de la sociedad. Maeztu se sirve para ello de las aportaciones de Léon Duguit, en cuanto éste negaba la noción de derecho subjetivo individual y admitía los derechos objetivos, nacidos de la función de cada uno en el conjunto social. La organización de la sociedad en torno al principio de «función» puesta al servicio de los valores objetivos conduce a una estructura gremialista. El conflicto entre autoridad y libertad, individuo y sociedad, es superado mediante la restauración de los gremios, que servirían de corrección tanto al individualismo anárquico de los liberales como a la burocracia despótica de los socialistas y estatistas. La razón de ser del gremialismo es la de la pluralidad de clases sociales y sus respectivos intereses. El principio «funcional» comprende todas las actividades del hombre y sanciona cada una de ellas con los derechos correspondientes a la «función». En el reparto de «funciones» y competencias se encuentra la garantía de las libertades reales. Maeztu se inclina, en ese aspecto, por la tesis «pluralista» frente al principio de soberanía estatal. Conceptos como la «voluntad general» de Rousseau o la estadolatría de Hegel carecían de contenido real. Antes al contrario, la sociedad ofrecía el espectáculo de una multitud de grupos sociales y corporaciones, dueños cada uno de su propia esfera y servidores de sus propios fines y funciones[49].

A su regreso a España, en 1919, Maeztu se mostró cada vez más escéptico sobre la viabilidad de un sistema político de corte demoliberal para España, una sociedad con profundas desigualdades en su seno y carente, en el fondo, de espíritu nacional unitario. Además, la Gran Guerra y el triunfo de la revolución rusa habían puesto de relieve la irreversible crisis del proyecto de la modernidad:

> Europa ha caído, amigos míos. Yo no digo que no pueda levantarse [...]. Lo que ha acabado, y ello es suficiente, es la complacencia con que los ingleses y los alemanes consideraban sus civilizaciones respectivas, con lo que digo en lo sucesivo será difícil tomarlos como modelo [...]. ¿Somos capaces de sacarnos de entre las entretelas un ideal original?[50].

A la altura de 1923, no veía ya otra solución que el golpe de Estado militar:

> No soñemos, Señor, no soñemos. Pero todos los pueblos son cera para un puñado de hombres que sean a la vez buenos y duros[51].

D) La «otra» derecha: el liberalismo crítico de José Ortega y Gasset

Puede parecer paradójica, a primera vista, la inserción de un pensador de las características de Ortega y Gasset dentro de las tradiciones de la derecha española. Del pensamiento orteguiano se han dado las más diversas interpretaciones, incluso se ha hablado y escrito de un supuesto, y nunca definido, «socialismo» de Ortega.

---

[49] Ramiro de Maeztu, *La crisis del humanismo*, Barcelona, 1919.

[50] «En busca de orientación. La tragedia de Inglaterra ante el porvenir», *Hermes*, n.º LXXIII, julio de 1921, p. 10.

[51] «El millón de Larache», *El Sol*, 12 de marzo de 1923.

Pero las interpretaciones «liberal-socialistas» del pensamiento del filósofo madrileño pueden servir, a lo sumo, y aun así habría mucho que matizar, para su primera etapa, influida por el neokantismo de Cohen, cuando se sintió seducido por el «nuevo liberalismo» europeo e intentó aproximarse, sin demasiado éxito, al Partido Socialista Obrero Español, al que los intelectuales siempre resultaron sospechosos. Pero el «socialismo» del joven Ortega era de una raigambre muy peculiar. Nada tenía que ver con la lucha de clases, el materialismo histórico o el internacionalismo. Se trata más bien, como ha señalado Javier Varela, de «un devaneo, un *flirt*»; algo que equivalía más que nada a una «comunidad orgánica, jerárquica, opuesta a la sociedad contractual individualista», «un acicate para la adormecida y utilitaria sociedad burguesa»[52].

En realidad, Ortega encarnó, a lo largo de su trayectoria vital, una profunda contradicción ideológica y política. Por una parte, su disconformidad política, caracterizada por la actitud polémica frente al pasado nacional, unida a su agnosticismo religioso, no podían sino alejarle del conjunto de la derecha española. Por otra, el indudable sesgo conservador de su pensamiento político de madurez, plasmado en sus ataques frontales contra el racionalismo con el apoyo del historicismo y del vitalismo; en el realismo político, el sentimiento burkeano del valor de la continuidad, el nacionalismo; y, sobre todo, su concepción fuertemente aristocrática de la sociedad y de la vida, en el que las elites, las minorías, están destinadas a dirigir a las masas. En ese sentido, Ortega encarnó y teorizó una variante de lo que el historiador Ernst Nolte ha denominado «liberalismo crítico», es decir,

> un liberalismo que convirtió en crítico también respecto de sí mismo y llegó a la convicción de que «libertad» es algo más que una mera forma de vida entre otras y que la realización de la libertad con sus realizaciones representa un problema de incomparable dificultad y problematicidad[53].

De ahí su permanente diálogo no sólo con Nietzsche, sino con Maurice Barrès, Ernest Renan, Werner Sombart, Vilfredo Pareto y los representantes de la llamada «revolución conservadora» alemana.

---

[52] Javier VARELA, *La novela de España*, Madrid, 1999, p. 214.
[53] Ernst NOLTE, *El fascismo en su época*, Barcelona, 1969, p. 52.

Tanto es así que sin la aportación de Ortega no puede entenderse la ulterior trayectoria ideológica de amplios sectores intelectuales de la derecha española, ni la emergencia de nuevas tradiciones en su seno. Dentro de la derecha española, y en ello incidiremos posteriormente, el gran enemigo de Ortega y sus ideas fue la Iglesia católica.

Ciertamente, como ya hemos señalado, Ortega se mostró muy crítico con el conservadurismo oficial, tanto liberal como católico. Polemizó con Menéndez Pelayo sobre el tema del laicismo. Atacó de forma inmisericorde al conjunto de las fuerzas políticas del régimen de la Restauración, al que calificó despectivamente de «panorama de fantasmas»[54]. Y es que, a su entender, el auténtico patriotismo consistía en liberarse de «la superstición del pasado, en que no nos dejemos seducir por él como si España estuviera inscrita en el pretérito»[55].

Heredero del espíritu noventayochista, Ortega se mostraba partidario de un nacionalismo proyectivo, dinámico. Los conceptos de «misión» y «empresa» cobraron una importancia capital en el lenguaje del nacionalismo orteguiano. Lo que da a la nación su consistencia son los horizontes ideales y políticos, no «el ayer, el pretérito, el haber tradicional». Sin un programa para el mañana, sin la conciencia de que la nación «se está haciendo» continuamente, no puede hablarse de un Estado dotado de vigor histórico[56]. Sin embargo, la concepción orteguiana acerca de la sociedad y de la historia no se encuentra inserta en un dinamismo omnicomprensivo. Su maduración intelectual implicó, según el propio testimonio del filósofo, la progresiva liberación del «influjo de las ideas dominantes en nuestro tiempo», sustrayéndose de «la magia del deber ser». Buena prueba de ello fue el diagnóstico defendido en su obra *España invertebrada*, que, sin duda, le aproxima al radicalismo intelectual generalizado en el período de entreguerras. La concepción cíclica de la historia —épocas *kitra* y *kali*, caracterizadas por el ascenso o decadencia de las elites—, el raciovitalismo, la valoración de la fuerza como signo de vitalidad histórica, la reivindicación del espíritu guerrero medieval frente a los valores burgueses y utilitarios

---

[54] José ORTEGA Y GASSET, *Vieja y nueva política*, Madrid, 1973, pp. 37 ss.

[55] Ibídem, pp. 57 ss.; José ORTEGA Y GASSET, *Meditaciones del Quijote*, Madrid, 1970, pp. 66 ss.

[56] José ORTEGA Y GASSET, *España invertebrada*, Madrid, 1981.

representados por la sociología de Herbert Spencer, la crítica a la modernidad, el elitismo aristocrático y las referencias al pasado preindustrial son rasgos concluyentes de la relación de Ortega con las corrientes conservadoras de la época. En su análisis de la situación española, el filósofo parte de su concepto de nación como empresa colectiva suscitada por la acción proyectiva de las elites. Y, desde esa perspectiva, sometió a una crítica implacable a los estamentos tradicionales, Iglesia, Ejército, Monarquía, etc., a los que acusaba de carecer de la necesaria ejemplaridad. Por ello, en la nación española existía una innegable ausencia de integración, lo que explicaba el particularismo presente en los nacionalismos periféricos y en el movimiento obrero. Pero la crítica a la izquierda era igualmente radical en sus fundamentos ideológicos. Ortega identificaba el progresismo con la «puerilidad» y el utopismo con la «magia», y atacaba la «indocilidad» y la «aristofobia» de las masas españolas[57].

El punto de mira orteguiano se centró, además, en la idea de revolución. Siempre fue antirrevolucionario. A su entender, la idea revolucionaria era producto del racionalismo. El racionalismo implica un ideal de intemporalidad en virtud del cual la vida queda despojada de lo que «concretamente somos, de nuestra realidad palpitante histórica». La historia es, pues, la víctima propiciatoria de este movimiento intelectualista, que termina por erigirse en culto a la razón, como supremo poder configurador de la realidad. El mundo que esta razón, desconectada de la vida y de la historia, es capaz de percibir no será ya «el mundo inmediato y evidente que contemplan nuestros ojos, palpan nuestras manos, atienden nuestros oídos». El racionalismo sacrifica lo cualitativo en aras de lo cuantitativo. La razón pura opera *more geometrico*, elaborando esquemas racionales y deduciendo con «lógica maravillosa» a partir de supuestos muy simples. Resulta, pues, según esto, que los términos «racionalismo» y «revolución» son correlativos:

> El futuro ideal construido por el intelecto puro debe suplantar al pasado y al presente. Éste es el temperamento que lleva a las revoluciones. El racionalismo aplicado a la política es revolucionario, y viceversa, no es revolucionaria una época si no es racionalista. No se puede ser revolucionario sino en la medida en que se es incapaz de sentir la Historia, de percibir en el pasado y en el presente la otra especie de razón, que no es pura, sino vital.

---

[57] Ibídem, pp. 33, 76 y 85 ss.

Así pues, la revolución es, ante todo, «un estado de espíritu». Optimista al fin, Ortega, a la altura de 1921, pensaba que las revoluciones, por haber pasado ya la vigencia del racionalismo, habían llegado ya a su ocaso, entrando la historia en una etapa «mística»[58].

A pesar de ello, no dejó Ortega de criticar las revoluciones, en particular la francesa de 1789. En su célebre obra *La rebelión de las masas* manifiesta su admiración hacia los doctrinarios franceses, atribuyéndoles el mérito de haber descubierto la dimensión política de lo histórico en una época en la que aún seguía viva la tradición racionalista. Y es que «los confusionarios del 89» se propusieron nada menos que la transformación súbita de la sociedad, lo que chocaba con uno de los fundamentos de la antropología humana, como era la continuidad, dado que la vida humana nunca se puede empezar de nuevo; por el contrario,

> las revoluciones, tan incontinentes en sus prisas, hipócritamente generosa, de proclamar derechos, han violado siempre, hollado y roto el derecho fundamental del hombre; tan fundamental que es la definición misma de su sustancia: el derecho a la continuidad.

Y es que el hombre nunca es el primer hombre, porque, a diferencia del animal, merced a las tradiciones, acumula su propio pasado, lo posee y lo aprovecha. El hombre viene al mundo como heredero; y, en ese sentido, «romper con el pasado, querer comenzar de nuevo, es aspirar a descender y plagiar al orangután»[59].

Esta posición abiertamente conservadora puede percibirse igualmente en su delimitación de los mundos diferentes en que se mueven el político genuino, como Mirabeau, y el revolucionario. Mientras este último cree en la necesidad de provocar cambios radicales, «sin duración de tránsito», convirtiendo la sociedad en algo distinto de lo que siempre fue, el político sagaz sabe que todo cambio social exige una evolución, un ascenso gradual en pos de reformas concretas que los tiempos exigen. El método político por excelencia es el de la reforma, «emanada de una previa conformidad con lo real;

---

[58] José ORTEGA Y GASSET, *El tema de nuestro tiempo*, Madrid, 1976.
[59] José ORTEGA Y GASSET, *La rebelión de las masas*, Madrid, 1981, pp. 55 ss.

la modificación ideal de la vida, que parte de haber reconocido previamente sus condiciones»[60].

Sin duda, Ortega fue, como ya hemos señalado, un liberal. Para él, la democracia liberal representaba «la más alta voluntad de convivencia»:

> [era la] suprema generosidad: es el derecho que la mayoría otorga a las minorías y es, por tanto, el más noble grito que ha sonado en el planeta.

Sin embargo, al espíritu aristocrático de Ortega le molestaba sobremanera el plebeyismo, la chabacanería y el envilecimiento que consideraba inherente al proceso de masificación y nivelación que experimentaban las sociedades europeas. En fecha tan significativa como 1917, Ortega responsabilizó a la democracia del imperio de esas lacras, y es que la democracia era tolerable limitada por el liberalismo; pero

> la democracia exasperada y fuera de sí, la democracia en religión o en arte, la democracia en el pensamiento o el gesto, la democracia en el corazón y en la costumbre es el más peligroso morbo que pueda padecer una sociedad[61].

Porque «contra la ingenuidad igualitaria es preciso hacer notar que la jerarquización es el impulso esencial de la socialización»[62].

Como liberal, Ortega rechazó el fascismo. En un primer momento, vio en él un «cariz enigmático», ya que aparecían en su seno los contenidos más opuestos: autoritarismo y rebelión; lucha contra la democracia y negativa a restaurar sistemas políticos pretéritos; forja de un Estado fuerte y empleo de medidas disolventes para lograrlo. Sus características más notables eran, sin embargo, la violencia y la ilegitimidad; lo primero, consecuencia de lo segundo. El fascismo era un movimiento «ilegitimista», que no se preocupaba de dar fundamento a su práctica política. Ello era fruto de la crisis de las instituciones liberales que padecía Europa desde el final de la Gran Guerra:

---

[60] José Ortega y Gasset, *Mirabeau o el político. Contreras o el aventurero*, Madrid, 1976.

[61] José Ortega y Gasset, «Democracia morbosa» (1917), en *El Espectador*, t. II, Madrid, 1969, p. 24.

[62] José Ortega y Gasset, *La rebelión...*, p. 77.

> Y si se mira la Europa continental se advierte que el poder legítimo está, dondequiera, apoyado en telarañas y a merced del primer puño ilegítimo que quiera dar al traste con él[63].

Posteriormente, el fascismo apareció como una forma de «rebelión de las masas», consistente en el derrocamiento de las instituciones liberales y la exaltación de una dirección y unos valores plebeyos, en el que se radicalizaban todas y cada una de las patologías de la sociedad de masas: libre expansión de los deseos y radical ingratitud hacia las elites, conformismo, ausencia de proyecto personal de vida, inercia mental, acción directa, etc. Además, el antiliberalismo fascista representaba una discontinuidad histórica y, por tanto, resultaba anacrónico:

> El pasado tiene razón, la suya. Si no se le da esa que tiene, volverá a reclamarla, y de paso, a imponer la que no tiene. El liberalismo tenía una razón, y esa hay que dársela *per saecula saeculorum*[64].

Sin embargo, Ortega no dudó, a través de sus escritos y de las traducciones de la editorial Espasa-Calpe y en su *Revista de Occidente,* en difundir entre las elites intelectuales y el público culto español en general la obra de autores conservadores, generalmente alemanes, como Oswald Spengler, Werner Sombart, Leo Frobenius, Carl Schmitt, Hermann Keyserling, Jacob von Ueskúll, Othmar Spann, etc.

6. LA DICTADURA PRIMORRIVERISTA

El advenimiento de la Dictadura tuvo importantes consecuencias, tanto en el plano político como en el social y cultural. Por de pronto, supuso un profundo corte en la trayectoria del conservadurismo liberal, llegando a poner de relieve sus contradicciones y debilidades. En una primera aproximación, lo más significativo fue que cuando Primo de Rivera suspendió la Constitución de 1876 y la pluralidad de partidos, estableció la censura previa y el Directorio militar, la

---

[63] José Ortega y Gasset, «Sobre el fascismo», en *El Espectador,* t. V-VI, Madrid, 1972, pp. 137 ss.

[64] José Ortega y Gasset, *La rebelión...,* pp. 142 ss.

mayoría de la sociedad española no se manifestó en contra. Tan sólo un pequeño sector de la clase política de la Restauración salió en defensa de la Monarquía constitucional, que no fue apoyado por el grueso de la opinión pública. Igualmente, la Dictadura supuso el ascenso de las nuevas elites políticas derechistas provenientes del catolicismo social, del tradicionalismo y del maurismo, en cuyo horizonte ideológico y mental latía el rechazo de la tradición liberal. No obstante, la experiencia primorriverista fue también reflejo de las contradicciones y la inmadurez de estos sectores de la derecha. En su desarrollo, la Dictadura supuso la constatación de las insuficiencias de un poder político excepcional que, por emplear los términos de Carl Schmitt, nacido en un primer momento como meramente «comisario», intenta, con posterioridad, convertirse en «soberano», sin conseguirlo[65].

Como sistema político personal, no institucionalizado, la Dictadura fue inseparable de la figura de Miguel Primo de Rivera, aristócrata de nuevo cuño y antiguo militante del Partido Conservador. El dictador careció de preocupaciones culturales e ideológicas. Como le reprochó un escritor como Salaverría, despreció a los intelectuales «desde el punto de vista de aristócrata y de guerrero, en una reacción moral de hombre simple, leal y primitivo»[66]. Su mentalidad fue una curiosa amalgama de espíritu militar, arbitrismo regeneracionista, nacionalismo conservador y tradicionalismo aristocratizante. En esa mentalidad subyacía, además, una perspectiva fundamentalmente antipolítica, que intentaba suplantar los conceptos políticos por categorías morales. Como señalaría en su célebre manifiesto de septiembre de 1923, era necesario liberar a España y a los españoles de «los profesionales de la política». Y es que la política no era otra cosa que «entelequia y enredo». Al mismo tiempo, destacaba en sus discursos y escritos el paternalismo social, aunque no pocos aristócratas consideraron excesivamente atrevida su política asistencial. Primo de Rivera se declaró partidario de una política de «nivelación social», «sin populachería, doctrinarismo ni espíritu de desquite», «con espíritu cristiano y democrático, pero con disciplina»[67].

---

[65] Carl SCHMITT, *La dictadura,* Madrid, 1968.

[66] José María SALAVERRÍA, *El instante dramático,* Madrid, 1934, p. 17.

[67] Miguel PRIMO DE RIVERA, *El pensamiento de Primo de Rivera. Sus notas, artículos y discursos,* Madrid, 1929, pp. 19, 68 y 33.

Fundadores de *Acción Española* en 1934. Los orígenes de este movimiento intelectual monárquico y autoritario se encuentran, en buena medida, en la Unión Patriótica de Primo de Rivera. En la foto aparecen, entre otros, Calvo Sotelo, Maeztu y Goicochea. *Archivo Anaya.*

De hecho, las cuestiones de orden ideológico y cultural fueron el talón de Aquiles del primorriverismo. El dictador fue incapaz de sacar provecho de la inicial actitud benevolente de un considerable número de intelectuales: Maeztu, Salaverría, Azorín, D'Ors, Benavente, Manuel Bueno, Ortega, Fernández Flórez, Baroja, etc.[68]. Tan sólo Miguel de Unamuno expresó, desde el principio, su rebeldía ante el Directorio militar, lo que le valió el destierro y luego el exilio. Al cabo de un par de años, la actitud benevolente fue transformándose, al socaire de los errores e intemperancias de Primo de Rivera, en un clima de impaciencia y animadversión, que envolvió finalmente incluso a intelectuales conservadores como Salaverría, Benavente, Azorín y Ortega. Al final, tan sólo Ramiro de Maeztu y,

[68] Véase Genoveva García Queipo de Llano, *Los intelectuales y la Dictadura de Primo de Rivera,* Madrid, 1987.

en menor medida, Eugenio d'Ors mantuvieron su adhesión a Primo de Rivera.

Lejos de pretender dejar pronto el poder, Primo de Rivera quiso dar continuidad a su política más allá del temporal Directorio militar. Fundó la Unión Patriótica, organización que, fruto en un primer momento de los proyectos políticos de Ángel Herrera y los propagandistas católicos, pretendió ser algo parecido a un partido. Y a fines de 1925 constituyó un nuevo gobierno compuesto por mauristas, social-católicos y tecnócratas, entre los que destacaron José Calvo Sotelo, Eduardo Aunós y Rafael Benjumea, luego Conde de Guadalhorce.

El gobierno se vio consolidado por el exitoso final de la impopular guerra de Marruecos y por la mejora de la situación económica. La política económica primorriverista fue una política económica vertebrada en torno a la línea nacionalista y proteccionista dibujada a finales del siglo XIX[69]. A ese respecto, fue muy discutida la gestión de Calvo Sotelo al frente del Ministerio de Hacienda. El antiguo maurista intentó plasmar sus planteamientos reformistas en una serie de medidas contra el generalizado fraude fiscal, lo que provocó la reacción de la aristocracia terrateniente y de la burguesía industrial. Tampoco tuvo excesivo éxito en sus intentos de reforma tributaria a la hora de sustituir el impuesto proporcional por el progresivo, que de nuevo tuvo como consecuencia la movilización de los grupos económicos. Más discutida aún fue la creación del célebre Monopolio de Petróleos, la CAMPSA, mediante el cual pretendió afianzar el proceso de nacionalización económica[70].

No menos conflictiva fue la gestión de Eduardo Aunós en el Ministerio de Trabajo. Antiguo militante de la *Lliga Regionalista* y ex secretario de Francesc Cambó, y luego miembro de la anticatalanista Unión Monárquica Nacional, Aunós era un hombre formado en las corrientes social-católicas, organicistas y neotradicionalistas. Desde su juventud fue lector asiduo de La Tour du Pin y Maurras.

---

[69] Juan VELARDE FUERTES, *La política económica de la Dictadura*, Madrid, 1973; José Luis GARCÍA DELGADO, «Nacionalismo económico e intervencionismo estatal», en Nicolás SÁNCHEZ ALBORNOZ (dir.), *La modernización económica de España*, Madrid, 1985, pp. 176 ss.

[70] José CALVO SOTELO, *Mis servicios al Estado*, Madrid, 1931; *La contribución y la riqueza territorial de España*, Madrid, 1926; «Orientaciones económicas y tributarias», en *Curso de ciudadanía*, Madrid, 1929.

Sus estudios de Derecho en El Escorial le familiarizaron con Le Play, Ketteler y otros representantes del corporativismo católico. Con frecuencia se ha sostenido, más como acusación que como constatación empírica, que el sistema corporativo de la Dictadura pretendía imitar al instaurado por el régimen fascista italiano. Pero Aunós nunca llegó a la asunción de los supuestos ideológicos e institucionales del corporativismo fascista, al que frecuentemente criticó por ser monopolio de un partido y, sobre todo, por su «exagerado estatismo»[71]. En realidad, el corporativismo de la Dictadura se mostró más afín al corporativismo «social» que al «estatista». Sin embargo, el corporativismo voluntario suscitó tantas contradicciones y problemas que terminó en fracaso. Así, la organización corporativa española tuvo por eje el comité paritario, sobre cuyo mecanismo de arbitraje y conciliación se establecía la corporación obligatoria, supeditada al Estado, como «órgano de derecho público», que ejerce sus funciones por delegación estatal. De esta forma, se creó una institución de conciliación y arbitraje obligatorios, que pretendía coordinar todos los comités paritarios locales y que funcionaba como un cuerpo profesional del Estado. La corporación no era una agrupación sindical, pero necesitaba a los sindicatos para su funcionamiento. En ese sentido, el sistema español seguía el modelo social-católico basado en el «sindicalismo libre en la corporación obligatoria»[72]. A diferencia del sistema fascista, el modelo primorriverista careció de la presencia fundamental del partido único y de la Magistratura de Trabajo, lo mismo que del Consejo de Corporaciones[73]. Por otra parte, la prueba de que Aunós no propugnaba entonces la edificación de un régimen fascista fue su llamamiento a la colaboración con los socialistas, a la búsqueda de un pacto con la UGT, intentando convertirla en un órgano de gestión y colaboración de clases. Este intento de pacto fue muy discutido y criticado por las organizaciones católicas, que lo interpretaron como una peligrosa concesión a los socialistas[74]. Ello provocó igualmente el

[71] Eduardo AUNÓS, *Estudios de Derecho Corporativo*, Madrid, 1930, p. 193.

[72] Eduardo AUNÓS, *Las corporaciones de trabajo en el Estado moderno*, Madrid, 1928, pp. 38 ss.

[73] Véase Alfredo MONTOYA MELGAR, *Ideología y lenguaje en las leyes laborales de España: la Dictadura de Primo de Rivera*, Murcia, 1980.

[74] Véase «La organización corporativa», *El Debate*, 28 de noviembre de 1926; «Consejo leal», *El Debate*, 2 de octubre de 1927.

alejamiento de las clases conservadoras, que comenzaron a ver en el paternalismo de la Dictadura una amenaza para sus intereses más inmediatos. Los comités paritarios agrarios no fueron establecidos a causa de la oposición de los terratenientes, y los industriales nunca fueron bien vistos por los patronos, que desconfiaban de la presencia de los socialistas.

La gestión de Rafael Benjumea resultó menos conflictiva y logró éxitos considerables, como la construcción de una excelente red de carreteras y otras obras públicas, entre las que destacaba la creación de pantanos, que elevaron considerablemente el nivel de servicios.

De negativa puede calificarse la actividad del ministro Eduardo Callejo, propagandista católico y catedrático de Derecho Natural en la Universidad de Valladolid, cuyo proyecto de reforma educativa, en el que se autorizaba a los agustinos y jesuitas a conceder títulos académicos, fue muy mal recibido por los profesores y estudiantes universitarios.

La organización de la Unión Patriótica y la articulación de una ideología legitimatoria fueron otros de los fracasos de la Dictadura. Primo de Rivera fue incapaz de dar una definición precisa de lo que era o pretendía ser la Unión Patriótica. En alguna ocasión, recurrió a inepcias tales como «asociación de hombres de buena fe», «partido apolítico» o «liga de ciudadanos por un fin concreto». Más claro parecía ser su propósito de recoger y aglutinar la herencia política de la derecha antiliberal, maurista, social-católica y tradicionalista. A su entender, la Unión Patriótica debía convertirse en «la nueva forma derechista conservadora»[75]. No en vano el lema del nuevo partido recordaba al de los carlistas: «Patria, Religión, Monarquía». En 1925, salió a la luz el diario *La Nación*, dirigido por el antiguo maurista Manuel Delgado Barreto; poco después, *Unión Patriótica,* boletín del partido. En torno a *La Nación* se intentó articular una especie de equipo intelectual, en el que destacaban el poeta José María Pemán, el escritor Manuel Bueno, el catedrático de Economía Vicente Gay, el filósofo José Pemartín y el padre Venancio Carro. Pero los intentos de articulación ideológica fueron muy tardíos, prácticamente en los extertores del régimen.

Los frutos más reseñables de este intento fueron la obra de José María Pemán *El hecho y la idea de la Unión Patriótica* y la de su

---

[75] Miguel PRIMO DE RIVERA, *El pensamiento...*, pp. 51 ss.

primo José Pemartín *Los valores históricos en la Dictadura española*. Tanto uno como otro recurrieron a los viejos tópicos del tradicionalismo ideológico español, de las encíclicas papales y del regeneracionismo costista. El más significativo fue el de Pemán. El poeta gaditano siguió, como Pemartín, las ideas de Enrique Gil Robles, Vázquez de Mella, Menéndez Pelayo e incluso Ramiro de Maeztu. Su punto de partida era la idea de nación basada en la «constitución interna», dentro de la cual los valores histórico-religiosos adquieren una dimensión normativa. Monarquía y catolicismo eran «las dos máximas realidades españolas». La nación engloba el conjunto social concebido como un orden de asociaciones, clases y gremios, que se comprende desde una perspectiva general organicista. El modelo social invocado por Pemán era de tipo social jerárquico y desigualitario, regido, en el fondo, por una lógica teológico-política, en la que la estratificación social posee una sanción divina. La sociedad es «un ser natural creado por Dios». A partir de tales premisas, el autor reivindica el orden orgánico de la sociedad, cuya génesis y arquetipo es el orden familiar, frente a la desorganización característica del individualismo y del racionalismo liberal. Lo que servía a Pemán para rechazar el sufragio universal. Al ser considerados los individuos miembros originarios de un grupo social natural, como la familia, que está organizado jerárquicamente, no nacen libres e iguales, porque la relación entre padres e hijos es una relación entre superior e inferior y, por tanto, no compete a los individuos, en cuanto tales, la formación de la voluntad nacional. Ello conducía a una crítica del sistema liberal. Por vez primera en casi cien años, se criticaba desde los aledaños del poder los fundamentos del liberalismo. La Restauración, en concreto, había sido una anómala situación de pacto entre la Corona y el liberalismo; algo en esencia artificial e insincero y, a la larga, incompatible con los fundamentos de la tradición española. La Restauración equivalía a

> caciquismo, favoritismo, la oligarquía partidista, la corrupción electoral, el envenenamiento político de los Ayuntamientos, la recomendación, la injusticia [...][76].

[76] José María PEMÁN, *El hecho y la idea de la Unión Patriótica*, Madrid, 1929, pp. 25, 289, 135, 387 y 52-53.

El rechazo de la tradición liberal era más radical aún en Pemartín, para quien el auténtico representante de la tradición española a lo largo del siglo XIX había sido el carlismo. En su pensamiento, sin embargo, la Dictadura no era un mero episodio de la endémica crisis del liberalismo español; en realidad, formaba parte de una crisis más general, a nivel europeo, que se concretaba filosóficamente en la crisis del positivismo, con su visión mecánica, ordenada del universo, abriendo nuevos horizontes ideológicos, que arrumbaban la mitología liberal y democrática y que contribuía al relanzamiento de la concepción tradicionalista del mundo; tal era el caso de la fenomenología de Edmund Husserl, la relatividad de Einstein, el intuicionismo de Bergson, la filosofía de los valores, etc. Al mismo tiempo, Pemartín aderezaba su discurso con elementos míticos y providencialistas. El filósofo jerezano partía de un modelo dualista de la historia española, donde la influencia de Menéndez Pelayo era perceptible, en la que existen momentos verdaderos y falsos, heroicos y vergonzosos, que engendran un proceso de decadencia —es decir, de «desnacionalización»— y de ascenso. En los momentos críticos, es siempre la institución monárquica, como encarnación histórica de la voluntad nacional, la que salva a la nación de los peligros que la acechan. Y ello era así porque, incluso en los períodos de decadencia, la Monarquía encarnaba la persistencia de valores tradicionales

> como persiste indisoluble el oro en la disolución de la ganga que le rodea, o los muros maestros en el desmoronamiento de los muros de palacio[77].

Las consecuencias que se desprendían de aquella concepción de la sociedad y de la historia nacional eran, por lo demás, obvias. El régimen de la Restauración debía ser transformado de manera radical. Eran necesarias una nueva constitución —donde la Monarquía se configurara como una forma política «limitada» y superadora tanto del absolutismo como del liberalismo parlamentario— y unas cortes corporativas. Es decir, la instauración de la Monarquía tradicional. Complemento de ello era la restauración de «la unidad moral», basada en el catolicismo, supuestamente ultrajada por la política secularizadora de los gobiernos liberales. Presentando la

---

[77] José PEMARTÍN, *Los valores históricos en la Dictadura española*, Madrid, 1929, pp. 28 ss.

autoridad como expresión de un orden sagrado, Pemán pretendía asegurar y hacer inexpugnable el orden social concreto:

> El único modo de llegar a un concepto de orden definido y preciso, que no sea una idea movediza y relativa, es cimentarlo sobre verdades fijas, es decir, sobre principios religiosos[78].

La actitud de los ideólogos de la Unión Patriótica hacia el fascismo fue negativa. Tanto Primo de Rivera como sus seguidores ignoraron por completo la necesidad de transcender su lenguaje político crasamente contrarrevolucionario y presentar ideales, «mitos», tareas, empresas colectivas, que posibilitaran la movilización popular. Y la lección fue aprendida, como tendremos oportunidad de ver, por su hijo José Antonio, quien, por eso mismo, se ocupó de estudiar el pensamiento de los grandes intelectuales contemporáneos, españoles y extranjeros, desde una perspectiva fascista. Realmente, el fascismo italiano, por entonces todavía en sus comienzos, no contó con la aprobación de los primorriveristas. Fue Pemán quien se encargó de dejar explícita su opinión al respecto. Pemartín, en cambio, apenas hizo referencia en su libro al fenómeno mussoliniano. Comentando los planteamientos del ministro fascista Alfredo Rocco, Pemán acusó a la doctrina fascista de «estatismo dogmático», de agnosticismo y de no reconocer ningún valor superior fuera de la realidad material:

> Desde el momento en que la afirmación no nace del reconocimiento de unos fines objetivos, reales, exteriores y superiores a él, el Estado sigue siendo agnóstico.

Los proyectos corporativos fascistas reflejaban fielmente aquella concepción social revolucionaria, continuadora, en el fondo, del liberalismo. El sindicalismo fascista, lejos de superar el individualismo liberal, reconocía de hecho la concepción marxista de la lucha de clases, al agrupar a las clases sociales en torno a sus intereses específicos separadamente; y, por tanto, no hacía sino reforzar esos intereses, lo que tenía necesariamente como efecto el agobiante intervencionismo característico del régimen mussoliniano. Y es que la solución al problema social no se encontraba en el corporativismo

---

[78] José María PEMÁN, *El hecho...*, pp. 296 y 299.

dirigista e intervencionista, sino en el retorno a «la tradición social cristiana prerrenacentista»[79].

El intelectual más reseñable afecto al primorriverismo fue, no obstante, Ramiro de Maeztu. Desde su retorno a España, en 1919, el escritor vasco había radicalizado su discurso. Y, como la mayoría de la intelectualidad española, justificó el golpe de Estado militar. Pero fue más lejos, erigiéndose en defensor de las más polémicas decisiones del Directorio militar, como el destierro de Unamuno o la clausura del Ateneo madrileño. Y se mostró partidario de la prolongación de la Dictadura, porque la sociedad española seguía siendo una sociedad invertebrada, cuya única institución coherente era el Ejército. En el fondo, la Dictadura era heredera de las críticas de Macías Picavea y Joaquín Costa a la Restauración. El triunfo de los militares españoles era expresión de «una voluntad de convivencia que se sobrepone a los deseos de disolución»[80].

En aquellos momentos, su interés se centró en la articulación ideológica de un proyecto de vertebración nacional, y lo hizo a través de un análisis de los mitos hispánicos más representativos: Don Quijote, Don Juan y la Celestina. Siguiendo sus anteriores planteamientos de *La crisis del humanismo*, Maeztu presenta a Don Quijote como representación del Amor; a Don Juan, del Poder, y a la Celestina, del Saber; es decir, eran la versión española de los tres atributos divinos. La solución al problema español radicaba en la armonización de tales atributos divinos. En ese sentido, buscó una época histórica en que la nación española encontró la síntesis salvadora, y fijó su interés en el Siglo de Oro, como ejemplo a seguir. El Siglo de Oro reflejaba, en su arte, en su política, en su arquitectura, «una voluntad de idea y de creencia que sobrepone la realidad a la evidencia de los sentidos y al natural discurso». Los sujetos sociales de aquel proyecto sobrehumano habían sido el hidalgo y el sacerdote. No obstante, Maeztu juzgaba que el principal defecto de aquella época había sido el «menosprecio de las cosas temporales». La superación de aquella aporía no era otra que la síntesis del ideal mundano y el ideal ultramundano, de modernización y de tradición, del Poder, del Saber y del Amor; es decir, la canalización del desa-

---

[79] Ibídem, pp. 205 ss.

[80] Ramiro de MAEZTU, «La decadencia de Occidente» (1923), en *Las letras y la vida en el período de entreguerras*, Madrid, 1958, pp. 325 ss.

rrollo económico basado en los principios católicos: «El valor absoluto no será absoluto si no incluye el mundo»[81].

En febrero de 1927, Maeztu quemó sus naves. Abandonó *El Sol*, diario liberal en el que colaboraba desde 1921, y se afilió, tras una conversación con Primo de Rivera, a la Unión Patriótica, colaborando en *La Nación*.

Por su parte, Eugenio d'Ors, ya en Madrid tras su defenestración barcelonesa, pero incólume en sus ideales políticos, fue mucho menos militante que Maeztu en su apoyo a la Dictadura. Poco antes del golpe de Estado, comenzó a colaborar en el diario *Abc*, donde intentó divulgar entre el público español las doctrinas de Maurras, Sardinha y Carl Schmitt; luego, inició la publicación de su tragedia *Guillermo Tell*, muy mal recibida por la crítica liberal y de izquierdas por su exaltación del principio de autoridad[82]. Constituido el Directorio civil, Eduardo Aunós creó la Escuela Social y nombró al filósofo catalán profesor de Ciencia de la Cultura. Con motivo del traslado de los restos de Ángel Ganivet a España, que los intelectuales antiprimorriveristas quisieron convertir en un acto de denuncia de la Dictadura, D'Ors pronunció un discurso discrepando ostensiblemente de las posturas de los disidentes. En 1927, Primo de Rivera impuso a la Academia de la Lengua que designara miembros regionales, y entre ellos fue elegido el filósofo catalán. E igualmente fue nombrado representante de España en el Instituto de Cooperación Intelectual[83].

Las insuficiencias del primorriverismo se pusieron aún más de relieve en la convocatoria de la Asamblea Nacional Consultiva. Era la señal inequívoca de que lo que en un primer momento se había presentado como una dictadura meramente comisaria pretendía convertirse en soberana. El anuncio de la convocatoria fue muy mal recibido por la vieja clase política liberal-conservadora y por los socialistas. Políticamente inoperante, lo más transcendente de la Asamblea fue su proyección constitucional. Su Sección Primera recibió del dictador el encargo de elaborar un anteproyecto de constitución, basado en los supuestos de la unidad nacional, confesio-

---

[81] Ramiro de MAEZTU, *Don Quijote, Don Juan y la Celestina*, Madrid, 1926, pp. 55, 87 y 128 ss.

[82] Véase Enric JARDÍ, *Eugenio d'Ors*, Barcelona, 1968.

[83] Véase Genoveva GARCÍA QUEIPO DE LLANO, *Los intelectuales y la Dictadura de Primo de Rivera*, Madrid, 1987.

nalismo católico, unicameralismo y antiparlamentarismo. Los componentes de la Sección eran de filiación netamente conservadora: Goicoechea, Silió, Gabriel Maura, Pemán, Yanguas Messía, Víctor Pradera, Juan de la Cierva; también fue designado Maeztu, pero por muy poco tiempo, ya que el dictador no tardó en enviarle a la Argentina como embajador.

El resultado de los trabajos de la Sección Primera fue un producto híbrido que intentó armonizar el corporativismo y el tradicionalismo con el liberalismo doctrinario. Sus principales fautores fueron Gabriel Maura y Antonio Goicoechea. El proyecto era antiparlamentario: el Gobierno no dependía del Parlamento ni necesitaba su confianza; se suprimía el Senado por una cámara mixta, elegida una parte por sufragio universal, también femenino, y otra por derecho propio y nombramiento real, así como de elección corporativa. El corporativismo laboral adquiría rango constitucional. La pieza clave del proyecto era el Consejo del Reino, cuya función era asesorar al monarca[84].

Al hacerse público su contenido, la reacción no se hizo esperar. No fueron sólo los socialistas, liberales y «viejos políticos» los que lo rechazaron; lo mismo hicieron Calvo Sotelo y el propio Primo de Rivera. Tan sólo los católicos de Ángel Herrera manifestaron, en un primer momento, su apoyo al proyecto, pero luego, ante el rechazo generalizado, lo criticaron por su excesivo progresismo[85].

Para entonces, los días de la Dictadura estaban contados. Enemistado con la aristocracia, los empresarios, el Ejército y el propio Monarca, Primo de Rivera dimitió a finales de enero de 1930. Su caída y sustitución por el general Dámaso Berenguer ahondaron en la crisis de legitimidad que atenazaba a la Monarquía desde hacía años. El apoyo de Alfonso XIII a la Dictadura dejó al sistema prácticamente sin liberales. Niceto Alcalá Zamora y Miguel Maura se declararon republicanos; otros monárquicos, como Manuel Burgos Mazo, Ángel Ossorio, etc., pidieron cortes constituyentes. Un importante sector de intelectuales, acaudillado por Ortega y Gasset, al que se unieron Ramón Pérez de Ayala, Gregorio Marañón, etc., fundó la Agrupación al Servicio de la República. Ortega publicó su famoso

---

[84] Mariano García Canales, *El problema constitucional en la Dictadura de Primo de Rivera*, Madrid, 1980.

[85] «Ante la nueva Constitución», *El Debate*, 7 de julio de 1929; «Teoría y práctica», *El Debate*, 23 de julio de 1929.

artículo «El error Berenguer», en el que atacaba al régimen, finalizando con un «*Delenda est Monarchia!*»[86].

Mientras tanto, aparecieron nuevo grupos de extrema derecha, como la Unión Monárquica Nacional, que agrupó a los primorriveristas; el Partido Nacionalista Español, del doctor José María Albiñana Sanz; la Juventud Monárquica Independiente, dirigida por Eugenio Vegas; Reacción Ciudadana, etc. De vuelta a España, Ramiro de Maeztu defendió que la verdadera constitución española no era la del 76, sino la «Monarquía militar», porque en una sociedad tan fragmentada y dividida como la española la única fuerza unitaria seguía siendo el Ejército y, en consecuencia, la democracia llevaría al caos social y político[87].

Tanto monárquicos como republicanos cometieron errores profundos. Los primeros carecieron de otro proyecto que el mero retorno a la situación anterior a la Dictadura, mientras que los segundos no dudaron en recurrir, aunque infructuosamente, a la rebelión militar, con las intentonas de Jaca y Cuatro Vientos. Finalmente, cayó Berenguer, sustituido por el almirante Aznar, quien convocó para abril de 1931 elecciones municipales, cuyo resultado fue la caída de la Monarquía. Un nuevo y dramático período se abría para la sociedad española.

---

[86] José ORTEGA Y GASSET, *Rectificación de la República*, Madrid, 1972.

[87] Pedro Carlos GONZÁLEZ CUEVAS, *Maeztu. Biografía de un nacionalista español*, Madrid, 2003.

Capítulo III

De la II República a la guerra civil

1. LA IZQUIERDA EN EL PODER

Era evidente que, dada la constelación de fuerzas políticas y sociales que propiciaron su advenimiento, la II República nacía escorada a la izquierda[1]. Por vez primera en sesenta años, el liberalismo de izquierda y el socialismo reformista ocupaban el poder. Pero, pese a la facilidad aparente de su triunfo, las izquierdas españolas se hallaban profundamente divididas en sus proyectos políticos y sociales. Las dos grandes tendencias del movimiento obrero, socialistas y anarcosindicalistas, tenían ideas muy distintas sobre la naturaleza del proceso sociopolítico que se abrió paso en abril de 1931. Incluso en el propio socialismo existía una clara división entre reformistas y revolucionarios. Los anarquistas, por su parte, negaron, tal era su tradición, cualquier tipo de colaboración a las nuevas instituciones republicanas, y propugnaron la revolución social para instaurar el comunismo libertario. La izquierda republicana adolecía no sólo de una muy escasa base social, sino de una profunda ambigüedad ideológica: demoliberal y jacobina a un tiempo.

El nuevo régimen nació de una clara voluntad de ruptura con el pasado más inmediato. Y, en ese sentido, supuso el más serio intento de transformación de la sociedad y del Estado propiciado hasta entonces en nuestro país. Sentó los principios de igualdad ante la ley, laicismo, autonomía regional, reforma social y económica. Pero en muchos casos los intentos fueron puramente voluntaristas, dada la escasa base social de los gobiernos, la división de las izquierdas o la precariedad del aparato estatal. Como era de esperar, la aplicación del tales proyectos encontró la resistencia de los sectores más

[1] La mejor historia de la II República es la de Stanley G. Payne, *La primera democracia española. La Segunda República, 1931-1936*, Barcelona, 1995. Véase también Fernando del Rey Requillo (dir.), *Palabras como puños*, Madrid, 2011.

representativos de la derecha social y política. No era para menos. Los grandes temas se convirtieron pronto en grandes problemas generadores de conflictos. Así ocurrió con las relaciones Iglesia-Estado, ya que los proyectos de secularización desembocaron en una clara ofensiva anticlerical; y lo mismo podemos decir de los intentos de reforma agraria o de descentralización estatal. Todos estos intentos de reformas, asumidos en la Constitución de 1931, provocaron, a derecha e izquierda, y desde el principio, graves tensiones políticas y sociales, y crearon profundos resentimientos en los grupos de interés afectados que se extendieron luego al conjunto de la sociedad. Los dirigentes republicanos fueron, en ese sentido, incapaces de lograr un consenso básico en la mayoría de la población. De ahí que un analista político tan agudo como Guglielmo Ferrero no dudara en calificar a la II República española de «forma de gobierno prelegítima», es decir, un régimen que «tiene necesidad de ser sostenido contra la oposición abierta o soterrada que, por todas partes, encuentra en sus intentos para sostenerse»[2].

Con frecuencia se ha llamado a la II República «la República de los intelectuales». Indudablemente, un importante sector de la intelectualidad tuvo, en principio, un papel muy significativo en su advenimiento. Pero luego fueron las elites intelectuales las primeras en deslegitimar al nuevo régimen. Como tendremos oportunidad de ver, Ortega y Gasset no tardó en criticar el desarrollo de los acontecimientos, para al final tirar la toalla, ante una realidad que rebasaba ampliamente sus planteamientos. Salvador de Madariaga, tras ocupar embajadas, ministerios y cargos en la Sociedad de Naciones, terminó propugnando un régimen autoritario y corporativo. Luis Araquistain, después de un momento de euforia republicana, se mostró partidario de la dictadura del proletariado. Ramiro de Maeztu no vio otra tabla de salvación que una dictadura militar que restaurara la Monarquía. Eugenio d'Ors se autoexilió tras la caída de la Monarquía y se erigió en defensor de una «Política de Misión», cuyo principal exponente era el Portugal de Oliveira Salazar.

De hecho, la II República no produjo ninguna obra de teoría política digna de recuerdo o de tenerse en cuenta. Inútil buscar en las obras de Luis Araquistain o de Julián Besteiro algún eco del

---

[2] Guglielmo FERRERO, *El Poder. Los Genios invisibles de la ciudad*, Madrid, 1988, p. 142.

Primer consejo de ministros tras la proclamación de la II República en 1931. En esta foto los intelectuales (Azaña, Casares y De los Ríos) aparecen enfrentados a los políticos de carrera (Lerroux, Largo Caballero, Portela...). Niceto Alcalá Zamora preside la reunión. *Archivo Anaya.*

socialismo europeo más creativo intelectualmente, o un adarme de originalidad. Años después, lo reconocería, ya en el exilio, el propio Araquistain:

> Algunos amigos y yo marxistizamos un poco en la revista *Leviatán* durante dos o tres años de la República, pero sin entrar muy a fondo en el tema y más bien con propósitos de vulgarización. En suma, repito: de verdaderamente original, nada[3].

Y lo mismo podemos decir en el caso de los republicanos. En realidad, donde es posible encontrar un mejor reflejo del proyecto

[3] Luis ARAQUISTAIN, *El pensamiento español contemporáneo*, Buenos Aires, 1968, p. 99.

republicano de izquierdas es en los discursos y escritos de Manuel Azaña Díaz. Nacido de una familia burguesa en 1880, Azaña quedó marcado por el carácter de la enseñanza confesional en la Universidad María Cristina de El Escorial, regentada por los agustinos, a la que sometió a dura crítica en su novela autobiográfica *El jardín de los frailes,* obra carente de tensión narrativa, cuyo único interés histórico radica en mostrarnos algunas de las obsesiones permanentes del político republicano, como era el papel del clero en la sociedad española y la interpretación tradicionalista de la historia nacional. Aquella interpretación histórica se caracterizaba por «su aridez inhumana» y, sobre todo, en la vinculación absoluta de la nación española con la monarquía católica del siglo XVI[4]. En el fondo, Azaña aspiró a ser un Menéndez Pelayo al revés, su gran contradictor. Frente a la tradición católica imperial, oponía «la tradición humanitaria y liberal», «un arroyuelo murmurante de gentes descontentas»[5]. Y es que, a su juicio, desde el siglo XVI, con la derrota de los comuneros ante Carlos V, quedó cortado «el normal desenvolvimiento del ser español»[6]. De tal trayectoria histórica se derivaba la debilidad del liberalismo español. Azaña negó la existencia de una auténtica revolución liberal en España. Los moderados canalizaron el pacto de los escasos liberales españoles

> con la realeza, más aún: con la dinastía. Transigen con la Iglesia, y en apoyo del Estado, nacido de la Revolución, llamaron a las potestades en cuyo menoscabo la Revolución se había hecho.

El precio de aquellas transacciones fue nada menos que «la libertad de conciencia, es decir, lo más valioso del principio liberal». Cánovas había sido el creador del «sistema más irreal de la historia española»; un sistema que proscribía «el examen de las realidades del cuerpo español». Todo lo cual explicaba la facilidad del triunfo de la Dictadura primorriverista, auspiciada por el rey, la Iglesia y el Ejército. Contra esta supervivencia del Antiguo Régimen, Azaña propugnó «una ideología poderosa, armazón de las voluntades

---

[4] Manuel AZAÑA, *El jardín de los frailes*, Madrid, 1981, p. 106.

[5] Manuel AZAÑA, Discurso del 9 de abril de 1933, en *Obras completas,* t. II, Madrid, 1990, pp. 693-694.

[6] Manuel AZAÑA, «El Idearium de Ganivet», en *Plumas y palabras,* Barcelona, 1978, pp. 57 ss.; *Obras completas,* t. II, Madrid, 1990, pp. 228 ss.

tumultuarias», que emancipase de una vez por todas a la sociedad española de «la historia». Pero el líder republicano no paraba ahí. Su valoración del espíritu noventayochista era igualmente muy negativa, porque «innovó, transformó los valores literarios. Ésta es su obra. Todo lo demás está lo mismo que ella lo encontró»[7]. Inquina que se extendía al grueso de la elite intelectual. Su hostilidad hacia Ortega y Gasset era manifiesta:

> Ortega ha puesto al alcance de las damas y de los periodistas el vocabulario de la filosofía. Una cosa es pensar; otra, tener ocurrencias. Ortega tiene ocurrencias [...]. Quédese en revistero de salones. Su originalidad consiste en haber tomado la Metafísica por trampolín para su arribismo y de sus ambiciones de señorito.

No salía mejor parado Eugenio d'Ors:

> Si España fuese una colonia o un país protegido, la metrópoli o el Estado protector nos enviaría a Eugenio d'Ors.

El más criticado era, sin embargo, Ramiro de Maeztu, quien le parecía

> algo loco, fanático, *poseur* y un mucho farsante. Carece de buena instrucción y descubre Mediterráneos[8].

Sin embargo, nada existe en su obra que revele una capacidad análoga a los destinatarios de sus diatribas. Azaña fue incapaz de escribir algo ni remotamente parecido a *España invertebrada*, *La rebelión de las masas*, *La bien plantada* o *La crisis del humanismo*. En el fondo, su formación intelectual era muy sumaria, y en modo alguno puede considerársele un pensador político de altura. No existe en sus escritos un diálogo con lo más creativo del pensamiento o la filosofía política de los siglos XIX y XX. Marx no aparece; tampoco Max Weber o Carl Schmitt. Su provincianismo cultural fue proverbial. El mundo de Azaña era el de la España decimonónica, al lado de la III República francesa: Juan Varela, Ganivet, los noven-

---

[7] Manuel AZAÑA, *Obras completas*, t. I, Madrid, 1990, p. 557.

[8] Manuel AZAÑA, «Diarios íntimos y cuadernillos de apuntes. Madrid: 1927» y «Cuadernillo de apuntes: 1912-1915», en *Obras completas*, t. III, Madrid, 1990, pp. 866 ss. y 887 ss.

tayochistas y poco más. En su obra no aparece la menor reflexión sobre la revolución rusa, el fascismo, el nacionalsocialismo o el *New Deal*. La crisis del modelo capitalista liberal o del parlamentarismo clásico no pareció conmoverle lo más mínimo. Y leemos sus célebres diarios de los años 1932-1933 y vemos la ausencia del menor comentario sobre el significado político e internacional de la subida de Hitler al poder. De la misma forma, su falta de interés por los temas económicos resultó proverbial.

Azaña no fue un mero reformista liberal. Como ha destacado Manuel Aragón, su liberalismo es revolucionario, encaminado hacia «la total transformación de las instituciones»[9]. Típico constructivista, aspiraba a diseñar una nueva España poco menos que *ex nihilo*. Como dijo en una de sus más celebradas conferencias:

> En el estado presente de la sociedad española, nada puede hacerse útil y valedero sin emanciparnos de la historia. Como hay personas heredo-sifilíticas, así España es un país heredo-histórico [...]. Ninguna obra podemos fundar en las tradiciones españolas, sino en las categorías universales humanas[10].

Azaña subestimó claramente a sus adversarios y enemigos de la derecha y a instituciones como la Iglesia católica, a la que daba socialmente por muerta. No hubo, por su parte, el menor intento de pacto; no distinguió entre adversarios y enemigos. Como sabemos, el conjunto de la derecha española no era demócrata, ni tan siquiera liberal; pero actitudes como la de Azaña no hicieron sino radicalizar aún más sus posiciones. El político alcalaíno careció de tacto y altura de miras a la hora de plantear siquiera la posibilidad de un pacto. En sus memorias, el desdén e incluso el desprecio hacia personajes de la derecha, como Ángel Herrera, resulta significativa. Cuando se entrevistó con él, de cara a la posibilidad de diálogo sobre temas fundamentales como la unidad nacional o el rol de la Iglesia católica en el nuevo régimen, Azaña se ensañó con el director de *El Debate*, calificándole despectivamente de «jesuita

---

[9] Manuel ARAGÓN, «Introducción» a *La velada en Benicarló*, de Manuel AZAÑA, Madrid, 1974, pp. 20 y 26. Véase también, en ese sentido, Juan MARICHAL, *La vocación de Manuel Azaña*, Madrid, 1971, pp. 137 ss.

[10] Manuel AZAÑA, «Tres generaciones...», en *Obras completas*, t. I, Madrid, 1990, p. 634.

de capa corta», «risible y sin ningún interés»[11]. Pero donde el desprecio y la altanería del alcalaíno llegan a extremos grotescos fue ante el bienintencionado Manuel Giménez Fernández, uno de los pocos demócratas de la CEDA, con quien tuvo un encuentro tras la victoria frentepopulista de febrero de 1936. Lo más significativo no fue que considerara al líder católico un «conservador utópico», «de aspecto tosco», sino su poco verosímil respuesta a la requisitoria de moderación:

> Tienen ustedes que convencerse —le dije riendo— de que la derecha de la República soy yo y ustedes unos aprendices extraviados[12].

Azaña fue implacable en su designio secularizador. Con escasa prudencia política, sostuvo, en su célebre discurso del 13 de octubre de 1931, que España había «dejado de ser católica». Y que la revolución política que había supuesto el advenimiento de la II República era inseparable de la implantación del laicismo de Estado «con todas sus inevitables consecuencias», lo que llevaba a la prohibición del ejercicio de la enseñanza a las órdenes religiosas. Era una «cuestión de salud pública» sobre la que no se podía transigir ni pactar[13].

El texto constitucional de 1931 fue aprobado por republicanos y socialistas, sin apenas participación del conjunto de las derechas. El contenido de muchos de sus artículos suponía un claro desafío a sus creencias más arraigadas e intereses: separación de la Iglesia y el Estado; posibilidad de nacionalización y socialización de la propiedad; plena secularización de las instituciones; prohibición a las órdenes religiosas de ejercer la industria, el comercio y la enseñanza; disolución de la Compañía de Jesús; jurisdicción civil sobre los cementerios, etc.[14].

La reacción de las derechas no se hizo esperar. Antonio Goicoechea consideró el texto constitucional una «carta otorgada» del Partido Socialista al resto de la sociedad, lo que suponía una «barre-

---

[11] Manuel AZAÑA. *Memorias políticas y de guerra*, t. I, Barcelona, 1980, p. 137.

[12] Manuel AZAÑA, *Memorias políticas y de guerra*, t. II, Barcelona, 1980, pp. 20-21.

[13] *Diario de Sesiones del Congreso*, 13 de octubre de 1931, en *Obras completas*, t. II, Madrid, 1990.

[14] Véase Bartolomé CLAVERO, *Manual de historia constitucional de España*, Madrid, 1991.

ra infranqueable» para las derechas[15]. Ángel Herrera, por su parte, juzgó «muerta» la Constitución, no sólo por su contenido anticlerical, laicista y secularizador, sino por su carácter parlamentario[16]. El exiliado Alfonso XIII la condenó como inspirada por «unas Cortes sectarias», «de espaldas al verdadero sentido del pueblo español»[17]. Incluso el republicano Niceto Alcalá Zamora quedó insatisfecho con su contenido. Y en vísperas del estallido de la guerra civil publicó su obra *Los defectos de la Constitución de 1931*, donde denunciaba la «desnaturalización del 14 de abril», a que había llevado la actuación de las cortes constituyentes y el gobierno de Azaña[18].

La derecha católica optó por el revisionismo constitucional, en un sentido corporativo y autoritario, pero aceptando, en principio, la legitimidad de las instituciones. Monárquicos y carlistas promovieron, desde el principio, la insurrección y/o el golpe de Estado militar. Lo mismo que los representantes del fascismo español, nacido en el período republicano. Uno de los grandes *handicaps* de la II República fue el de la inexistencia de una derecha genuinamente republicana.

2. ORTEGA Y GASSET: EL FRACASO DE LA DERECHA REPUBLICANA

No faltaron, desde luego, líderes y partidos políticos que pretendieran ocupar ese espacio; pero, en general, carecieron no sólo de proyecto político coherente, sino, lo que es más importante, de apoyos sociales. Como sabemos, no existía tradición republicana en el grueso de la derecha española. Niceto Alcalá Zamora, ex ministro liberal de la Monarquía, y Miguel Maura, hijo del líder conservador, fueron los únicos tránsfugas del régimen anterior. A ellos habría que sumar la equívoca figura de Melquíades Álvarez, antiguo dirigente del Partido Reformista, cuya tragedia política fue parecer excesiva-

[15] Antonio GOICOECHEA, *Posición de las derechas en el momento actual*, Madrid, 1931, p. 20.

[16] Ángel HERRERA, *Obras selectas*, Madrid, 1963, pp. 36 ss.

[17] *Habla el Rey*, Madrid, 1955, pp. 341-342.

[18] Niceto ALCALÁ ZAMORA, *Los defectos de la Constitución de 1931 y tres años de experiencia constitucional*, Madrid, 1936.

mente avanzado durante la Monarquía y demasiado conservador a lo largo del período republicano, lo que terminó por costarle la vida.

En un primer momento, el porvenir de los conservadores republicanos, con las derechas tradicionales desorganizadas, parecía muy prometedor. La Derecha Liberal Republicana, acaudillada por Alcalá Zamora y Maura, tuvo importante participación en el gobierno provisional. Alcalá Zamora ocupó la presidencia, y Maura, la cartera de Gobernación. Sin embargo, la actuación de este último al frente de su ministerio fue enormemente conflictiva y contribuyó, en no escasa medida, a la devaluación del capital político de que disfrutaba su partido desde el cambio de régimen. Bajo su mandato tuvieron lugar la tristemente célebre quema de conventos y la expulsión del cardenal Segura, lo que le granjeó la enemistad del conjunto de la opinión católica. Tanto Maura como Alcalá Zamora fueron incapaces, además, de frenar el ímpetu secularizador y socializante del nuevo gobierno republicano. La debilidad de su implantación e influencia acabó con la Derecha Liberal Republicana —abandonada por Maura—, que cambió su nombre por el de Partido Republicano Progresista. Cuando Alcalá Zamora es nombrado presidente de la República, Maura propugnó la revisión constitucional y lanzó la idea de un nuevo partido de derecha, que se concretó en la fundación del Partido Republicano Conservador, cuyos objetivos básicos eran la consolidación del nuevo régimen y la defensa del orden social «frente a los avances que sean extemporáneos de las fuerzas de extrema izquierda y de los partidos de la clase obrera». Los principios del nuevo partido fueron la revisión constitucional, la negociación de un concordato con el Vaticano, etc. Nunca pasó de ser un partido de notables. Tuvo un semanario, a modo de revista teórica, titulado *Nueva Política*, donde se publicaron los discursos de su líder y de los intelectuales adscritos al partido, como Recasens Siches, Javier Gómez de la Serna, etc. Por su parte, Melquíades Álvarez fundó, en mayo de 1931, el Partido Liberal-Demócrata, que tampoco pasó de ser un grupo de notables, con alguna fuerza en Asturias y Salamanca[19].

En realidad, el único intento de articular una derecha republicana digno de tenerse en cuenta a nivel de pensamiento político fue

[19] Véase Juan Avilés Farré, «La derecha republicana, 1930-1935», *Revista de Estudios Sociales*, n.º 16, enero-abril de 1976, pp. 88 ss., y, sobre todo, Luis Íñigo Fernández, *La derecha liberal en la II República española*, Madrid, 2000.

la Agrupación al Servicio de la República, dirigida por Ortega y Gasset. Un intento que, por diversas razones, tampoco llegó a cristalizar. La Agrupación había publicado, poco antes de la caída de la Monarquía, un manifiesto en el que expresaba su objetivo de «movilizar a todos los españoles de oficio intelectual para que formen un copioso contingente de propagandistas y defensores de la República». Difundió igualmente el grupo orteguiano una circular en la que se indicaban los puntos esenciales de su programa: Estatuto de Trabajo, declarando a todos los ciudadanos «trabajadores» y creando una sindicación forzosa de todos los españoles; economía organizada; descentralización administrativa, y separación de la Iglesia y del Estado. La Agrupación aspiraba a «fundir intelectuales y obreros» y a la creación de una sección juvenil[20].

Una vez proclamada la II República, el filósofo saludó favorablemente al nuevo régimen. La Agrupación se constituyó en partido político el 21 de abril de 1931. En las elecciones a Cortes constituyentes, consiguió catorce escaños. Las intervenciones parlamentarias de Ortega y Gasset hicieron más expreso su sólido conservadurismo, definiéndose por contraste frente a sus antípodas los republicanos de izquierda, cuyo radicalismo identificaba con «la violencia y la arbitrariedad partidista». En un principio, el filósofo alabó las reformas militares de Azaña; pero, poco a poco, fue distanciándose del régimen que tanto había contribuido a instaurar. En sus discursos, Ortega se mostró partidario de un «Estado fuerte», de un parlamento «magro y sobrio», de una democracia «poco parlamentaria y charladora». Igualmente, propugnó la generalización del autonomismo a toda España, con el objetivo de desvalorizar las reivindicaciones de los nacionalismos vasco y catalán. Y la elección del presidente de la República por asambleas regionales. Finalmente, criticó el proyecto constitucional, al que calificó de «epiceno»; la presencia de los socialistas en el gobierno, así como su política económica y la agresividad anticlerical de los republicanos de izquierda. En un resonante discurso, pidió la «rectificación» de la República y anunció la fundación de «un partido de dimensión enorme, de rigurosa disciplina, que sea capaz de imponerse, de defenderse frente a todos los partidos partidistas»; un partido que contase con los intelectuales,

---

[20] José ORTEGA Y GASSET, *Rectificación de la República,* Madrid, 1973, pp. 57 ss.

las clases medias y las nuevas organizaciones empresariales[21]. Tal fue la tesis de su discurso pronunciado en el cine de la Ópera el 6 de diciembre de 1931; pero su mensaje fue desoído, entre otros por Miguel Maura, a quien se había dirigido el filósofo.

Notable fue su discurso sobre el Estatuto de Cataluña, en el que acusó a los nacionalismos periféricos de particularismo,

> un sentimiento de dintorno vago, de intensidad variable, pero de tendencia sumamente clara, que se apodera de un pueblo o colectividad y le hace desear ardientemente vivir aparte de los demás pueblos o colectividades.

Cataluña adolecía de «señerismo», una voluntad de «vivir aparte», en el fondo incoercible, que tan sólo podía «conllevarse». No se mostró partidario de ceder a las instituciones autonómicas la enseñanza ni el orden judicial. Había que dar satisfacción, sin duda, al «anhelo regionalista», pero sin merma de la soberanía nacional[22]. Finalmente, el filósofo, desilusionado, optó por el abandono de la acción política. La Agrupación acabó disolviéndose.

Dentro de los grupos intelectuales afines a Ortega, desengañados por el fracaso de la Agrupación, surgió el llamado Frente Español, cuya principal figura era Alfonso García-Valdecasas. El 7 de marzo de 1932 publicó un manifiesto, donde aparecían las firmas de María Zambrano, Eliseo García del Moral, Salvador de Lissarrague y José Antonio Maravall, y cuyo contenido incidía en los conceptos orteguianos de comunidad nacional, corporativismo y exaltación de los valores espirituales[23]. García-Valdecasas acabó convirtiéndose en uno de los precursores del fascismo español. El manifiesto no tuvo repercusión alguna en la opinión pública; pero sí sus intervenciones en el Parlamento, como portavoz de la Agrupación, tras la dimisión de Ortega; sobre todo, sus críticas a la política económica y religiosa del gobierno azañista, lo mismo que a la radicalización izquierdista del PSOE. No es de extrañar que el grupo fascista JONS, del que trataremos en otro capítulo, le considerara como una «voz casi afín»[24].

---

[21] Ibídem, pp. 95 ss.
[22] Ibídem, pp. 209 ss.
[23] *Luz*, 7 de marzo de 1932.
[24] *JONS*, n.º 3, agosto de 1933.

Sin embargo, Ortega mantuvo, hasta el estallido de la guerra civil, su apoyo a la II República, a la que consideró como «inexcusable» y como «el destino... el único»[25].

3. LA REACCIÓN MONÁRQUICA: *ACCIÓN ESPAÑOLA*

Mientras tanto, las derechas tradicionales fueron reorganizándose; y no sólo a nivel estrictamente político, sino intelectual. Gracias a la ayuda económica de los marqueses de Pelayo, logró salir a la luz, en diciembre de 1931, el primer número de la revista monárquica *Acción Española*, organizada igualmente como sociedad de pensamiento y editorial. Su principal promotor fue el joven integrista Eugenio Vegas Latapié; el *maître-à-penser*, Ramiro de Maeztu, quien, desde 1934, dirigió la revista, tras una primera etapa bajo la dirección del conde de Santibáñez del Río. La revista, cuyo título era de claras resonancias maurrasianas, pretendió, ante todo, actualizar el pensamiento tradicionalista español y servir de aglutinante al conjunto de la derecha tradicional de cara al retorno de la Monarquía. No obstante, en modo alguno puede considerársele como un mero remedo de *L'Action Française*, de Charles Maurras, ya que el positivismo que servía de base a la construcción maurrasiana fue explícitamente condenado por Maeztu, al igual que su agnosticismo religioso y el nacionalismo omnicomprensivo. Su inspiración fue, ante todo y sobre todo, católica, y supuso una clara renovación de la tradición teológico-política española. Financiada por acaudalados miembros de la aristocracia, la revista consiguió congregar en sus páginas y en las conferencias y actos de la sociedad cultural a diversos sectores de la derecha nacional. Antiguos mauristas, como Calvo Sotelo y Goicoechea; carlistas, como Víctor Pradera; católicos accidentalistas, como el Marqués de Lozoya; primorriveristas, como Eduardo Aunós; falangistas, como José Antonio Primo de Rivera, Ramiro Ledesma Ramos o Ernesto Giménez Caballero; integralistas lusitanos, *tories* británicos, maurrasianos franceses y fascistas italianos.

Partiendo de la percepción de que la democracia liberal republicana llevaba, dada la situación española, a la revolución social, los promotores de la revista confiaban en el colapso más o menos

[25] ORTEGA, *Rectificación...*, pp. 251 ss.

próximo del sistema republicano y en la posibilidad de convertirse en la elite orientativa de una eventual dictadura militar previsible o preparada por ellos mismos. Realmente, las fuerzas sociales de las que eran expresión no estaban en condiciones de conquistar el poder de ninguna otra forma. A esta estrategia se refería Ramiro de Maeztu cuando hablaba de reproducir en *Acción Española* su vieja tesis de armonizar inteligencia y espada[26]. De ahí la participación de algunos de sus miembros en la intentona golpista del 10 de agosto de 1932, acaudillada por el general Sanjurjo, y luego su crítica al accidentalismo propugnado por la derecha católica de Herrera y Gil Robles. Lo que se concretó en la apología directa del golpe de Estado militar contra la legalidad republicana, teorizada, en sus páginas, por sacerdotes como Pablo León Murciego y, sobre todo, Aniceto de Castro Albarrán[27].

Al mismo tiempo, se intentó la síntesis de las distintas tradiciones de las derechas españolas: Menéndez Pelayo y Vázquez de Mella, González Arintero y Balmes, Cánovas y Donoso Cortés, Aparisi y Guijarro y Enrique Gil y Robles, etc. Integrismo, catolicismo social, tradicionalismo carlista, conservadurismo, interés por la experiencia corporativa italiana; todo lo cual, por debajo de las discrepancias de matiz, confluía en un «programa de restauración integral», cuyos puntos esenciales eran «Religión, Familia, Propiedad, Orden y Trabajo»[28].

El núcleo esencial del proyecto político fraguado en torno a la revista es el de «tradición», es decir, un proceso de continuidad deliberada a través de una selección de aquellos elementos significativos del pasado, recibidos y recuperados, que otorgaban legitimidad política y social a instituciones como la Monarquía y la Iglesia católica. Como señalara el carlista Víctor Pradera: «Tradición no es todo lo pasado [...]; es el pasado que sobrevive y tiene la virtud para hacerse futuro»[29]. Aquí entraba el concepto de nación, cuya función era establecer el nexo entre el pasado, el presente y el futuro. Según Maeztu, la nación no dependía del suelo, ni de la raza, ni de la

---

[26] *Acción Española*, n.º 46, 1 de febrero de 1934, p. 1021.

[27] «El deber de resistencia», *Acción Española*, n.º 43, 16 de julio de 1933, pp. 241 ss.; «La sumisión al poder ilegítimo», *Acción Española*, n.º 39, 16 de diciembre de 1933.

[28] «A los dos años», *Acción Española*, n.º 43, 16 de diciembre de 1933, p. 549.

[29] Víctor PRADERA, *El Estado nuevo*, Madrid, 1935, p. 25.

economía, ni de la lengua, ni de otros factores singularmente tomados; lo que la hacía surgir y permanecer era el «espíritu» dominante, «un nexo, una comunidad espiritual, que es al mismo tiempo un valor de historia universal»[30]. Esa idea nacional se configura como una amalgama de universalismo cristiano, voluntad de afirmación dinástica y tradicionalismo católico. A ese respecto era esencial la figura de Menéndez Pelayo, en cuya obra los monárquicos encontraron el paradigma historiográfico a través del cual una forma de enseñanza patriótica y nacionalista pudiera ser articulada para frenar los avances de la aborrecida secularización. La nación española era inexplicable sin el componente católico, y la supervivencia nacional se encontraba condicionada a la continuidad del «espíritu» católico. La historia de España comprendía momentos verdaderos y momentos falsos, que engendraban un proceso cíclico de decadencia y ascenso, que siempre coincide con el apogeo del catolicismo como religión de Estado y la forma de gobierno monárquica, pero con clara preponderancia del factor religioso. Así, dice Eugenio Montes: «Toda la historia de España es, en el más ambicioso sentido del vocablo, historia eclesiástica»[31].

La nación española nace de la síntesis de la herencia romana y cristiana. Tras las caída del Imperio romano, el cristianismo asume con Recaredo el papel de religión de Estado, lo que supone la definitiva cristalización política y simbólica de la nación. La invasión árabe va a poner de manifiesto la enorme potencia integradora del cristianismo. La España reunida en Covadonga continúa fiel a su «misión» providencial, es decir, defender el suelo patrio de la catolicidad. El ideal de Reconquista se encarna en Castilla, quien la condujo, a través de su estilo y su lengua. El papel desempeñado por árabes y judíos fue esencialmente negativo. La españolía auténtica rechazó ambos factores. De hecho, el «carácter nacional» se forjó en la lucha contra esos pueblos. Con los Reyes Católicos se consigue la unidad nacional y espiritual. Fiel a su destino providencial, España fue la única nación europea que se mantuvo fiel a su sustancialidad católica. En 1492 no sólo se logra la unidad nacional, sino que, con el descubrimiento de América, nace la «Hispanidad», base de la «cultura universal», de la «unidad moral de todos los hombres».

---

[30] Ramiro de MAEZTU, *Defensa de la Hispanidad*, Madrid, 1934, p. 32.

[31] «Discurso a la Catolicidad española», *Acción Española*, n.º 50, 1 de abril de 1934.

A lo largo de los siglos áureos, España se convierte, pues, en instrumento del catolicismo. La decadencia nacional se inicia en el siglo XVIII por la discontinuidad del ideal católico. Se trata de un siglo mimético, vulgar imitador de la cultura francesa y de los postulados secularizadores de la Ilustración. Esta decadencia se prolonga a lo largo del siglo XIX con el triunfo del liberalismo, lo que es sinónimo de fragmentación, disgregación y descomposición. Las guerras carlistas fueron un conflicto religioso, no dinástico; la caída de Isabel II, una consecuencia del liberalismo; la I República, el punto de máxima dispersión de la historia española. Pero la Restauración canovista tampoco llegó a ser una alternativa plausible y positiva a ese proceso degenerativo, por su pacto con el liberalismo y su incapacidad para la defensa de la sociedad frente a las nuevas fuerzas subversivas, liberalismo democrático, socialismo y comunismo, que iban abriéndose paso[32].

La crisis de la modernidad exigía un retorno a la tradición hispánica, adaptada a la nueva situación. El fin del *laissez faire*, la emergencia del comunismo y del fascismo habían puesto en cuestión los fundamentos de la sociedad liberal. En consecuencia, era necesario edificar un nuevo Estado monárquico, intervencionista y corporativo. Frente a la República, la Monarquía tradicional y confesionalmente católica, como garante de la unidad nacional y de la defensa social. El rey es muy superior en visión de la política al hombre corriente, y juzga las relaciones políticas interiores y exteriores mejor que los súbditos y los políticos profesionales. De la situación propia, y no derivada, del monarca, se deduce, además, la mayor imparcialidad y justicia social de la Monarquía. Además, la Monarquía tradicional defendía la unidad nacional, garantizando, al mismo tiempo, una amplia descentralización. Y es que la descentralización exigía el mando único en la jefatura del Estado, no dependiente del sufragio universal. Un poder central fuerte podría descentralizar sin peligro para la unidad nacional[33].

---

[32] Zacarías GARCÍA DE VILLADA, *El destino de España en la Historia universal*, Madrid, 1936; Ramiro de MAEZTU, *Defensa de la Hispanidad*, Madrid, 1934; Pedro SAINZ RODRÍGUEZ, *La tradición nacional y el Estado futuro*, Madrid, 1935.

[33] Ramiro de MAEZTU, «La Monarquía y la lucha de clases», *Abc*, 13 de octubre de 1934; Miguel HERRERO GARCÍA y José BERTRÁN GÜELL, «Poder y descentralización», *Acción Española*, n.º 4, 1 de febrero de 1932, p. 358.

La Monarquía tradicional se vincula al sistema corporativo. En las Cortes tendrían representación, no los individuos, a través del sufragio universal, sino las clases, la magistratura, el Ejército, la Iglesia y la aristocracia. Pieza esencial en la constitución del nuevo régimen sería el Consejo del Rey, que asesoraría al monarca, aportándole «cuanta ciencia política atesorara y cuanta experiencia y rectitud les adornaban»[34].

Este régimen autoritario-corporativo defendería igualmente el orden económico capitalista. En la revista, las páginas económicas corrieron a cargo de José Calvo Sotelo. Como sabemos, el antiguo maurista consideraba disfuncionales las fórmulas del capitalismo liberal, lo que hacía precisa la edificación de un Estado interventor, gestor colectivo de índole subsidiaria del capital privado. La «economía dirigida» operaría eficazmente como factor de racionalización del aparato productivo, de la superación de los desequilibrios y de las crisis cíclicas que en el capitalismo se producían periódicamente. El modelo económico debería seguir la orientación hacia adentro. Junto al intervencionismo, el proteccionismo y el nacionalismo. Lo que llevaba consigo el fomento de la iniciativa privada y el estímulo a las industrias nacionales, el establecimiento de limitaciones y obstáculos diversos a la inversión extranjera, etc.[35].

Complemento e instrumento ideal de ese proyecto era el corporativismo laboral, cuyo máximo teorizante en la revista fue Eduardo Aunós, quien defendió su modelo católico-social del período primorriverista con algunas modificaciones. La representación del trabajo y del capital convergería en el Consejo Superior de las Corporaciones, dependiente de la presidencia del Consejo de Ministros. Cuatro clases de representaciones, aparte de la del Estado, se reunirían en este Consejo: la patronal de las corporaciones de trabajo, agrícolas e industriales; la obrera; la de los consumidores —cooperativas, mutualidades, jefes de familia—, y la de los técnicos, elegidas por sus respectivos mandatarios en los consejos corporativos nacionales. Tal esquema corporativo era inseparable de un nuevo modelo de relaciones laborales, basado en el contrato colectivo de trabajo, en

[34] Víctor Pradera, *El Estado nuevo*, Madrid, 1935, pp. 197 y 225; Eduardo Aunós, «Hacia una España corporativa», *Acción Española*, n.º 34, 1 de agosto de 1933, p. 340.

[35] José Calvo Sotelo, *El capitalismo contemporáneo y su evolución*, Madrid, 1935.

virtud del cual el Estado aceptaba a su lado, para la creación de derecho, a los grupos sociales interesados en la representación de los intereses de sus miembros y llegar a acuerdos para fijar las normas que regularan las condiciones de trabajo[36].

A nivel internacional, la revista se mostró partidaria de la constitución de la comunidad hispánica de naciones: la Hispanidad, basada en los principios católicos. No se trataba de un ideal imperialista; era el proyecto de «convertir en una sola familia a todos los pueblos de la tierra». La Hispanidad llevaba implícita la idea de pluralidad, a semejanza de la Cristiandad; era el conjunto de los pueblos hispánicos, dando a esa palabra «su sentido latino y general», sin que ninguno de ellos, y tampoco España, tuviera derecho a monopolizarlo. Como diría Maeztu:

> Me parece esencial subrayar la pluralidad que el concepto de Hispanidad lleva implícito, porque nada haría tanto daño a nuestra idea de Nuevo Mundo como darle un tinte de imperialismo[37].

Acción Española ejerció influencia en el conjunto de la derecha tradicional, especialmente en la monárquica, representada primero por Renovación Española, bajo la dirección de Antonio Goicoechea, y sobre todo por el Bloque Nacional, cuyo principal dirigente era José Calvo Sotelo, en su intento de aglutinar a monárquicos alfonsinos y carlistas.

4. TRADICIONALISMO Y ACCIDENTALISMO: ACCIÓN POPULAR Y LA *REVISTA DE ESTUDIOS HISPÁNICOS*

En contraste con los monárquicos de *Acción Española,* la derecha católica accidentalista, dirigida por Ángel Herrera y José María Gil Robles, partidarios de la participación en las instituciones republicanas con el objetivo de transformarlas en un sentido autoritario, corporativo y confesional, no desarrolló una labor político-intelectual tan intensa. A lo largo del período republicano, los choques entre ambos sectores de la derecha fueron constantes. En opinión del

---

[36] Eduardo AUNÓS, «Hacia una España corporativa», *Acción Española,* n.º 27, 16 de abril de 1933, pp. 246-247.

[37] Ramiro de MAEZTU, *Defensa de la Hispanidad,* Madrid, 1934; «12 de octubre», *Abc,* 11 de octubre de 1935.

monárquico José Pemartín, la derecha accidentalista y sus dirigentes eran meros oportunistas de la acción, que sustituían ideologías y proyectos políticos con «fórmulas huecas de Manual de Tratado de Derecho Político»[38].

Con todo, y como tendremos oportunidad de mostrar, sus discrepancias fueron debidas, en muchas ocasiones, más a cuestiones de táctica política que a diferencias cualitativas de orden ideológico. Y es que la derecha católica accidentalista era, en el fondo, tan autoritaria como la específicamente monárquica.

A las dos semanas de proclamada la II República, se constituyó una nueva organización política de signo derechista, que adoptó el nombre de Acción Nacional, «rechazando —según diría José María Gil Robles, uno de sus promotores— el de Acción Española, para evitar fáciles equívocos»[39]. Y el 7 de mayo hizo público su primer manifiesto bajo el lema de «Religión, Familia, Orden, Trabajo, Propiedad». En el manifiesto, Acción Nacional se presentaba como dique contra la revolución y se autodefinía como una organización de «defensa social», que se proponía actuar en la vida pública dentro del sistema establecido «de hecho» para defender

> instituciones y principios no esencialmente ligados a una forma de Gobierno, sino fundamentales y básicos en cualquier sociedad que no viva de espaldas a veinte siglos de civilización cristiana[40].

Sin embargo, la candidatura de la nueva organización política no consiguió apenas representación parlamentaria en las elecciones a Cortes constituyentes. A finales de año, la jefatura de Acción Nacional recayó, por iniciativa de Ángel Herrera, en el joven abogado y diputado José María Gil Robles y Quiñones. Nacido en Salamanca en 1898, era hijo de Enrique Gil Robles, el ideólogo tradicionalista. Formado en la Asociación Católica Nacional de Propagandistas, colaboró con la Dictadura de Primo de Rivera. Su tesis doctoral, titulada *El Derecho y el Estado y el Estado de Derecho*, presentada en 1922, es una buena síntesis de su pensamiento político. Se trata de una obra profundamente influida por el tradiciona-

---

[38] «Cultura en defecto», *Acción Española*, n.º 55, 16 de junio de 1934, pp. 89-90.

[39] José María GIL ROBLES, *La fe a través de mi vida*, Bilbao, 1975, p. 98.

[40] *El Debate*, 7 de mayo de 1931.

lismo defendido por su padre, junto a la perspectiva de otros autores, como Ahrens, Bossuet, Santo Tomás, Balmes, Vázquez de Mella, Taparelli, Taine, etc. El liberalismo era presentado como producto del «individualismo igualitarista dominante en la Edad Moderna, que infundió en los espíritus y en los corazones un hábito de extraviada independencia»; y la Revolución francesa, «errónea en sus principios y doctrinas, injusta en sus fines e inmoral e inicua en sus procedimientos». Defendía, además, la restauración de los gremios, a los que consideraba un modelo que había que seguir ante los nuevos retos sociales:

> Hoy más que nunca, se siente la necesidad imperiosa de resucitarlo de alguna manera, de implantar alguna forma de representación profesional que corrija los defectos de la representación fundada en el pacto social[41].

Esta perspectiva tradicionalista le hizo rechazar el fascismo como alternativa política. Gil Robles consideró a los movimientos fascistas «inadmisibles para quien afirma los principios cristianos del Derecho Público», y es que el fascismo era «una manifestación más aguda del socialismo que hoy domina en los países modernos». En el fondo, se trataba de «la última fase de una revolución filosófica-política que comienza con el individualismo criteriológico y en el subjetivismo psicológico de Descartes, para concluir en el monismo panteísta de Hegel»[42].

Su ideal era entonces un régimen corporativo, sin partidos políticos —cuya existencia era un «mal» en sí mismo—, «un orden nuevo» y no una mera racionalización del pluralismo político y social, a través de una segunda cámara de representación orgánica. Gil Robles era partidario, siguiendo la experiencia del *Estado novo* portugués, de una implantación lenta, evolutiva, no traumática, de ese nuevo régimen:

> Lento ha de ser el proceso. No importa. Quizá en ello radique la misma seguridad del éxito. Lo que interesa es que, una vez emprendida la marcha, ni se haga alto ni se retroceda[43].

---

[41] José María GIL ROBLES, *El Derecho y el Estado y el Estado de Derecho*, Salamanca, 1922, pp. 15, 44 y 46 ss.

[42] *El Debate*, 21 de marzo de 1933.

[43] José María GIL ROBLES, «Su problema en España», en *La reforma del Estado*, de André TARDIEU, Madrid, 1935, pp. 33-34.

Bajo su presidencia fue aprobado el programa de Acción Nacional. A la cabeza aparecía, no el accidentalismo con relación a las formas de gobierno, sino la inhibición ante aquella problemática. Lo prioritario era la defensa del catolicismo amenazado por el anticlericalismo republicano. Íntimamente unida a ello, la defensa del nacionalismo frente al «universalismo pacifista y socialista» y «la degeneración malsana del regionalismo extremista», afirmando «la sustantividad de España». Otro punto esencial era la defensa de la propiedad privada, definida como «condición necesaria para el ejercicio provechoso de las actividades humanas y base insustituible y perpetua de toda organización digna de tal nombre». Era necesario, además, «vigorizar el principio de autoridad». Su programa social consistía en los supuestos reformistas del catolicismo social: accionariado obrero, salario familiar, seguros sociales, etc. Se consideraba inaceptable la Constitución de 1931, al ser obra de un solo partido, el socialista, al que se presentaba como enemigo de «todo conato de vida libre, digna y civilizada»[44].

En el Parlamento, Gil Robles se distinguió como orador elocuente y hábil. La mayoría de sus intervenciones estuvieron dirigidas a la defensa de los intereses de la Iglesia católica. Especialmente duras fueron sus críticas al carácter anticlerical del proyecto constitucional, propugnando un régimen concordatario y el reconocimiento de «la naturaleza divina de la Iglesia católica, así como su consideración como depositaria infalible de la verdad», lo que le llevaba a «condenar en el orden de los principios la libertad de conciencia». Criticó igualmente la instauración del divorcio, así como la concepción de la propiedad subyacente en el proyecto constitucional, lo mismo que el monopolio educativo estatal. En contra, propugnó la libertad de enseñanza y el principio de subsidiariedad[45].

Tras el fracaso de la intentona golpista acaudillada por el general Sanjurjo, los sectores accidentalistas se vieron obligados a una definición más clara de su actitud legalista. *El Debate* condenó la insurrección y recomendó a los líderes de Acción Popular, nueva denominación del partido exigida por el gobierno republicano, dar un paso más en el sentido de aclarar su relación con respecto a la II República, teniendo por norte las directrices de León XIII sobre el

---

[44] Inserto en Juan MONGE BERNAL, *Acción Popular*, Madrid, 1936, pp. 170-173.

[45] José María GIL ROBLES, *Discursos parlamentarios*, Madrid, 1969, pp. 19 ss.

acatamiento al orden establecido, aunque absteniéndose de manifestaciones de republicanismo explícito y manteniendo la bandera de la revisión constitucional[46]. Línea que triunfaría en la asamblea del partido celebrada en octubre.

Meses después, el 28 de febrero de 1933, tuvo lugar en Madrid, a instancias de Acción Popular y la Derecha Regional Valenciana, el congreso que dio lugar a la Confederación Española de Derechas Autónomas (CEDA), al que asistieron delegaciones de los distintos grupos accidentalistas. El congreso aprobó un programa de acusados perfiles contrarrevolucionarios. La CEDA declaraba, en el primero de sus puntos, que

> su finalidad principal y la razón fundamental de su existencia es el laborar por el imperio de los principios del derecho público cristiano en la gobernación del Estado, de la región, de la provincia y del municipio, sin más límite que la posibilidad de cada momento político.

Y, en ese sentido, expresaba «su más enérgica protesta contra el laicismo de Estado y contra las leyes de excepción, y de la persecución de que se ha hecho víctima a la Iglesia católica en España», pidiendo la anulación de todas las leyes de carácter anticlerical y laicista, lo que llevaba a la revisión constitucional. Se propugnaba el régimen corporativo, tanto a nivel político como social; el «robustecimiento del Poder ejecutivo»; regionalismo y municipalismo; defensa de la familia; libertad de enseñanza; rechazo de la lucha de clases, etc.[47].

A lo largo de su existencia, la CEDA fue un conglomerado mal articulado de grupos y tendencias dispares —conservadores autoritarios, tradicionalistas, democristianos, etc.—, donde el carisma de Gil Robles tuvo un papel esencial. Así, los ideólogos del partido católico elaboraron, aunque de forma rudimentaria, una suerte de ideología carismática, en la que Gil Robles aparecía como el «Jefe» e incluso el «Caudillo», cuya presencia en la vida pública adquiría un carácter providencial. Un caudillaje que para sus prosélitos enlazaba armónicamente con la defensa de la identidad católica espa-

---

[46] «Reafirmación de un credo y una conducta», *El Debate*, 8 de octubre de 1932.

[47] CEDA, *Programa aprobado en el Congreso de Acción Popular y entidades adheridas y afines convocadas para constituir la CEDA*, Madrid, 1933.

ñola. Era, en el fondo, un eslabón en la cadena de defensores de la tradición, desde el padre Zeballos al filósofo Rancio, pasando por Balmes, Donoso, Aparisi y Nocedal[48].

La táctica accidentalista dio, en un primer momento, buenos resultados electorales. En las elecciones de 1933, la CEDA consiguió ciento quince diputados, convirtiéndose en la primera fuerza política en el Parlamento. Gil Robles decidió, tras las elecciones, apoyar un gobierno presidido por el líder radical Alejandro Lerroux. Pero la participación de tres ministros cedistas en un nuevo gobierno provocó la insurrección socialista de octubre de 1934, que, en Asturias, sólo pudo ser sofocada por la intervención del Ejército; ello tuvo como consecuencia una radicalización aún más intensa de la vida política española y, en concreto, de la propia derecha católica, cuya perspectiva teológico-política se agudizó.

Así lo demuestra la salida a la luz, en enero de 1935, de la *Revista de Estudios Hispánicos*, cuyo perfil ideológico adquirió una enseña emblemática en la propia portada de la nueva publicación, donde se lucía con impresión roja una cruz floreada en cuyos brazos confluían los cuatro escudos medievales de Castilla, León, Cataluña y Navarra. El proyecto careció de originalidad; fue un mero plagio de *Acción Española*. Su declaración de principios y de intenciones, redactada por su director, el Marqués de Lozoya, no dejaba resquicio a la duda. La revista nacía bajo el patronazgo de Menéndez Pelayo, del pensador portugués Antonio Sardinha, de Milá y Fontanals y de Luis de Camóens. El enemigo era «la Revolución, cuyo pensamiento es siempre antagónico de España, por lo que España representa»[49].

El equipo intelectual de la revista fue reclutado en torno a los miembros de la Asociación Católica Nacional de Propagandistas, muchos de los cuales eran colaboradores de *Acción Española*. De ahí que la perspectiva teológico-política de la nueva publicación se hiciera explícita desde el primer momento, como pudo verse en el artículo del Marqués de Lozoya, significativamente titulado «Política y Teología», donde contraponía Donoso Cortés a Karl Marx, estableciendo, al modo donosiano, analogías entre la metafísica de una época y la acción de los hombres en sociedad. Si las derechas que-

---

[48] Juan MONGE Y BERNAL, *Acción Popular*, Madrid, 1936, pp. 212 ss.
[49] *Revista de Estudios Hispánicos*, n.º 1, enero de 1935, p. 1.

Mitin de Acción Popular, principal fuerza política de la CEDA, durante la campaña electoral de 1936. El carisma de su líder Gil Robles obtuvo, por parte de sus seguidores, un aprecio cercano al culto a la personalidad propio de los regímenes fascistas. *Archivo Anaya.*

rían vencer a las izquierdas debían dotarse de una auténtica teología política frente al «misticismo revolucionario» de las izquierdas: «Es preciso que busquemos sus fundamentos en los principios eternos, que sólo en Dios pueden tener su origen»[50].

Siguiendo la lógica menendezpelayista, la revista desarrolló un concepto de cultura nacional antagónico de los supuestos laicistas y secularizadores de la Institución Libre de Enseñanza. Su animosidad frente al institucionismo no pareció tener límites. Para Miguel Herrero, la Institución era el centro intelectual donde se había incubado «el movimiento desintegrador de España». «Escuela de heterodoxia», cuya pedagogía era «irreligiosa», afirmaba Rafael García y García de Castro[51]. A partir de tales planteamientos fue desarrollándose en sus páginas la alternativa político-cultural que la derecha católica pretendía articular para dar fundamento al reiterado deseo de revisión constitucional. José Bueno Monreal pedía un Estado confesional, lo que comportaba la proscripción de toda secta, religión o partido político disidente[52]. El punto nodal de las reivindicaciones católicas era la educación. En ese aspecto, la revista se limitó a defender la doctrina clásica de la Iglesia. La educación no era prerrogativa del Estado, sino de la familia, afirmación realizada desde un prisma ideológico particular que no significaba en modo alguno la aceptación del principio liberal del pluralidad ideológica en el terreno educativo, sino, en realidad, sólo pensada en el contexto de un Estado confesional, donde el tipo de familia se encontraba perfectamente encajada en el modelo católico[53].

La panacea, tanto a nivel político como social y económico, era el corporativismo. Fue significativa, en ese aspecto, la colaboración en sus páginas del ideólogo católico Amintore Fanfani, inserto entonces en el proyecto político de armonizar la doctrina social de la Iglesia y el corporativismo fascista. Dentro de la lógica de su concepción política, el capitalismo era no tanto un modo de producción

---

[50] «Política y Teología», *Revista de Estudios Hispánicos*, n.º 1, enero de 1935, pp. 9-10.

[51] «El valor de los intelectuales», *Revista de Estudios Hispánicos*, n.º 9, septiembre de 1935, pp. 279 y 284; «¿Una escuela de heterodoxia?», *Revista de Estudios Hispánicos*, n.º 10, octubre de 1935, p. 360.

[52] «Hacia la revisión constitucional», *Revista de Estudios Hispánicos*, n.º 9, septiembre de 1935, pp. 240-242.

[53] Padre PÉREZ DEL PULGAR, «La enseñanza y la revisión constitucional», *Revista de Estudios Hispánicos*, n.º 6, junio de 1935, pp. 663 y 666.

específico como un «espíritu», basado en el utilitarismo, el individualismo y el deseo de lucro. Así entendido, era un sistema de acusados perfiles anárquicos e insolidarios. Las transformaciones posteriores a la Gran Guerra habían hecho emerger un nuevo tipo de capitalismo, con el que era más fácil llegar a un entendimiento desde la perspectiva católica. Por ello, Fanfani hacía referencia al proceso de corporativización que estaban experimentando las sociedades europeas. El capitalismo corporativo era más social y, por tanto, más favorable a las obras asistenciales; más cercano, pues, al espíritu comunitario que unía catolicismo y fascismo[54].

La *Revista de Estudios Hispánicos* tuvo una existencia efímera, al desaparecer en febrero de 1936. En total, catorce números.

Mención aparte merecen las Juventudes de Acción Popular (JAP), rama juvenil del partido y su sector más radical. Fundadas el 22 de febrero de 1932, las JAP fueron protagonistas, con su activismo y compromiso, de una considerable parte de la respuesta de las derechas a la experiencia política del bienio azañista. Y constituyeron un vehículo de extraordinaria importancia a la hora de difundir las pautas ideológicas tradicionalistas en la sociedad civil. Se ha escrito mucho sobre el carácter «fascista» de las JAP, pero, como en el resto de los grupos de la derecha española, esa «fascistización» consistió en la radicalización autoritaria de unos supuestos ideológicos de profunda raigambre tradicionalista, firmemente arraigados en su base social. Ello podía percibirse en la enunciación de principios de carácter carismático, tales como aquel de «los jefes no se equivocan», pero que siempre se encontraban insertos en el contexto de unas coordenadas ideológicas y mentales conservadoras, en los que quedaban, de hecho, totalmente neutralizados y sin posibilidad de desarrollo pleno. Así lo demostraba su complementaridad con recetas de tan escaso sesgo fascista, como la negación del «panteísmo estatal», o la defensa, desde la perspectiva católica, de la libertad de enseñanza: «los hijos no son del Estado». Las JAP negaron en todo momento su carácter fascista, alegando no comprender «la deificación del Estado». «No somos fascistas —entiéndase bien—, por convicción, no por miedo»[55]. Su estadista favorito no era, desde

---

[54] «Fines, medios y problemas del corporativismo italiano», *Revista de Estudios Hispánicos*, n.º 11, noviembre de 1935, pp. 468 ss.

[55] Juan MONGE BERNAL, *Acción Popular*, Madrid, 1936, p. 502; *JAP*, n.º 22, 22 de abril de 1934.

luego, Benito Mussolini, sino Antonio de Oliveira Salazar. El *Estado novo* portugués era, para las JAP, el ejemplo que había que seguir. Un régimen autoritario, no totalitario, sin partido único y basado en las encíclicas papales. Era «el justo medio sin caer en la democracia degenerada ni el estatismo absorbente y panteísta»[56]. Sus críticas a Falange eran significativas. A sus ojos, el partido de José Antonio Primo de Rivera había entroncado ideológicamente con la heterodoxia de

> los intelectuales de izquierda, de la Generación del 98, cuyo pesimismo nacional y su formación antitradicional impiden que [...] sus hombres puedan aparecer como portavoces de la intelectulidad de un nuevo movimiento nacional, que debe levantarse sobre los escombros del bienio y de la degeneración doctrinal de un siglo de liberalismo, y debe estar impregnado de tradicionalismo español auténtico vertido en nuevos moldes de eficacia constructiva.

Menos aún podrían ser asumidos los planteamientos falangistas en materia socioeconómica, que no dudaban en calificar de «sencillamente monstruosos», de «enteramente revolucionarios»[57].

La vocación tradicionalista de las JAP adquiría una concreción teórica en la asunción de los esquemas menendezpelayanos sobre la historia nacional en su discurso político. A ese respecto, resulta paradigmática la obra del japista Tomás de la Cerda y Bárcenas *La negación de España*, donde, sin demasiada originalidad, se identificaba a la nación española con el catolicismo; y la heterodoxia doctrinal, ideológica o religiosa con la «Anti-España». La culminación de la historia nacional se encontraba en el reinado de los Reyes Católicos y de los Austrias; la curva se inicia con la Paz de Westfalia y tiene su apogeo en los siglos XVIII y XIX con el triunfo del liberalismo afrancesado y de la Ilustración, cuyos herederos eran los krausistas, los institucionistas y los noventayochistas, ajenos al «carácter nacional». Frente a ellos se alzó Menéndez Pelayo, quien forjó las bases del proyecto de restauración nacional, que, en aquellos momentos, ante la ruina de la modernidad, había que llevar a la práctica:

---

[56] *JAP*, n.º 25, 20 de julio de 1934.
[57] *JAP*, n.º 42, 23 de noviembre de 1935.

> Hay una nostalgia por convertir la moral cristiana en eje de la sociedad; lo sobrenatural es no sólo lo estrictamente obligatorio, sino necesario para la subsistencia del mismo orden natural[58].

Aquella perspectiva podía encontrarse igualmente en las estrofas de su himno —cuyo autor no era otro que el monárquico José María Pemán—, donde se resaltaba la identificación de la genuinamente nacional con el catolicismo:

> Adelante con fe en la victoria
> por la Patria y por Dios a vencer o morir;
> nos espera el laurel de la gloria,
> porque está con nosotros la Historia,
> con nosotros está el porvenir[59].

5. EL FASCISMO ESPAÑOL: DE LAS JONS A FALANGE ESPAÑOLA

El fascismo español aparece en la escena política nacional a lo largo del período republicano como fuerza política resultante de sucesivas fusiones, que, entre 1931 y 1934, protagonizaron una serie de movimientos políticos e ideológicos, unidos por una común perspectiva nacionalista.

Se ha especulado mucho sobre los precedentes ideológicos del fascismo español, que algunos autores han visto en ciertos rasgos del pensamiento político de Joaquín Costa, Ortega y Gasset, Eugenio d'Ors, las Juventudes Mauristas y su ideario regenerador, en la Unión Patriótica, etc. No obstante, si bien pueden establecerse ciertas continuidades, no es menos cierto que sería excesivamente osado afirmar una relación causa-efecto. Tampoco puede aceptarse la hipótesis que ve en el Partido Nacionalista Español, del doctor José María Albiñana, la primera expresión de nuestro fascismo. Ciertamente, Albiñana se declaró admirador de Mussolini y fue el primer político español en adoptar el saludo romano y el uniforme con camisa azul celeste y la Cruz de Santiago, pero su base social estaba compuesta por católicos tradicionales y primorriveristas. Su fundador y guía fue

[58] Tomás DE LA CERDA Y DE LAS BÁRCENAS, *La negación de España. Esbozo de una crisis de nuestra nacionalidad*, Madrid, 1934, p. 124.

[59] MONGE BERNAL, *op. cit.*, pp. 245 ss.

incapaz, por otra parte, de dotar de un mínimo contenido revolucionario al programa del partido. El albiñanismo no prevaleció ni era posible que prevaleciese. Basta considerar, en cualquier foto de la época, la poco imponente y carismática faz de su líder, al igual que lo endeble y chabacano de sus escritos y su proverbial falta de elocuencia. El Partido Nacionalista Español fue en todo momento un apéndice de la derecha monárquica alfonsina. El fascismo español iba a tener, y tuvo, como promotores y teóricos a personalidades de mayor rigor intelectual y elegancia dialéctica. Los más significativos fueron Ramiro Ledesma Ramos, Ernesto Giménez Caballero y José Antonio Primo de Rivera.

A) Ramiro Ledesma Ramos: el voluntarismo fascista

A finales de febrero de 1931 se hizo público un manifiesto que llevaba por título *La Conquista del Estado*, y que servía, además, para preparar publicitariamente la aparición de un semanario homónimo, que saldría a la luz en marzo y cuyo director era un joven intelectual desconocido hasta entonces: Ramiro Ledesma Ramos. Nacido en 1905, Ledesma era un empleado de Correos y graduado en Filosofía y Letras, dedicado también a la literatura. Ávido lector de Nietzsche, Maurras, Heidegger, Gentile, Ortega y Unamuno, fue el primero y más dotado teorizante del fascismo español. La mayor parte de lo que luego sería el corpus ideológico de Falange procede de su pensamiento, en particular su antiliberalismo, populismo y nacionalismo. Su obra ofrece un modelo acabado de pensamiento totalitario. A su lado, José Antonio Primo de Rivera e incluso Ernesto Giménez Caballero ocupan un lugar de epígonos.

Su ídolo intelectual fue Ortega y Gasset, con quien colaboró en la *Revista de Occidente* y a quien consideraba su maestro y el más eminente filósofo español. No obstante, la política terminó por separarles. El discípulo nunca transigió con el liberalismo orteguiano ni participó en la Agrupación al Servicio de la República. Políticamente, Ortega le pareció un «intelectual extrafino», un burgués cuya perspectiva fundamentalmente conservadora le incapacitaba para percibir con claridad las nuevas fuerzas sociales que se abrían paso en las sociedades europeas. Por otra parte, el populismo de Ledesma no podía admitir el elitismo orteguiano. Y entendía que el concepto político-social de masa no tenía forzosamente que vincularse a la presencia de multitudes y que debía desglosarse del concepto de mayoría, propio de la época liberal. Las mayorías podían ser conceptualizadas como masas en cuanto revistieran caracteres de cierta homogeneidad. El concepto de masa se movía al margen de la mentalidad liberal, que entendía lo político a través de valoraciones de orden numérico[60].

En el manifiesto de *La Conquista del Estado,* Ledesma incidió en la crisis del Estado liberal de Derecho y su concepción de la sociedad, inadecuadas ante las nuevas realidades sociales, planteando como alternativa la aplicación de los esquemas ideológicos e institucionales del totalitarismo fascista, es decir, la reorganización de las relaciones entre la sociedad civil y el Estado, concediendo a este último el papel dirigente, modificación que afectaría al ámbito cultural, político, social y económico[61].

Ledesma recibió positivamente el cambio de régimen político, calificándolo de «subversión feliz». Sin embargo, tal y como se realizó el 14 de abril, dado su contenido demoliberal y parlamentario, no fue, a su juicio, más que una continuación de las políticas seguidas hasta entonces por la Restauración[62].

El advenimiento de la República provocó la dispersión de *La Conquista del Estado,* la mayoría de cuyos componentes abandonó la organización en beneficio de las más variadas militancias políticas. No obstante, el 10 de octubre de 1931 el semanario anunció la creación de las Juntas de Ofensiva Nacional-Sindicalistas (JONS), cuya incidencia en la vida política española fue, hasta su unificación con Falange Española en 1934, prácticamente nula.

Pero la importancia de Ledesma en la historia del fascismo español no es política, es teórica. Fue el creador de sus símbolos: la bandera roja y negra, el grito de «Arriba España»; los lemas de «Una, Grande y Libre», «Patria, Pan y Justicia», «Revolución Nacional». Tenía, además, una concepción leninista del partido. La subversión contra el sistema demoliberal había de actuar bajo el liderazgo del

[60] «Sobre un libro político de Ortega y Gasset», *La Conquista del Estado,* n.º 6, 2 de mayo de 1931; Ramiro LEDESMA RAMOS, *¿Fascismo en España? Discurso a las juventudes de España,* Barcelona, 1968, pp. 31-32.

[61] *La Conquista del Estado,* n.º 1, 14 de marzo de 1931.

[62] *La Conquista del Estado,* n.º 7, 25 de abril de 1931; LEDESMA RAMOS, *¿Fascismo...?,* p. 75.

partido, como auténtico guardián de la conciencia nacional. Había de ser un partido centralizado y jerarquizado en torno a una elite. Su tarea era la de explotar todos los elementos y formas de oposición y canalizar todas las energías dirigidas contra el régimen republicano, pero utilizándolas para sus propios fines[63].

Ledesma definió el fascismo como producto de la rebelión social y política de las clases medias, «que después de experimentar la inanidad de la democracia liberal no se entregan, sin embargo, a la posición clasista de los proletarios».

> Son gentes descontentas de la poquedad de su patria, de la indefensión de sus pequeños patrimonios o negocios, de la rapacidad e ineptitud de los partidos, de la impotencia del Estado demoburgués en presencia de los conflictos sociales y de la crisis, de la monotonía y el vacío de la vida nacional escarnecida y, en fin, de sentirse preteridos o subestimados con la injusticia por los poderes dominantes.

Sus características eran las siguientes:

> Idea nacional profunda. Oposición a las instituciones demoburguesas y al Estado liberal parlamentario. Desenmascaramiento de los verdaderos poderes feudales de la actual sociedad. Incompatibilidad con el marxismo. Economía nacional y economía del pueblo frente al gran capitalismo financiero y monopolista. Sentido de la autoridad, de la disciplina y de la violencia[64].

Esencial en su proyecto político era la definición del hecho nacional. En ese aspecto, Ledesma siguió a Ortega y Gasset, Renan, Hegel y Gentile. La nación era, para Ledesma, una realidad moral: el asidero superior a la efímera vida personal, la inspiración, el móvil de una vida plenamente humana. Y es que el individuo sólo adquiría plena realidad objetiva como miembro de la comunidad nacional; era «un animal político». La nación no es un ente estático, cuya explicación pudiera darse con exclusiva referencia al pasado. Por ello, el objeto preferido de sus críticas fue la concepción tradicionalista de la identidad nacional o, lo que es lo mismo, la consustancialidad del catolicismo con la historia española. Esta crítica era de principio; y ello debía ser así porque existía una contradicción esencial entre el catolicismo y la idea moderna de nación. Legitimarse mediante la nación

---

[63] «La violencia política», *JONS*, n.º 3, agosto de 1933.
[64] LEDESMA RAMOS, *¿Fascismo...?*, pp. 52 ss.

y no mediante Dios era una forma de preferir a la propia nación en detrimento de los principios universales. A causa de su universalismo, el catolicismo era incompatible con la idea nacional:

> ¿La moral católica? No se trata de eso, pues nos estamos refiriendo a una moral de conservación y engrandecimiento de «lo español» y no simplemente de «lo humano». Nos importa más salvar a España que salvar al mundo. Nos importan más los españoles que los hombres.

Desde tal punto de vista, la influencia del catolicismo en el conjunto de la sociedad española había constituido el más serio obstáculo para la cristalización de una ideología nacionalista, laica, profana, independiente de la Iglesia y de la Monarquía:

> Ha habido en España un patriotismo religioso y un patriotismo monárquico, pero no un patriotismo directo, no un patriotismo popular, surgido de las masas y orientado hacia ellas.

Además, Ledesma consideraba el catolicismo como un instrumento de «debilidad y resquebrajamiento». El nacionalismo no podía ser considerado como una doctrina conservadora; era «una idea revolucionaria, rumbo adelante, y su primera vinculación en la historia universal aparece en los jacobinos franceses de la Gran Revolución». En ese sentido, hubo de enfrentarse Ledesma a la problemática del nacionalismo moderno representada por Renan. Ledesma intuye el elemento voluntarista inseparable de la modernidad. La nación pasaba a ser una cuestión de voluntad: de la voluntad de sus miembros para permanecer unidos; de ahí que requiriese

> una solución voluntariosa, es decir, imposición de una voluntad firmemente expresada y cumplida por quienes conquisten el derecho a conseguir la permanencia histórica de España.

Históricamente, la unidad nacional no podía ser considerada en sí misma una aspiración; era una realidad desde los Reyes Católicos, pero se trataba de una unidad «en peligro, deficiente y a medias»; y esa problemática no podía ser simplemente conllevada, como afirmaba Ortega y Gasset, sino superada, mediante un radical esfuerzo de voluntad que convirtiera a la nación española en «una fuerza moral profunda». Esta tarea recaía en una elite dirigente y en la construcción de un nuevo Estado. El problema de España era, en definitiva, un problema de Estado. Porque el Estado liberal no sólo había sido un gestor y administrador «ineficaz y absurdo»; es que, además, se había mostrado incapaz de consolidar la unidad nacional. De ahí que el problema sólo pudiera ser solucionado a partir de la elevación del Estado a la categoría de absoluto. Lo verdaderamente esencial era que el pueblo y la nación pudieran dotarse de unas estructuras de poder eficaces, porque los pueblos y las naciones no son sujetos de la historia hasta que no se constituyen realmente en Estado:

> El Estado es ya para nosotros la suprema categoría. Porque o es la misma esencia de la Patria, el granito mismo de las supremas coincidencias que garanticen el rodar nacional en la historia, o no son nada.

Así, el Estado totalitario no es sino un poder fuerte, capaz de llevar a cabo el desarrollo nacional, social y económico tardío de una sociedad dejada en el desamparo por la inestabilidad gubernamental y la corrupción del pseudo-Estado parlamentario. Su objetivo era, pues, edificar un Estado moderno, cuyo designio esencial era reformar y modernizar la sociedad a escala nacional, mediante el dirigismo económico, el corporativismo social y el partido único como cauce de integración de las masas en la vida pública[65].

B) Ernesto Giménez Caballero: el esteticismo fascista

Distinta fue la concepción del fascismo de otro de sus grandes teóricos españoles, el escritor vanguardista Ernesto Giménez Caballero, en cuyo pensamiento se impone la literatura a la dimensión práctica, la ocurrencia sobre la teoría, la superficialidad sobre la radicalidad y la improvisación sobre el sistematismo. Nacido en 1899, Giménez Caballero se dio a conocer con sus *Notas marruecas de un soldado*, fruto de sus experiencias como tal en la guerra de Marruecos; y donde hacía una llamada a la unidad de los españoles en «una empresa común nacional», por encima de las clases y de las divisiones regionales[66]. Colaborador asiduo de la *Revista de Occidente*

---

[65] Ledesma Ramos, *¿Fascismo...?*, pp. 239 ss.; *Nuestra Revolución*, n.º 1, 11 de julio de 1936; «Ideas sobre el Estado», *Acción Española*, n.º 24, marzo de 1933.

[66] Ernesto Giménez Caballero, *Notas marruecas de un soldado*, Barcelona, 1983, p. 140.

y de *El Sol*, fundó en 1927 *La Gaceta Literaria*, publicación asombrosamente plural, en la que colaboraron, a lo largo de tres años, futuros comunistas, republicanos de izquierda, fascistas y monárquicos. Fue por aquellas fechas cuando Giménez Caballero inició una clara transición desde su regeneracionismo nacionalista hacia la vanguardia estética, literaria y política con especial admiración hacia el «futurismo» de Marinetti. Casado con una italiana, viajó a Milán y Roma, y conoció a intelectuales fascistas como Bottai y Gentile, sintiéndose seducido por la experiencia mussoliniana:

> Cuando el fenómeno fascista irrumpió en mí me vi perdido. Tenía que admitirlo acríticamente como un mandato familiar, como una imperiosa mirada de obediencia[67].

Con el advenimiento de la II República, el vanguardista madrileño se sintió, sin abandonar su fascismo, seducido por la figura y la personalidad de Manuel Azaña, en quien llegó a ver el prototipo del «rey natural», capaz de llevar a cabo las tareas esenciales de la «Revolución Nacional»[68]. Pero fue *Genio de España*, publicada en 1932, su primera teorización del fenómeno fascista. Se trata de una curiosa amalgama de regeneracionismo, tradicionalismo y fascismo. Giménez Caballero parte del concepto unamuniano de «intrahistoria», en el sentido de una auténtica historia del pueblo español, que discurre por debajo de la superficie. El «genio» es básicamente la acumulación de esencias históricas de una patria. Giménez Caballero reconoce tres vastos y fundamentales «genios»: el genio oriental, el genio occidental y, como mística reasunción de ambos, el genio de Cristo o universo católico. Occidente es el individualismo, mientras que Oriente significa colectivismo. El genio cristiano es la síntesis de ambos; incorpora libre albedrío, gracia, progreso moral e intelectual, combinando, a su vez, aspectos del genio oriental:

> dependencia del Todo, de un Dios de amor infinito, de los humildes, de las masas, del esclavo, del infante, de la mujer, del enfermo, del débil.

El genio cristiano se identifica con la Roma de Mussolini, que ha conseguido garantizar el equilibrio entre Oriente y Occidente a través

---

67 Ernesto GIMÉNEZ CABALLERO, *Circuito imperial*, Madrid, 1928, pp. 49 y 52.

68 Ernesto GIMÉNEZ CABALLERO, *Manuel Azaña (Profecías españolas)*, Madrid, 1932, pp. 55 ss.

de la síntesis dialéctica establecida por el fascismo entre capitalismo y socialismo, libertad y jerarquía, orden y progreso. Como nación, España no se identifica ni con Oriente ni con Occidente. Ocho siglos de Reconquista supusieron una lucha entre el islam y la tradición germánica. De ahí que España fuese una nación de síntesis, es decir, «Cristiandad», «Catolicidad», «Genio de Cristo», «Genio Romano-Germánico», «fundidor y antirracista»[69]. De esta forma, sólo los partidarios del fascismo eran, en realidad, leales al genio nacional. Giménez Caballero acusa a izquierdas y derechas de «bastardía». Azaña y los suyos eran representantes de una «catolicidad» falsa, fruto del liberalismo, el pacifismo y el capitalismo, mientras que las derechas, es decir, la Monarquía, la Iglesia, el Ejército, la aristocracia y la burguesía, eran incapaces de cumplir su misión histórica, sumidos en el escepticismo y la mera defensa de sus intereses materiales.

Las referencias de Giménez Caballero a la «Catolicidad» española no significaban una adhesión al catolicismo como fe religiosa o teología política. Así lo sostendrá en otra obra, *La Nueva Catolicidad*, donde especifica que por «Catolicidad» no hay que entender «catolicismo», sino «universalidad». El fascismo es una «catolicidad», pero no catolicismo. Se trata de una idea secular, propia de la cultura política del siglo XX. De hecho, el nuevo Estado fascista no sería confesional:

> La Iglesia no deberá mezclarse en el Estado, porque sólo el Estado podrá garantizar la misión religiosa[70].

La trayectoria política de Giménez Caballero nunca fue estable. Colaboró durante muy poco tiempo en *La Conquista del Estado*. Militó en Falange, para abandonarla al poco tiempo, exaltar luego a las Juventudes de Acción Popular y colaborar en *Acción Española*, donde publicó «Arte y Estado», magistral introducción a una teoría fascista de la estética nacional. Giménez Caballero descalifica en esta obra el principio liberal de la autonomía del arte. La creación artística es, sobre todo, «propaganda», no mera imagen. Tampoco era expresión de un ser en sí, sino de las características emanadas del genio nacional. El arte español era, en consecuencia, un arte sintéti-

---

[69] Ernesto GIMÉNEZ CABALLERO, *Genio de España*, Madrid, 1932, pp. 67, 88 y 102 ss.

[70] Ernesto GIMÉNEZ CABALLERO, *La Nueva Catolicidad. Teoría general sobre el fascismo en Europa: en España*, Madrid, 1933, pp. 109-110 y 175.

co, «universo, integrador, fecundo, ecuménico, catolizal»; y su expresión más genuina era el clasicismo cristiano, síntesis del romanticismo asiático y del romanticismo occidental. El clasicismo cristiano era la respuesta a la crisis que padecía el arte europeo, debido a tres causas: el maquinismo, el «purismo» y la ausencia del mercado. La emergencia de artes mixtos, como el cine, la radio, las artes gráficas y de propaganda, demostraba que la máquina amenazaba el monopolio del artista en la expresión estética. El «purismo» significaba la tendencia a elaborar un arte para iniciados, cuyo arquetipo residía en el cubismo. La falta de mercado era fruto de la ausencia de poder adquisitivo por parte del público. Todo ello obligaba al artista a pedir protección al Estado, a convertirse en funcionario al servicio de la política. Al someterse al Estado, el artista lograría protección, saldría de su introspección y entraría en contacto con el genio nacional. El nuevo Estado totalitario debía practicar una política artística deliberadamente antiformalista, ligada a la vida social y a las masas. En ese contexto, la misión del artista español era crear un arte en consonancia con el genio nacional, un arte clásico, cristiano, sintético, cuyo paradigma arquitectónico no podría ser otro que El Escorial[71].

C) José Antonio Primo de Rivera: el clasicismo fascista

Quien ha pasado por ser el representante más carismático de Falange Española, su fundador y guía, José Antonio Primo de Rivera, careció de la coherencia de Ledesma y de la imaginación de Giménez Caballero. Sus vacilaciones al estudiar los problemas sociales y políticos son muestras aisladas pero significativas de unos planteamientos donde domina la inconcreción. Nacido en 1903, era el primogénito de Miguel Primo de Rivera, un hecho que marcó de forma indeleble su trayectoria vital. La reivindicación de la memoria de su padre fue, en el fondo, la razón profunda de su entrada en la vida política activa. Sus orígenes políticos fueron, por tanto, netamente conservadores. Y de un acentuado carácter conservador fueron sus primeras opiniones políticas, cuando definió a España como la nación «socialmente más sana del mundo»[72].

---

[71] Ernesto Giménez Caballero, *Arte y Estado*, Madrid, 1935, pp. 55 ss.
[72] José Antonio Primo de Rivera, *Obras completas*, t. I, Madrid, 1976, p. 46.

Sin embargo, tras su militancia en la Unión Monárquica Nacional, su pensamiento se radicalizó. Era un admirador entusiasta de Ortega y Gasset y de Eugenio d'Ors, lo mismo que de Unamuno y Maeztu. A lo largo de la etapa republicana, como señaló Ledesma Ramos, fue una contradicción viviente. Su espíritu se movía en una serie de tensiones internas que era incapaz de solventar. Era un elitista que pretendió, desde su militancia fascista, atraerse a la masas. Era un producto de la aristocracia, y desdeñó, en sus discursos y escritos, a las derechas, a las que acusó de egoístas y antisociales. Era, por vocación, un intelectual y, en consecuencia, obligado a la dialéctica, y su acción política le llevaba a la violencia:

> Pues ser hijo de un dictador y vivir adscrito a los medios sociales de la más alta burguesía son cosas con suficiente vigor para influir en su propio destino[73].

No hay duda de que el fundador de Falange era más mesurado, más conservador, más razonador que Ledesma Ramos o Giménez Caballero. Era, en realidad, un «clásico» frente al voluntarismo romántico de que hizo gala, sobre todo, el dirigente de las JONS. Primo de Rivera nunca pretendió emanciparse de la tradición católica, a diferencia de Ledesma. Aunque partidario de la separación de la Iglesia y del Estado, siempre afirmó su catolicismo: «no existe lo laico».

> La interpretación católica de la vida es, en primer lugar, la verdadera; pero es, además, históricamente, la española [...]. Así pues, toda reconstrucción de España ha de tener un sentido católico.

Incluso hizo suya la visión de la Hispanidad desarrollada por Maeztu:

> Por su sentido de Catolicidad, de Universalidad, ganó España al mar y a la barbarie continentes desconocidos. Los ganó para incorporar a quienes los habitaban a una empresa universal de salvación[74].

---

[73] Ramiro Ledesma Ramos, *¿Fascismo en España? Discurso a las juventudes de España*, Barcelona, 1968, pp. 178-179.

[74] José Antonio Primo de Rivera, *Obras completas*, t. I, Madrid, 1978, pp. 205 y 225.

En no pocos aspectos de su ideología existe una clara influencia del tradicionalismo, perceptible en la referencia, frente a Rousseau, a una verdad política permanente, objetiva, anterior a la época liberal. El liberalismo había destruido un mundo estable, comunitario, en el que los hombres se hallaban seguros dentro de una realidad social espiritualmente unificada. En ese sentido, Primo de Rivera no dudaba en hacer un panegírico del socialismo: la crítica antiburguesa del proletariado coincidía con el tradicionalismo en su enemistad hacia los liberales partidarios de la racionalización a ultranza. Su ataque al liberalismo puso el mayor énfasis en acusarle de individualista y abstracto, de racionalista y antisocial, que olvidaba la concreta realidad humana, practicando una inhibición que entregaba la vida social a la lucha de todos contra todos. Claro que la legitimidad del socialismo acababa ahí, porque su insistencia en el principio de lucha de clases y en una cosmovisión materialista lo hacían inaceptable. En contraposición al liberalismo y al socialismo, Primo de Rivera proponía un modelo político-social conforme al cual el Estado practicara un programa de intervención en los intereses sociales, bajo la dirección de su movimiento político, el «antipartido», que restableciera los lazos de «hermandad» entre las distintas clases sociales[75].

La clave de su proyecto político se encontraba en el concepto de nación. Siguiendo en gran medida a Ortega y a D'Ors, Primo de Rivera definió a la nación como «unidad de destino en lo universal». Ser español no significa únicamente, en ese sentido, haber nacido en un lugar concreto del globo, sino ser llamado a la empresa que realizó y realizará España en la historia universal. La nación se justifica por su misión, consistente en defender en el mundo la preeminencia de los valores cristianos occidentales. Del concepto de «unidad de destino» se deriva un patriotismo que se presenta como «clásico», como racional, frente al patriotismo «romántico», basado en los sentimientos elementales, tales como la lengua, la raza, la geografía, etc.

> La nación no es una realidad geográfica, ni étnica, ni lingüística; es sencillamente una unidad histórica. Un agregado de hombres sobre un trozo de tierra sólo es nación si lo es en función de universalidad, si cumple un destino propio en la Historia; un destino que no es el de los demás. Siempre los demás son quienes nos dicen que somos uno[76].

---

[75] Primo de Rivera, *op. cit.*, pp. 191 ss.
[76] Primo de Rivera, *op. cit.*, pp. 229 y 347 ss.

Los nacionalismos periféricos catalán y vasco eran producto del espíritu romántico, sentimental, nativista, particularista, localista,

> una corriente física, primitiva y encandilante, algo parecido a la embriaguez y a la plenitud de las plantas en la época de fecundación.

Y concluía:

> Como se acepte que la nación está determinada por lo espontáneo, los nacionalismos particularistas ganan una posición inexpugnable. No cabe duda de que lo espontáneo les da la razón. Así es tan fácil de sentir el patriotismo local[77].

Pero no sólo ellos; igualmente entraba en la categoría de nacionalismo «romántico» el nacionalsocialismo alemán, frente al «clasicismo» del fascismo italiano:

> Nadie puede con razón confundir el movimiento alemán «racista» (y, por tanto, «antiuniversal») con el movimiento mussoliniano, que es, como Roma —como la Roma imperial y como la Roma pontificia—, universal por esencia; es decir, «católico»[78].

Como el resto de las fuerzas de la derecha española, Primo de Rivera concebía a la nación y, por ende, a la sociedad como un ente orgánico. En consecuencia, la representación política no tendría su sujeto en los individuos y en los partidos político, sino en las «unidades naturales de convivencia», es decir, la familia, el municipio y el sindicato. Mediante éstas, pero a su servicio, se articulaba el Estado, que viene obligado a reconocerlas[79].

A comienzos de 1934, se produjo la unificación entre Falange Española y las JONS. El Consejo Nacional «jonsista» celebrado en Madrid los días 12 y 13 de febrero, llegó a la conclusión de lo inevitable de llegar a un acuerdo con Primo de Rivera. Dentro de las JONS hubo importantes disidencias, como la del antiguo comunista Santiago Montero Díaz; el propio Ledesma dudó hasta el último momento. El 13 de febrero se firmó el documento de unificación de ambos partidos. Falange asumió la simbología y el programa de las JONS, mientras que el grupo de Ledesma consiguió una mayor proyección

---

77 PRIMO DE RIVERA, *op. cit.*, p. 348.
78 PRIMO DE RIVERA, *op. cit.*, p. 181.
79 PRIMO DE RIVERA, *op. cit.*, pp. 222-223.

pública. Sin embargo, el recelo y el resentimiento de Ledesma con respecto a Primo de Rivera nunca desaparecieron. Su distinta inserción social era una de las causas de esa disidencia. El hijo del dictador era un aristócrata mundano y elegante, mientras que Ledesma era un *self-made man*, de humilde origen e introvertido. Después de la fusión, ambos grupos conservaban su propia fisonomía. Ledesma no daba en calificar a la militancia falangista, nutrida en un principio por grupos procedentes de la Unión Patriótica, señoritos muy ricos, aristócratas, terratenientes de provincias y militares retirados, como «mercancía política averiadísima, sin capacidad ni brío para poner sus hombros en una empresa como aquella que señalaban sus fundadores»; los jonsistas, en cambio, procedían de las clases medias y del proletariado. De hecho, las contradicciones fueron insalvables. Primo de Rivera concedía prioridad a la España agraria, y Ledesma, al mundo obrero e industrial. Además, el fundador de las JONS criticó el contenido de la propaganda del nuevo partido, al que pronto vio sumido en la «inacción y la impotencia», lo mismo que la «actuación desafortunada» de Primo de Rivera en el Parlamento. Ledesma denunciaba que el partido «no lucha ni combate», y que corría el riesgo de convertirse en una «secta minoritaria». Menos comprensible aún para un fascista era el contenido «académico» de las publicaciones falangistas[80].

A pesar de tales diferencias se mantuvo la unidad a lo largo de unos meses. Ledesma y Primo de Rivera redactaron el proyecto de veintisiete puntos, que el líder falangista retocó. Pero existían claras diferencias entre ambos, sobre todo en temas de carácter socioeconómico y en la definición del hecho nacional, donde Ledesma era partidario de una referencia a la mancomunidad surgida del período de la Reconquista, mientras que Primo de Rivera impuso su concepto de «unidad de destino en lo universal». Una vez redactados, los veintisiete puntos equivalieron a un moderado programa de modernización social y política en sentido fascista. Falange, como el resto de la derecha, daba preeminencia a la España rural, considerada como «vivero permanente de la nación». Se hizo mención, sin embargo, a la nacionalización de la banca, aunque se planteara únicamente como tendencia, así como a la reforma social de la agricultura, con amenaza de expropiación de las tierras «cuya pro-

---

[80] Ramiro LEDESMA RAMOS, *¿Fascismo en España? Discurso a las juventudes de España*, Barcelona, 1968, pp. 67 ss.

piedad haya sido adquirida o disfrutada ilegítimamente». Uno de los temas más debatidos fue el de las relaciones Iglesia-Estado. En el partido las diferencias eran grandes. Primo de Rivera ejerció de mediador entre los distintos grupos y, finalmente, el punto correspondiente fue redactado de manera ecléctica:

> La Iglesia y el Estado concordarán sus facultades respectivas, sin que se admita intromisión o actividad alguna que menoscabe la dignidad del Estado o la integración nacional[81].

Este punto provocó el abandono de Falange por parte del Marqués de la Eliseda, hombre de *Acción Española*, que interpretaba el fascismo en clave tradicionalista, como una restauración del Antiguo Régimen[82]. Y que era uno de los grandes apoyos económicos del partido. Desde entonces, Falange entró en declive y nadie se enteró de su programa. Ledesma intentó infructuosamente desbancar a Primo de Rivera de la jefatura y, al final, abandonó el movimiento. Tras un fallido intento de refundar las JONS, se dedicó a redactar sus dos grandes obras: *¿Fascismo en España?* y *Discurso a las juventudes de España*. Sus conclusiones eran muy pesimistas. Ledesma reconocía que el fracaso «vertical» y «vertiginoso» de la II República propiciaba el camino para la «Revolución Nacional». Pero esta revolución carecía de asistencia popular. A juicio de Ledesma, en la España de 1935 no había «fascismo»; había, eso sí, «fascistizados», a saber, los monárquicos de *Acción Española,* la CEDA de Gil Robles, la Falange de Primo de Rivera, y un sector del Ejército. Tales fuerzas, con «una acción militar convergente», tenían, en su opinión, «muchas posibilidades»[83]. Con aquellas palabras Ledesma Ramos redactó el epitafio del fascismo español.

6. LOS «SOLITARIOS» CONTRA LA II REPÚBLICA: SALAVERRÍA, MADARIAGA Y D'ORS

A diferencia de Maeztu o de Ortega y Gasset, hubo otros intelectuales de la derecha que actuaron frente a la República en solitario, sin

[81] José Antonio PRIMO DE RIVERA, *Obras completas*, t. I, Madrid, 1976, p. 482.

[82] MARQUÉS DE LA ELISEDA, *Fascismo, Catolicismo y Monarquía*, San Sebastián, 1935.

[83] LEDESMA RAMOS, *¿Fascismo...?*, pp. 67 ss.

insertarse en organizaciones políticas o sociedades de pensamiento. Tal fue el caso de José María Salaverría, Salvador de Madariaga y Eugenio d'Ors. Sus perspectivas fueron distintas, lo mismo que sus soluciones, pero coincidieron en propugnar un régimen autoritario de corte corporativo como solución a la crisis de la sociedad española.

A) SALAVERRÍA: EL PROFETA DE LA CATÁSTROFE

De los tres, el menos dotado y sistemático fue Salaverría. El periodista vasco siguió colaborando en el diario monárquico *Abc*, pero, siempre enemistado con Maeztu, no entró en contacto con los intelectuales de *Acción Española* ni con los accidentalistas de la CEDA. Su conservadurismo siguió siendo peculiar en el contexto español. De ahí que diera su apoyo a Ramiro Ledesma Ramos, colaborando en *La Conquista del Estado* con un artículo, aunque no deja de ser contradictorio que el semanario fascista le presentara como «hombre del 98», al lado de Maeztu, Baroja, Menéndez Pidal y Unamuno, cuando, como sabemos, había sido, y seguiría siendo, un crítico airado del legado noventayochista. En su artículo, Salaverría se mostraba escandalizado de la ausencia de «exaltación nacionalista» en el nuevo régimen republicano frente a «las fuerzas negativas del socialismo y los nacionalismos comarcales». El escritor vasco estaba obsesionado por la ofensiva del catalanismo de izquierda:

> Cataluña actúa con un patriotismo llameante frente a una España (frente a un Madrid) que carece ya de todo fervor e ideal patriótico[84].

Su antipatía hacia la II República fue permanente. Recién proclamada, Salaverría describió, en una crónica, a Niceto Alcalá Zamora como «un charlatán»[85]. En algún momento, deseó vivir en Samoa, para olvidar la política española[86]. En enero de 1933 tuvo que comparecer ante los tribunales bajo la acusación de redactar

---

84 *La Conquista del Estado*, n.º 20, 3 de octubre de 1931.
85 «Gritos en el mercado», *Abc*, 14 de abril de 1931.
86 «La suprema tentación», *Abc*, 12 de diciembre de 1933.

artículos subversivos contra la República, aunque fue liberado de inmediato[87].

Aparte de sus artículos periodísticos, la obra antirrepublicana más importante de Salaverría fue *El instante dramático*, publicada por Espasa-Calpe en 1934. En sus páginas, el escritor vasco presenta a la II República como fruto de una revolución nacida de la decadencia de la Monarquía. Su desarrollo significaba el triunfo del separatismo, es decir, «la jubilación de Castilla»; y la revolución social y política, «mezcla de radicalismo francés del tipo dreyfusista envuelto en una especie de ensalada rusa». La República era una importación de Francia, y el sistema de partidos políticos era suicida para pueblos de las características del español. Salaverría profetizaba, en ese sentido, el estallido de «un período de barbarie», porque los republicanos de izquierda se veían obligados a una alianza con los socialistas; lo que era muy grave, ya que en la sociedad española la burguesía, las clases medias y la aristocracia eran muy minoritarias. A su juicio, los días del sistema republicano estaban contados; era un mero «episodio, una diversión del destino o un mal sueño del que un día habremos de despertar». Salaverría no veía, en aquellas circunstancias, otra solución que «una dictadura severa e ilustrada», defensora de la unidad nacional, con base en las «minorías selectas» e independiente de la Iglesia católica, porque «la Iglesia es siempre Roma, y Roma es el extranjero»[88].

B) Salvador de Madariaga: el liberalismo organicista

Más extraño, a primera vista, fue el caso de Salvador de Madariaga, cuyos antecedentes políticos eran claramente liberales. En cierta forma, aunque en un sentido más radical, su reacción fue análoga a la de Ortega. Pero el filósofo madrileño fue incapaz de, o no quiso, elaborar una alternativa autoritaria a la II República. Nacido en 1886, la trayectoria de Madariaga había sido la del típico intelectual europeizante. Aliadófilo durante la Gran Guerra, fue uno de los firmantes del Manifiesto de la Liga de Educación Política, de Ortega y Gasset, y

---

[87] Véase Beatriz Petriz Ramos, *Introducción crítico-biográfica a José María Salaverría*, Madrid, 1960, p. 160.

[88] José María Salaverría, *El instante dramático*, Madrid, 1934.

colaboró en *España, El Imparcial* y *El Sol.* Igualmente, había sido amigo de Ramiro de Maeztu y fue el primer comentarista de su obra *La crisis del humanismo,* a la que calificó de «excelente»[89]; y se mostró afín al socialismo «guildista» británico, lo mismo que al liberalismo organicista de la Institución Libre de Enseñanza. Luego, ingresó en la Secretaría de la Sociedad de Naciones y después obtuvo la cátedra de Estudios Hispánicos de la Universidad de Oxford. Con la República, ocupó, aunque por muy breve tiempo, las embajadas de Washington y París; en el segundo bienio republicano, las carteras de Justicia e Instrucción Pública. A pesar de ello, su impresión del nuevo régimen era muy negativa, porque la Constitución de 1931 era inviable:

> La flojeza del ejecutivo, la falta de Senado y la separación de la Iglesia y el Estado, todos tres debidos a la inexperiencia política y al espíritu de animosidad contra la dictadura que caracterizaba aquella juvenil asamblea[90].

Madariaga quedó, además, muy impresionado por la revolución de octubre de 1934, en la que vio un preludio de la guerra civil. Ello, unido a su experiencia europea sobre el fracaso del parlamentarismo, le hizo replantearse sus ideas sobre la democracia y el liberalismo. Como otros liberales, Madariaga disociaba los términos «democracia» y «libertad». La democracia podía ser plausible siempre que respetara los límites del liberalismo y de la sociedad burguesa; en caso contrario, constituía una seria amenaza, con su permisividad hacia los partidos revolucionarios y la lucha de clases, y entonces se debía prescindir de ella:

> Todas las sedicentes democracias sienten antagonismo hacia la libertad [...]. La esencia de la cultura está en la libertad. La esencia del Estado está en la cultura. Si la democracia se ahonda en cauce por donde discurra tranquila y soberana la libertad, seamos demócratas. Y si no, no[91].

Incluso se sintió muy interesado por los ensayos corporativos de la Italia fascista, que «merecían la atención de los verdaderos demócratas»:

---

[89] «Un libro de Maeztu», *España,* n.º 101, 28 de diciembre de 1916.

[90] Salvador de MADARIAGA, *España. Ensayo de historia contemporánea,* Buenos Aires, 1974, p. 384.

[91] «¿Democracia o libertad?», *Ahora,* 17 de abril de 1935.

> Tratase de un organicismo, si se me permite la palabreja, de buena ley. Desde luego, nos alejamos así de la lucha de clases, de las huelgas y del *lock-out*[92].

Su alternativa a la II República fue esbozada en su obra *Anarquía o jerarquía*, donde propugna un nuevo régimen autoritario y corporativo. Y es que en un contexto como el español, el sistema demoliberal significaba, a la vez, «mal gobierno y mala garantía de gobierno para el pueblo»; además, envolvía una «fuerte predisposición a la anarquía». En la nueva democracia orgánica unánime no debían tolerarse, por ello, «ni huelgas ni *lock-outs*, ni asociaciones obreras de lucha, ni asociaciones patronales llamadas a su defensa». La esfera de la opinión quedaría reducida a «lo meramente instrumental y práctico», abarcando la unanimidad lo esencial. El sufragio universal no tendría cabida en el nuevo sistema, ya que era el principal instrumento de subversión y demagogia. El primer paso para la instauración de la democracia orgánica sería la drástica restricción del derecho de ciudadanía, que se convertiría en patrimonio de una elite escogida. Quedarían excluidos de la ciudadanía aquellos que se alzaran en armas contra el Estado o estuvieran afiliados a partidos ilegales, al lado de los analfabetos y los mendigos. A partir de tales premisas, Madariaga elaboró un esquema institucional para la nueva república. Distinguía el escritor gallego entre Estado «político» y Estado «económico». Al primero correspondían las decisiones soberanas; y al segundo, la dirección general de la producción y la distribución. Las instituciones del Estado «político» son los ayuntamientos, cuyos representantes serían elegidos por la elite de ciudadanos activos, no por sufragio universal; las diputaciones regionales, designadas por los concejales; el parlamento, nombrado por los diputados regionales; y el gobierno, elegido por el parlamento durante cuatro años. El Estado «económico» estaría compuesto, de un lado, por las corporaciones de propiedad mixta —estatal y privada—, que englobaban a las industrias de interés nacional, y, de otro, por las de propiedad privada. El consejo de cada corporación sería elegido por todos los trabajadores del sector. En estos consejos, trabajarían tres órdenes: los obreros manuales, técnicos y administrativos. Un Consejo Nacional Corporativo sería elegido por los consejos nacionales. Y el Consejo Económico Nacional, de nueve miembros, lo sería por

---

[92] Salvador de MADARIAGA, *Discursos internacionales*, Madrid, 1934, pp. 99-100.

el gobierno, a partir de la terna que le presentase el Consejo Corporativo Nacional. Las dos cámaras se distribuirían el poder legislativo, según materia, pero la economía se subordinaría, en última instancia, a la política[93].

C) EUGENIO D'ORS: EL NUEVO DESPOTISMO ILUSTRADO

A pesar de sus colaboraciones en *Abc*, *El Debate* y la *Revista de Estudios Hispánicos*, Eugenio d'Ors siguió siendo un *outsider*. El filósofo catalán se autoexilió a la llegada de la República, ante, según su propio testimonio,

> el plebeyo jolgorio en que una inconsciente muchedumbre se tragó quince siglos de tradición como pueden tragarse doce granos de uva, al punto de medianoche del Año Nuevo[94].

En aquellos momentos fue elaborando su filosofía de la historia y su alternativa a la democracia liberal. En sus divagaciones historiológicas, D'Ors pretendió emancipar a la historia del tiempo, descubrir sus elementos absolutos. Es lo que llamaba «Metahistoria», que está compuesta de «eones» o constantes. Pertrechado del concepto de «eón», el filósofo catalán sometió a criba el pasado de la Humanidad y obtuvo una serie de parejas de constantes o categorías. Estos «eones» puros son lo Femenino y la Viril; lo Clásico y lo Barroco; Roma o la unidad del género humano, y Babel o los cismas; el Ecúmeno, o la sede de la Cultura, y el Exótero, o periferia en colonización. A ese respecto, existía una clara contraposición entre Monarquía y República, en favor de la primera. La aparición de la Monarquía era la señal de que un grupo humano ha cobrado conciencia de la Historia, y correspondía a los «eones» positivos de lo Viril y lo Clásico, a Roma, al Ecúmeno; mientras que la República es femenina, babélica, barroca, romántica, popular, es decir, equivale a la anarquía, al salvajismo, al régimen de partidos, al desorden[95].

---

[93] Salvador de MADARIAGA, *Anarquía o jerarquía*, Madrid, 1935.

[94] Eugenio d'ORS, «Al margen de la Historia», en *Nuevo Glosario*, t. II, Madrid, 1947, p. 865.

[95] Eugenio d'ORS, *La Ciencia de la Cultura*, Madrid, 1964, pp. 121 ss.

De esta época data su obra *Vida de Fernando e Isabel*, donde la Reina Católica sustituye a Teresa *la bien plantada* como arquetipo de la nación. Ambas representan la «Política de Razón», la unidad nacional, movidas no por «una vocación de dicha, sino de mando», por «la desnuda voluntad de pujanza». Su contraste es Enrique IV, como representante del Barroco, «un verdadero *enfant du siècle* en esta hora barroca», «un Juan Jacobo Rousseau coronado», monarca decadente. La labor de los Reyes Católicos fue «dejar limpia de corrupción, dejar limpia a su gente. Dejar limpia a España de banderías y bandoleros». En su proyecto político, desecharon «los riesgos de la feudalidad, los de la democracia»; su gran acierto fue la centralización:

> Lo urgente era la afirmación absoluta del poder real, por debajo del cual habían de quedar los otros y, siempre por debajo, equilibrarse entre sí[96].

Su animosidad hacia la República era perceptible igualmente en la valoración de la obra pictórica de Francisco de Goya. El pintor aragonés era una «personalidad demoníaca», encarnación del espíritu del siglo XVIII: ataque al Catolicismo y Nacionalismo, entendiendo este último como suma de espontaneidades locales, no como nación política. Goya encierra en sí la dualidad del Barroco, «la Naturaleza contra la Razón, Pan contra Logos». Su pintura era «una hazaña de amotinada liberación, una rotura de moldes, lección subversiva para el arte nuevo y cuya virulencia no se ha extinguido aún». En el fondo, lo goyesco significaba «la epifanía del pueblo», «una epopeya democrática». El hecho de que fuese el pintor de la Corte tenía una significación histórica muy profunda. La Monarquía y la aristocracia llegaban, así, a «las cumbres de la Indulgencia», es decir, «una clase que, siguiendo el impulso humanitario y casi suicida, buscaba inconscientemente las dulzuras del perdón». Por eso, la *Familia de Carlos IV* no podía ser calificada sino como «apoteosis de la irreverencia»[97].

Aunque expresó su interés e incluso su admiración por algunos aspectos de la Italia fascista, su estadista favorito fue Oliveira Salazar, con quien no sólo le unieron afinidades ideológicas, sino también

---

[96] Eugenio d'ORS, *Vida de Fernando e Isabel*, Barcelona, 1982.

[97] Eugenio d'ORS, *Goya. El vivir y el arte de Goya. Goya y lo goyesco a la luz de la Historia de la Cultura*, Madrid, 1996.

la amistad. Salazar era el político contemporáneo que con mayor precisión encarnaba su ideal de «Política de Misión»: un auténtico estadista, libre, a diferencia de Mussolini, de servidumbres demagógicas y populistas. La política salazarista era una política de

> profesor, de técnico austero y desdeñoso, buscando y exigiendo en todo la competencia, el estudio recogido, la preparación especializada, y no pareciendo hallar la salvación fuera de ello.

Y es que la «Política de Misión» consistía en un retorno al despotismo ilustrado, con base en las elites intelectuales y técnicas, y en el régimen corporativo:

> El órgano de la Cultura, para exorcizar a la Nación, se llama Estado. ¿Qué hacer con el Estado?: *a*) la Educación; *b*) la Selección; *c*) la Autoridad. La mejor forma de educación es la libertad del humanismo. La mejor norma para la selección es la jerarquía corporativa o hereditaria. La mejor condición para la Autoridad, la unidad de mando[98].

El dirigente lusitano correspondió a la admiración de D'Ors nombrándole doctor por la Universidad de Coimbra, título que recibió en un acto de investidura caracterizado por la pompa y la solemnidad, muy en consonancia con la personalidad del filósofo catalán.

---

[98] Eugenio d'ORS, «Prólogo» a *Oliveira Salazar. El hombre y la obra*, de Antonio FERRO, Madrid, 1935, pp. XVII y XIV.

Capítulo IV

La era de Franco

1. EL FRANQUISMO: SÍNTESIS DE TRADICIONES

Como reconoció Manuel Azaña, los sucesos revolucionarios de 1934 y la acción gubernamental subsiguiente fueron «el prólogo de la guerra civil»[1]. Las derechas no estuvieron tampoco a la altura de las circunstancias. Los cedistas y sus aliados esterilizaron los proyectos reformistas del católico-social Manuel Giménez Fernández y se vieron implicados en una serie de escándalos económicos, que acabaron con la posibilidad de una rectificación conservadora de la República. Convocadas para febrero de 1936, las elecciones se celebraron en un ambiente profundamente tenso y dramático. Entre los distintos partidos de derecha e izquierda existían diferencias que afectaban no ya a un programa político de gobierno, sino a verdaderos sistemas de creencias. Las izquierdas se impusieron en la mayoría de las circunscripciones. La CEDA consiguió ochenta y ocho diputados; los monárquicos alfonsinos, doce; los carlistas, diez; los republicanos conservadores, tres. Falange quedó sin representación parlamentaria. *Acción Española* recibió el resultado electoral con una llamada a la rebelión armada:

> La Verdad puede y debe imponerse por la fuerza; forma de proselitismo y deber de amor que obliga para la acción a las clases directoras[2].

Un sector de las Fuerzas Armadas actuó ya en un sentido abiertamente conspirativo. Gil Robles perdió, con su derrota electoral, el carisma que cohesionaba a la CEDA; un sector importante de las JAP se pasó a Falange; y una minoría, con los monárquicos. En la izquierda, la situación no era mejor. Pronto, el Frente Popular dejó, en la

---

[1] Manuel AZAÑA, *Causas de la guerra civil*, Barcelona, 2002, p. 30.
[2] «El único camino», *Acción Española*, n.º 84, febrero de 1936.

práctica, de existir. Y tuvo lugar una fuerte movilización reivindicativa sindical, el agravamiento de las disensiones socialistas entre reformistas y revolucionarios, la unificación de las Juventudes Socialistas y Comunistas. En muchos casos la UGT y la CNT hablaban de revolución. La alternativa autoritaria defendida por Calvo Sotelo comenzó a tener un apoyo importante en el conjunto de las derechas. En el Parlamento, el diputado monárquico pidió sin rebozo el golpe de Estado militar. Niceto Alcalá Zamora fue destituido de su cargo de presidente de la República. Le sustituyó Manuel Azaña, quien fue incapaz de controlar una situación cada vez más conflictiva. El republicano conservador Miguel Maura publicó en *El Sol* una serie de artículos demandando una «dictadura nacional republicana»[3].

El conjunto de las derechas se fue sumando, aunque no sin reticencias con respecto a su significación última, a la conspiración militar, cuya cabeza visible era el general Sanjurjo. El asesinato de Calvo Sotelo, en quien no pocos veían al líder civil del inminente pronunciamiento, no fue determinante de la sublevación, pero contribuyó a darle una mayor legitimidad ante las asustadas masas conservadoras. Mal planeado, el golpe de Estado fracasó, pero el gobierno republicano no logró reducir a los sublevados ni controlar a la clase obrera, que se hizo con el poder en la parte de España en que no se habían impuesto los militares. Las instituciones republicanas se desmoronaron. La represión revolucionaria se cebó en los estamentos tradicionales, sobre todo en la Iglesia, en los empresarios, en los católicos y en los intelectuales y políticos de la derecha: Ramiro de Maeztu, Manuel Bueno, Zacarías García de Villada, Francisco Valdés, José María Hinojosa, Ramiro Ledesma Ramos, Muñoz Seca, José Antonio Primo de Rivera, José Martínez de Velasco, Melquíades Álvarez, etc. La mayoría de los intelectuales —José Ortega y Gasset, Manuel García Morente, Azorín, Menéndez Pidal, Gregorio Marañón, etc.—, tuvo que huir del Madrid revolucionario.

En ese sentido, la guerra civil se perfiló no como una lucha entre democracia y totalitarismo, sino entre revolución y contrarrevolución. No hay duda de que los sublevados no eran demócratas, pero tampoco se autodefinieron como tales. Resulta imposible, sin embargo, considerar defensores de la democracia, si por tal entendemos la liberal y pluripartidista, a socialistas revolucionarios, comunistas

[3] *El Sol*, 23 y 27 de junio de 1936.

y anarquistas, cuyo objetivo no era la defensa de las instituciones republicanas, sino la construcción de un sistema económico y político distinto. En realidad, en la zona revolucionaria coexistieron una serie de proyectos políticos de carácter totalitario de diverso signo. Los comunistas plantearon la creación de un Partido Único del Proletariado, pero las contradicciones entre las diversas fuerzas de la izquierda obrera, y en particular con los anarquistas, lo impidieron.

En la zona rebelde, la situación era también de enorme complejidad. Los falangistas estaban huérfanos de liderazgo; los carlistas y alfonsinos, divididos por fidelidades dinásticas; la CEDA, desprestigiada por su participación en las instituciones republicanas. Los monárquicos supervivientes de *Acción Española* optaron por ponerse al servicio de los militares, pero sus planes de homogeneizar la sublevación sufrieron un duro golpe con la muerte del general Sanjurjo en accidente de aviación. También su sumaron a la sublevación los militantes del Partido Agrario, los catalanistas de la *Lliga* —cuyo militante Joan Estelrich dirigió la propaganda de los rebeldes en los países no fascistas— y numerosos intelectuales, entre los que destacaron Unamuno, Menéndez Pidal, Zuloaga, Pemán, Manuel Machado, Wenceslao Fernández Flórez, Concha Espina, Ernesto Giménez Caballero, Eduardo Marquina, Pío Baroja, Gregorio Marañón, Manuel García Morente, Salaverría, Manuel Halcón, Agustín de Foxá, Melchor Fernández Almagro, Josep Pla, etc. El intelectual más comprometido con los sublevados fue Eugenio d'Ors, a quien el alzamiento había sorprendido en París. Consecuente con su pasado y su ideología, optó por los nacionalistas con todas sus consecuencias. Su «Glosario» reapareció en 1937 en el diario *Arriba España*, que se editaba en Pamplona; e ingresó en Falange. Luego fue nombrado Jefe Nacional de Bellas Artes. Sus textos ilustraron los números de la revista *Jerarquía*, órgano intelectual de Falange, dirigida por el sacerdote Fermín Yzurdiaga, y donde colaboraron, entre otros, Pedro Laín Entralgo, Bruno Ibeas, Carlos Foyaca de la Concha, Gonzalo Torrente Ballester, etc.

Pero la legitimación del alzamiento correspondió más al clero que a los intelectuales. La teología política de la sublevación se inició con la carta pastoral publicada por el cardenal Pla y Deniel el 30 de septiembre de 1936, donde se analizaba, desde una óptica agustiniana, los inicios del conflicto, legitimando la acción de los rebeldes, que estaban llevando a cabo una auténtica «Cruzada» religiosa. No obstante, fue el cardenal Isidro Gomá, primado de España, el teólogo por excelencia de la «Cruzada». Creía Gomá que la guerra daría comienzo a una nueva era en la vida de los hombres. Continuamente aparecieron en sus pastorales frases implacables para mostrar el carácter «satánico» de la revolución; su aspecto criminal e inhumano: «antidivina», «nihilista», «destructiva», «bárbara», «antiespañola», «anticristiana»[4]. La participación de Gomá en la redacción de la carta colectiva del Episcopado español sobre la guerra civil fue decisiva. De esta manera, los rebeldes ganaron una importante baza propagandística, tanto a nivel nacional como internacional.

Las jerarquías militares consiguieron imponer su hegemonía en las fuerzas políticas sumadas a la sublevación. La Junta de Defensa comenzó a actuar como mando supremo del Ejército, y también como gobierno en ciernes. Y otorgó el mando único al general Francisco Franco Bahamonde, uno de los fundadores de la Legión y prototipo del militar «africanista». Nacido en 1892, durante la II República había sido votante de la CEDA, amigo de Víctor Pradera y suscriptor de *Acción Española*. No era un hombre de pensamiento, pero sí, como luego demostraría, un político frío, realista e implacable, imbuido de una idea casi mesiánica de su misión histórica. En el fondo, fue un hobbesiano, un conservador escéptico hacia las ideologías, cuya convicción última era que, como había demostrado la experiencia republicana, el gobierno y el orden sólo pueden surgir de la autoridad omnipotente y de una comprensión astuta de las pasiones de los hombres. Un pragmático que llegó a la conclusión de que sin un Leviatán que castigase a los revolucionarios la sociedad española era incapaz de escapar al caos. Seguramente, se creyó llamado a ejercer la función de «dictador tutelar», por la que tanto habían clamado los regeneracionistas finiseculares. En ese sentido, el principal problema que se le planteó fue la coordinación de las distintas fuerzas políticas, sobre todo de Falange y de la Comunión Tradicionalista, convertidas, tras el estallido de la guerra, en los grupos hegemónicos de la España nacionalista. Para ello, contó con la ayuda de su cuñado, Ramón Serrano Súñer, jurista, afiliado a la CEDA, amigo de José Antonio Primo de Rivera y admirador de Mussolini. Como árbitro político de la situación, Franco era del todo

---

[4] Isidro GOMÁ, *Pastorales de la guerra de España*, Madrid, 1955, pp. 163 ss.

Portada de Teodoro Delgado para una publicación dedicada al Decreto de Unificación de 1937. Aquí requeté y falangista se muestran confiados ante una decisión de Franco que pretendía aglutinar las esencias de ambas formaciones. Sin embargo, esta unión no estuvo libre de tensiones. *Archivo Anaya.*

consciente de que, para ganar la guerra, necesitaba un frente y una retaguardia perfectamente unidos. Y el 19 de abril de 1937 hizo público el Decreto de Unificación, redactado por Serrano Súñer, que establecía el partido único, nombrando tan sólo a Falange y al Requeté como «los dos exponentes auténticos del espíritu del alzamiento nacional». Se daba por hecho que en España se establecía un «régimen totalitario», cuya norma programática eran los puntos de Falange. La nueva entidad, Falange Española Tradicionalista y de las Juntas de Ofensiva Nacional-Sindicalista, era definida como «Movimiento» y sería una organización intermedia entre la sociedad y el Estado. Los órganos rectores serían un Secretariado o Junta Política y el Consejo Nacional. El decreto dejaba abierta la posibilidad de «instauración» de la Monarquía[5].

La unificación no dejó de producir tensiones entre los dirigentes de Falange y de la Comunión Tradicionalista. Manuel Fal Conde sufrió destierro y Manuel Hedilla, el jefe nacional falangista, fue detenido y condenado a muerte tras los sucesos de Salamanca, donde se pusieron de manifiesto las divisiones en Falange. Sin embargo, *Acción Española* fue integrada en el partido único. Antonio Goicoechea disolvió Renovación Española, y Gil Robles dio su apoyo a la unificación.

No debemos ver, sin embargo, en el nuevo régimen una mímesis estricta del totalitarismo fascista. En realidad, el partido único iba a tener una escasa importancia en la configuración del sistema político. Algunos sociólogos, como Raymond Aron, han clasificado el régimen español, al lado de la Francia de Pétain y del Portugal salazarista, como carente de partido político hegemónico[6]. El historiador Ernst Nolte, por su parte, señala que la unificación decretada por Franco

> fue más allá de lo que un partido fascista puede soportar en síntesis; por la misma razón, el partido estatal de la España franquista no debe contarse entre los partidos fascistas[7].

En ese sentido, la caracterización más aproximada a la esencia del régimen fue la elaborada, años después, por el constitucionalis-

[5] Véase María del Carmen García Nieto y José María Donezar, *Bases documentales de la España contemporánea*, Madrid, 1974, pp. 284 ss.

[6] Raymond Aron, *Democracia y totalitarismo*, Barcelona, 1968, p. 80.

[7] Ernst Nolte, *Después del comunismo*, Barcelona, 1995, p. 9.

ta Rodrigo Fernández Carvajal, al definirlo como una «dictadura constituyente»[8]. Y es que lo que significativamente se llamaría con posterioridad «franquismo» fue un sistema mucho más personal que institucionalizado. Una «dictadura soberana», es decir, que no reconoce ni puede reconocer una normatividad preexistente y, en rigor, se atiene al *auctoritas, no veritas facit legem* de Thomas Hobbes[9]. Al igual que toda dictadura, la soberana está sujeta y, en última instancia, referida a la figura de un hombre. Esa incapacidad de disociar la estructura del régimen de la personalidad en que se encuentra el poder —que no es un órgano o una figura jurídica— marca a fuego toda dictadura soberana, y fue el talón de Aquiles del régimen nacido de la guerra civil, que, hasta el final de sus días, se identificó con la figura de Francisco Franco. El papel de su autoridad como «Caudillo» fue decisivo. Franco acertó a situarse por encima de las tendencias políticas y, gracias a su imagen de vencedor de la guerra y de «Salvador de España», le fue atribuida una personalidad carismática, de la que se aprovechó para afianzar su poder. Su carisma estuvo impregnado de un claro componente religioso. La fórmula «Caudillo por la gracia de Dios» era producto no sólo del propio contexto social, sobrecargado de instancias religiosas, sino de la propia situación en que hubo de perfilarse su liderazgo. No era el jefe de un partido político, ni, por su condición de militar, podía ser exaltado como tribuno del pueblo. La legitimidad religiosa contribuyó a enfatizar su carácter irresponsable. En tales circunstancias, las fuerzas políticas concurrentes en el alzamiento no pudieron tener otra estrategia que la de, por emplear la expresión de Carl Schmitt, el «acceso al poderoso»[10].

Y es que, lejos de ser monolítico, el nuevo régimen fue, de hecho, plural, una maraña inextricable de organizaciones rivales que se hostilizaban entre sí. El predominio de una u otra corriente cambiaría, según los períodos, las coyunturas y, sobre todo, la voluntad de Franco, que tuvo, desde el primer momento, el papel de árbitro y mediador entre aquella abigarrada constelación de fuerzas sociales y políticas. A ese respecto, lo que ha venido en llamarse «franquismo» resultó ser el recipiente en el que confluyeron todas las corrientes políticas de la derecha española, viejas y nuevas, de modo que,

---

[8] Rodrigo FERNÁNDEZ CARVAJAL, *La Constitución española,* Madrid, 1969.

[9] Carl SCHMITT, *La dictadura,* Madrid, 1968.

[10] Carl SCHMITT, *Diálogos,* Madrid, 1962, pp. 76 ss.

en un primer momento, pudo presentar las dos caras de un movimiento que, por un lado, al menos retóricamente, auspiciaba un nuevo orden regido según los modelos de Italia y de Alemania y, por otro, incorporaba unos sectores conservadores que querían la preservación del orden social tradicional. Tras la unificación, Falange salió aparentemente reforzada, y los poderes tradicionales recelaron de su posible influencia. El cardenal Gomá se escandalizó de que el *Discurso a las juventudes de España*, de Ledesma Ramos, con su claro componente laicista y anticatólico, pudiera publicarse en la España nacional. Y, posteriormente, opondría al totalitarismo fascista el totalitarismo «divino»[11]. Y José Pemartín, monárquico de *Acción Española*, invocó al «Caudillo Hacedor de Reyes» y a la «Monarquía Religioso-Militar» frente al Estado unipartidista[12].

La Iglesia fue, al lado del Ejército, el pilar fundamental del régimen. En realidad, la originalidad de éste radicó principalmente en sus pretensiones de ser el exponente más claro en Europa de un proyecto restaurador del catolicismo. Las leyes y la legislación tuvieron un acusado carácter confesional. El régimen reprimió hasta la saciedad a los enemigos del catolicismo. La Iglesia ejerció el control y la vigilancia en materia de enseñanza y moral en todo tipo de escuelas, así como la censura de obras literarias y artísticas. Además, suprimió el divorcio.

Importante fue también la promulgación, en marzo de 1938, del Fuero del Trabajo, que aunó las tendencias conservadoras, social-católicas y falangistas. Influencias católicas fueron el salario mínimo, el subsidio familiar, el fomento del artesanado, el acceso a la propiedad, el papel subsidiario del Estado, etc. La huelga quedó proscrita como «delito de lesa patria». El Fuero asumió también el legado falangista, considerando al nuevo Estado como «instrumento totalitario al servicio de la integridad patria». El sindicato «vertical» se configuraba como un ente unitario, exclusivamente de «productores» y, a la vez, como un organismo de carácter público, integrado en el Estado. Desde el punto de vista económico, se reforzaron las tendencias autárquicas del capitalismo español. El proteccionismo arancelario, el nacionalismo económico y el intervencionismo estatal crecieron a niveles inigualados.

---

[11] Isidro GOMÁ, *Pastorales de la guerra de España*, Madrid, 1955, pp. 226 ss.
[12] José PEMARTÍN, *¿Qué es lo nuevo?*, Santander, 1938.

En su intento de dotarse de legitimidad histórica, el régimen hizo uso del tradicionalismo cultural de raíz menendezpelayana. Basta consultar cualquier publicación de la época para leer alabanzas del Siglo de Oro y de la España de los Reyes Católicos, Carlos I y Felipe II, al lado de críticas absolutas contra el siglo XVIII, la Ilustración y el liberalismo. La escolástica adquirió el rango de filosofía oficial en las universidades.

La concepción nacionalista del nuevo régimen no admitió hechos diferenciales, ni pluralidades lingüísticas en pie de igualdad, ni descentralización de los poderes del Estado, ni concesiones de autogobierno.

2. LOS TEÓRICOS DEL FALANGISMO

Mientras duró la guerra mundial y la hegemonía del Eje en Europa, el falangismo logró influir de manera importante en la gestación del nuevo Estado. Los falangistas consiguieron que se creasen organismos nuevos, como el Instituto de Estudios Políticos, y su órgano doctrinal, así como la Facultad de Ciencias Políticas. El 31 de julio de 1939 se aprobaron los estatutos de FET de las JONS, atribuyendo al Jefe Nacional del Movimiento el título de «Caudillo», bajo cuya autoridad funcionaba el Consejo Nacional del Partido. Las nuevas generaciones fueron organizadas en el famoso Frente de Juventudes, siguiendo el modelo italiano y alemán. La influencia falangista fue importante en el mundo universitario; por la Ley de Ordenación Universitaria, profesores y alumnos quedaron alistados en el Sindicato Español Universitario. La Sección Femenina pretendió servir de vehículo de adoctrinamiento de las mujeres en la exaltación de los valores tradicionales: madre y hogar. El sector falangista contó, además, con un selecto grupo de intelectuales, algunos de los cuales se consideraban discípulos de D'Ors y de Ortega, o habían estudiado en Alemania e Italia y se sentían seducidos por la experiencia fascista. Ninguno de ellos había militado en Falange durante la II República. Algunos procedían de la derecha republicana, como Legaz Lacambra; otros, como Francisco Javier Conde, de la izquierda socialista, o de la FUE, como Antonio Tovar; no faltaban católicos más o menos independientes como Laín Entralgo o López Aranguren.

Nacido en 1908, Luis Legaz Lacambra se había formado primero en la escuela de Kelsen y luego fue influido por Carl Schmitt. Se le puede considerar el primer teórico del partido único. Legaz partía de la crisis del Estado liberal, «un Estado desintegrado en falsos antagonismos». Su contraste, el Estado unipartidista, no estaba basado en la polémica, sino en la exclusión del principio de alteridad. Para Legaz, el partido no es un órgano del Estado, ni un ente autárquico, ni una corporación de derecho público; era una *ecclesia*, que guarda con el Estado una relación ontológica y jerárquica a lo que, en tesis católicas, mantiene el Estado católico con la Iglesia católica. De lo que se deduce una serie de consecuencias. El credo y el dogma deben ser respetados por el Estado, que constituye el movimiento político y que adquiere el compromiso de protegerlo jurídicamente, persiguiendo la «herejía» política» y exigiendo a los altos cargos lealtad a los ideales[13].

No menos importante fue la labor teórica de Francisco Javier Conde, el principal discípulo español de Carl Schmitt. Desde la perspectiva schmittiana, Conde criticó el formalismo kelseniano y las doctrinas «pluralistas» del Estado, cuya consecuencia era la «tiranía de los grupos sociales» que pretendían arrancar su soberanía al Estado[14]. No obstante, la aportación más reseñable de Conde a la legitimación del nuevo régimen fue su teoría del caudillaje, a la que no fue ajena la influencia de Max Weber y de Carl Schmitt, sobre todo en la crítica de este último al intento kelseniano de sustituir el mando y el poder de los hombres concretos, capaces de acaudillar carismáticamente, por encima de las normas abstractas[15].

A su lado, cabe destacar la labor intelectual del filósofo, médico y ensayista Pedro Laín Entralgo. Nacido en 1908, había colaborado en *Arriba España*, *Jerarquía* y *FE*. Admirador de Ortega y D'Ors, sus primeros escritos tienen como claro objetivo perfilar una ética nacional falangista acorde con los valores católicos. En aquellos momentos no era viable, para Laín, la alianza del Trono y del Altar, por la «total pérdida de vigencia social por parte de la idea monárquica

---

[13] Luis LEGAZ LACAMBRA, *Introducción a la teoría del Estado nacional-sindicalista*, Barcelona, 1941, pp. 125 ss.

[14] Francisco Javier CONDE, *Introducción al Derecho Político actual*, Madrid, 1942, pp. 168 ss.

[15] Francisco Javier CONDE, «Espejo de Caudillaje» (1942), en *Escritos y fragmentos políticos*, t. I, Madrid, 1974, pp. 301 ss.

dinástica». Igualmente, criticaba la democracia cristiana, que no era, a su juicio, una alternativa adecuada para la restauración de los valores católicos. De lo que se trataba, en el fondo, era de dar una interpretación no tradicionalista de la fórmula falangista de «incorporar el sentido católico a la reconstrucción nacional». La solución era el Estado totalitario, y por ello criticaba las reticencias del catolicismo oficial con relación a la Alemania nacionalsocialista, cuya «estrecha amistad» era vital para la nueva España[16].

Pero la principal obra de Laín fue, en aquellos momentos, la que efectuó, al lado de sus camaradas Dionisio Ridruejo y Antonio Tovar, con la creación de la revista *Escorial*, órgano cultural ligado a Falange. Su objetivo era la búsqueda de fundamentos teóricos, culturales e ideológicos para el Estado totalitario que se proyectaba. Los promotores de la revista se manifestaron reiteradamente favorables a la entrada de España en la guerra mundial, en defensa del «Nuevo Orden» europeo, de las seculares reivindicaciones del nacionalismo español —«Gibraltar, África, Riotinto»—, y de los tres ejes radicales de la europeidad: la Antigüedad clásica, el Cristianismo y la Germanidad[17].

No obstante, *Escorial* iba más allá en sus objetivos; la revista aspiró a integrar a los miembros de la comunidad científica e intelectual que no se habían exiliado[18]. Y dio audiencia en sus páginas a viejas glorias de la literatura, la historia y la filosofía española: Azorín, Menéndez Pidal, Baroja, Marañón, etc. Se comentaron elogiosamente los nuevos trabajos del exiliado Ortega y Gasset. Y se ofreció oportunidad de expresarse a las nuevas generaciones intelectuales, desde antiguos colaboradores de *Acción Española* y propagandistas católicos, pasando por falangistas y discípulos de Ortega: Montes, Aunós, García Valdecasas, Calvo Serer, Dámaso Alonso, Marías, García Gómez, Fernández Almagro, Zubiri, Gullón, etc.

Entre los colaboradores de la revista se encontraba igualmente el escritor católico José Luis López Aranguren, que, por aquel entonces, pasaba por ser el principal discípulo de Eugenio d'Ors, a cuya obra dedicó uno de los primeros libros. En sus páginas, López Aran-

---

[16] Pedro Laín Entralgo, *Valores morales del nacional-sindicalismo*, Madrid, 1941, pp. 106 ss.

[17] «La cultura en el nuevo orden europeo», *Escorial*, cuaderno 15, enero de 1942, pp. 7-8.

[18] «Manifiesto editorial», *Escorial*, cuaderno 1, noviembre de 1940, pp. 7-8.

guren hacía suya «la filosofía militante» del catalán, «una *Aüfklarung* católica, esto es, religioso-universal y tradicional». Y celebraba su lucha contra

> el sentido espiritual del luteranismo y todo su cortejo de males para la inteligencia, a saber, soledad, abstracción, vida interior, individualismo, libre examen, antitradicionalismo y nacionalismo religioso.

Y es que, a su juicio, era imposible separar lo político de lo teológico:

> Toda gran política es «política católica», en el pleno, unitario y total sentido de la palabra[19].

Pionero entre los estudiosos españoles del luteranismo, López Aranguren se mostraba entonces partidario de un «diálogo con los protestantes», a condición de «mantener cuidadosamente, por lo menos ante nuestros propios ojos, las discrepancias esenciales». Y añadía:

> ¿Qué duda cabe, por ejemplo, de la fecundidad del influjo de Unamuno sobre nosotros mismos? Pero sin dejar de ver su origen luterano-kierkegaardiano; es decir, completamente protestante, de su religiosidad. Para unir es necesario distinguir; el peor enemigo de la comprensión es la confusión[20].

Por su parte, Laín inició una reinterpretación del legado menendezpelayano y noventayochista, con vistas a establecer una genealogía del pensamiento político falangista y de su concepción de la historia de España. Laín estimaba que el polígrafo santanderino no había sido, en el fondo, el integrista que dibujaron los hombres de *Acción Española* y sus herederos intelectuales. Hombre de su tiempo, Menéndez Pelayo supo sobrepasar en su madurez, gracias a su conocimiento de la cultura europea moderna, tanto el «extremismo progresista», característico de krausistas y positivistas, como el «extremismo reaccionario», de los escolásticos y tradicionalistas[21].

---

[19] José Luis LÓPEZ ARANGUREN, *La filosofía de Eugenio d'Ors*, Madrid, 1945, pp. 207, 210-211 y 231.

[20] «Libertad religiosa y catolicismo», *Escorial*, cuaderno 50, enero de 1949, p. 322.

[21] Pedro LAÍN ENTRALGO, *Menéndez Pelayo. Historia de sus problemas intelectuales*, Madrid, 1944, pp. 76 ss.

En esa misma línea, reivindicó el legado noventayochista y orteguiano, continuando la línea de Ledesma Ramos, Primo de Rivera y Giménez Caballero. Su meditación sobre el 98 se sintetizaba en el «problema de España». Los noventayochistas fueron el primer grupo intelectual español que supo sustituir el amor declamatorio y pasadista de la historia española, por su patriotismo crítico y proyectivo, cuyo heredero principal era Ortega y Gasset, que asumió el auténtico «ideal de eficacia» tendente a la europeización definitiva de la sociedad española, aunque cometió, a juicio de Laín, el error de no tener en cuenta la importancia de la tradición católica[22].

Tales planteamientos fueron, como tendremos oportunidad de ver, muy criticados por otros sectores político-intelectuales integrados en el régimen, sobre todo los herederos de *Acción Española*, capitaneados por Rafael Calvo Serer. Pero, en cualquier caso, el sueño falangista de un Estado totalitario pleno se disolvió pronto en retórica inútil, dada la realidad interior de una España en ruinas y tutelada por un clero tradicionalista reacio a tales novedades; y que, además, vio deshacerse, tras el final de la guerra mundial, las empresas políticas de Italia y Alemania.

3. LA NUEVA DERECHA MONÁRQUICA

De hecho, a partir de 1942, el régimen comenzó a dejar explícitas sus diferencias ideológicas con las potencias del Eje. En la *Revista de Estudios Políticos*, Alfonso García Valdecasas manifestó que no podía ponerse en el mismo plano al Estado español y a los Estados totalitarios. Y es que España había mantenido una postura ética en defensa de los valores objetivos religiosos frente al maquiavelismo de las otras naciones europeas. De ahí que en la tradición española no tuviera cabida la visión del Estado como fin en sí mismo: «Por encima del Estado —dirá— hay un orden de verdades y preceptos a que él debe atenerse»[23].

Franco comenzó a dar perfil institucional a su régimen. El 17 de julio de 1942 se promulgó la Ley de Constitución de las Cortes

[22] Pedro Laín Entralgo, *La Generación del 98*, Madrid, 1945; *España como problema*, Madrid, 1948.

[23] «Los Estados totalitarios y el Estado español», *Revista de Estudios Políticos*, n.º 5, enero de 1942, p. 30.

Españolas. En esta Ley, las Cortes se configuraban como «instrumento de colaboración» en la tarea legislativa, que era atribución del Jefe del Estado. Su función era deliberativa y auxiliar. Los llamados «procuradores» se dividían en dos categorías: natos y electivos, con gran diferencia de los primeros sobre los segundos, ocupando la mayoría el escaño en función del cargo público o administrativo que desempeñaran. Existían, además, un número de «procuradores» —no superior a cincuenta— directamente designados por el Jefe del Estado. La idea básica en la que se sustentaban las Cortes era el organicismo. La nación española era contemplada no como un conglomerado atómico de individuos, sino como un «organismo unitario formado por grupos sociales naturales y permanentes»[24].

Tras el final de la guerra mundial, el monárquico de *Acción Española* José Pemartín propugnó, en la Academia de Legislación y Jurisprudencia, una evolución del régimen al socaire de las nuevas circunstancias políticas e internacionales, pero sin romper con su estructura esencial. Pemartín criticaba el fascismo como portaestandarte de un «idealismo totalitario» y de una «revolución de signo contrario». Derrotados los fascismos, el enemigo más temible era, naturalmente, el comunismo, contra el que era necesario elaborar una alternativa política viable y realista, que, en el caso español, no podía ser otra que la «democracia orgánica tradicional»[25].

No fueron, en principio, los monárquicos los llamados para llevar a cabo la necesaria reacomodación política. Franco recurrió a los más cualificados representantes del catolicismo político oficial, a los discípulos de Ángel Herrera Oria. Los cambios ministeriales del 18 de julio de 1945 significaron un auténtico salto cualitativo en la influencia y poder de los sectores católicos plenamente integrados en la ideología de la «Cruzada». Franco renovó a los titulares de ocho ministerios y dejó sin cubrir momentáneamente la Secretaría General de FET de las JONS. En el nuevo gobierno aparecieron importantes miembros de la Asociación Católica Nacional de Propagandistas, como Ibáñez Martín, José María Fernández Ladreda y Alberto Martín Artajo. La Iglesia católica aparecía como el principal sostén político e ideológico, tanto a nivel interior como exterior. Se inició un claro proceso de «desfalangización», cuyo máximo expo-

---

[24] *Leyes Fundamentales del Reino*, Madrid, 1971, pp. 15-19.

[25] José PEMARTÍN, *Algunas enseñanzas de la crisis mundial. I. Vitalidad de las formas políticas*, Madrid, 1945, p. 10.

nente fue el llamado Fuero de los Españoles, obra en parte del primado Enrique Pla y Deniel. Se trataba de una especie de declaración de derechos fundamentales entre los que se encontraban la igualdad ante la ley, libertad de expresión, libertad de residencia, *habeas corpus*, libertad de asociación, seguridad jurídica, etc. Al mismo tiempo, se afirmaba la confesionalidad del Estado, que se hacía compatible con la afirmación de libertad de cultos. El reconocimiento de los derechos estaba condicionado a la protección de los «principios fundamentales del Estado» y de la «unidad espiritual, nacional y social de España». Igualmente, se daba apoyo a la doctrina social de la Iglesia[26].

A diferencia de los falangistas y luego de los herederos de *Acción Española*, los discípulos de Ángel Herrera siguieron sin distinguirse por la densidad conceptual de su pensamiento político. Como sus antecesores, siguieron siendo, más que nada, hombres de acción. Sus principales representantes, aparte del propio Herrera, fueron Fernando Martín Sánchez-Juliá, Joaquín Ruiz Giménez, José Larraz, Alberto Martín Artajo, José María Sánchez de Muniaín, etc. Tras la guerra civil, su *Boletín* y el diario *Ya*, heredero de *El Debate*, continuaron desarrollando, sin excesiva originalidad, las pautas ideológicas de su proyecto político: corporativismo, tradicionalismo cultural, anticomunismo, etc., cuya base ideológica era el pensamiento papal[27].

Esta mediocridad cultural se vio paliada, en cierta forma, por la creación de la Biblioteca de Autores Cristianos y la Editorial Católica, donde, aparte de la célebre *Biblia Nácar-Colunga*, se publicaron una importante antología de Menéndez Pelayo y las obras completas de Donoso Cortés y de Jaime Balmes.

El proyecto católico pasaba por la instauración de la Monarquía tradicional. Los sectores sociales y políticos partidarios del retorno de la Monarquía fueron en su mayoría, desde el principio, uno de los puntales de apoyo al régimen nacido de la guerra civil. Sin embargo, las relaciones entre Franco y Juan de Borbón pasaron, sobre todo a partir del final de la guerra mundial, por períodos de profunda enemistad. Los consejeros más próximos al versátil pre-

---

[26] *Leyes Fundamentales del Reino*, Madrid, 1971, pp. 29 ss.

[27] En ese aspecto, son significativas las recopilaciones de artículos de Fernando Martín Sánchez-Juliá, *Ideas claras. Reflexiones de un español actual*, Madrid, 1959, y *Obras selectas*, de Ángel Herrera, Madrid, 1963.

tendiente, en particular Pedro Sainz Rodríguez y José María Gil Robles, pensaron que Franco y su régimen caerían bajo la presión de Gran Bretaña y Estados Unidos. Lo cual no significaba que ambos políticos hubieran evolucionado ya entonces hacia posturas demoliberales; en realidad, su opción era puramente pragmática. Se trataba, en el fondo, de salvar lo salvable de la victoria de 1939. Siguiendo esta táctica, el Conde de Barcelona instó al general Franco a la restauración de la Monarquía tradicional, y en marzo de 1945 hizo público el llamado Manifiesto de Lausana, donde denunciaba al régimen como «inspirado en los sistemas totalitarios de las potencias del Eje, tan contrarios al carácter y la tradición de nuestro pueblo» y «fundamentalmente incompatible con las circunstancias que la guerra presente está creando en el mundo». Como alternativa, ofrecía un «Estado de Derecho», basado en la «concepción cristiana del Estado». La Monarquía tradicional sería garante de una serie de reformas: una constitución, libertades públicas, regionalismo, amnistía, etc.[28].

El manifiesto no fue bien recibido por los monárquicos del interior. Tan sólo el Duque de Alba, el Conde de Vallellano y el infante Alfonso de Orleans dimitieron de sus cargos en el Estado. Por el contrario, Antonio Goicoechea, Ramón de Carranza, el Marqués de Sotohermoso, el Duque de Alcalá y otros criticaron el contenido del manifiesto[29].

En febrero de 1946, el Conde de Barcelona se trasladó a la localidad portuguesa de Estoril. Y poco después se hicieron públicas las Bases Institucionales de la Monarquía Española, obra de Gil Robles, Sainz Rodríguez, el Conde de Rodezno y Antonio Iturmendi. El contenido de las Bases era claramente tradicionalista. La nación española descansaría en los postulados «esenciales» e «inalterables» del catolicismo y la Monarquía tradicional. Se hacía explícita la confesionalidad del Estado y, al modo carlista, se insistía en la «autarquía» de las regiones. El rey ejercería sus prerrogativas asistido por el Consejo del Reino, como entidad consultiva, integrada por miembros de derecho propio, de nombramiento real y electivos. Existiría

---

[28] Véase Pedro SAINZ RODRÍGUEZ, *Un reinado en la sombra*, Barcelona, 1981, pp. 365 ss.

[29] El mejor libro sobre este tema es el de Fernando de MEER, *Don Juan de Borbón. Un hombre solo*, Valladolid, 2001.

una sola cámara de carácter corporativo, cuya función sería deliberativa y auxiliar[30].

A su vez, Franco tenía ya un proyecto de Ley de Sucesión, que coincidía ampliamente con los postulados de las Bases: confesionalidad católica, Monarquía tradicional, Consejo del Reino, Consejo de Regencia, etc. No obstante, la Ley atribuía nominalmente la Jefatura del Estado a Franco y no a Juan de Borbón. Además, algunos de sus puntos eran un arma de Franco contra éste; en particular aquella que establecía la ley de las dos legitimidades, la de origen y la de ejercicio. El Jefe del Estado podía excluir de la sucesión a las personas que se desviasen de los «principios fundamentales del Estado», e incluso el Consejo de Regencia podía proponer un Regente en lugar de un Príncipe[31].

En un principio, el Conde de Barcelona rechazó la nueva Ley, que fue aprobada en referéndum, lo que aprovechó Gil Robles para llegar a un pacto con los sectores no revolucionarios de la izquierda en el exilio, capitaneados por Indalecio Prieto. No obstante, el pretendiente optó finalmente por jugar la carta de Franco, entrevistándose con éste en el yate *Azor*, donde se llegó a una serie de acuerdos, entre ellos que su hijo Juan Carlos, heredero al trono, vendría a estudiar a España. A partir de ese momento, se abrió un nuevo período en las relaciones de los monárquicos con el régimen. Un período en el que tuvo lugar un nuevo proceso de renovación ideológica del conservadurismo tradicional, a través de las actividades de una nueva generación de intelectuales que sustituiría a la vieja guardia de los supervivientes de *Acción Española*.

La nueva derecha monárquica comenzó a manifestarse ideológicamente a través de la revista *Arbor*, órgano del Consejo Superior de Investigaciones Científicas. Desde el final de la guerra, el Consejo se había convertido en la contrarréplica católica de la Junta de Ampliación de Estudios. La idea de su creación partió de José María Albareda, científico miembro de la asociación religiosa Opus Dei. A través de su influencia, la Obra iría ocupando gran número de cátedras universitarias.

El Opus Dei había sido fundado en octubre de 1928 por el sacerdote Josemaría Escrivá y Albás, que luego propició el cambio de su

---

[30] Archivo Gabriel Maura Gamazo, legajo 122, 28 de febrero de 1946.

[31] *Leyes Fundamentales del Reino*, Madrid, 1971, pp. 40 ss.

apellido por el de Escrivá de Balaguer, más tarde ennoblecido, además, con el marquesado de Peralta. Seguramente, Escrivá no fue inmune a la influencia de *Acción Española*, como no lo fueron algunos de sus seguidores, entre ellos Rafael Calvo Serer, Juan José López Ibor o Leopoldo Eulogio Palacios. Su célebre obra *Camino* fue la expresión de sus ideas religiosas y políticas. Una especie de réplica a *Formación de selectos* del padre Ángel Ayala. El hombre del Opus Dei ha de ser un creyente viril, ambicioso, a la par que sumiso, y siempre al servicio de la fe católica y de la Obra:

> Tienes ambiciones [...], de saber [...], de acaudillar [...], de ser audaz. Bueno bien. Pero por Cristo, por Amor.

El Opus Dei no sólo esperaba de sus afilados que ejercieran su profesión civil, sino que cumplan de manera ejemplar las tareas relacionadas con su trabajo. La teología moral y política de Escrivá se apoyaba en una constante defensa de lo secular, de lo corpóreo, de lo terrenal, en un deseo de «materializar lo espiritual»[32]. En el fondo, el proyecto de Escrivá fue la creación en el seno del catolicismo español de nuevas elites de orientación, cuyo objetivo era lograr la simbiosis entre la mentalidad tradicional católica y el pragmatismo característico de la burguesía empresarial.

La revista *Arbor* fue fundada en Barcelona, en marzo de 1943, por Rafael Calvo Serer, Raimundo Pániker y Ramón de Roquer. La mayoría de sus colaboradores y miembros directivos pertenecían al Opus Dei: Calvo Serer, Rafael de Balbín, Víctor García Hoz, Rafael Gibert, Vicente Rodríguez Casado, Álvaro d'Ors, Ángel González Álvarez, Florentino Pérez Embid, Federico Suárez Verdeguer, Ángel López-Amo, Vicente Marrero, etc. Tampoco faltaron las firmas de algunos supervivientes de *Acción Española*, como José Luis Vázquez Dodero, José Pemartín, Eugenio Vegas, etc. Y también colaboraron intelectuales no pertenecientes a la Obra, como Gonzalo Fernández de la Mora.

Los grandes animadores de *Arbor* fueron Calvo Serer y Pérez Embid. Ninguno de los dos era pensador político de altura, pero sí ambos buenos organizadores. Sus colaboradores de mayor prestan-

[32] Josemaría ESCRIVÁ DE BALAGUER, *Camino*, Madrid, 1962, pp. 121-127; «Amar al mundo apasionadamente», en *Conversaciones con Josemaría Escrivá de Balaguer*, Madrid, 1968, p. 178.

cia intelectual fueron Ángel López-Amo, nacido en 1917, profesor del Príncipe Juan Carlos y teórico de la Monarquía «social» en la línea de Von Stein, y, sobre todo, Gonzalo Fernández de la Mora, barcelonés de 1924, representante de un neoconservatismo abierto a la modernización económica y tecnológica.

Pero *Arbor* no fue la única plataforma de la nueva derecha monárquica; lo fueron también los diarios *Abc* e *Informaciones,* las revistas *Nuestro Tiempo* y *Ateneo,* y, sobre todo, la Biblioteca del Pensamiento Actual, editada por Rialp, quizás la empresa ideológica más ambiciosa de la historia de la derecha española contemporánea. En ella se publicaron una serie de obras de escritores y filósofos españoles y extranjeros, entre los que destacaban Vicente Palacio Atard, Calvo Serer, Fernández de la Mora, López-Ibor, Gambra, López-Amo, Millán Puelles, Elías de Tejada, Muñoz Alonso, Guardini, Haecker, Gilson, Schmitt, Fanfani, Dawson, Wust, Massis, Löwith, Voegelin, etc.

Favorables a un entendimiento entre Juan de Borbón y Franco, su alternativa institucional era la Monarquía «tradicional, hereditaria, antiparlamentaria y descentralizada»[33]. Esta invocación a una Monarquía de resonancias maurrasianas se veía completada por las aportaciones de la perspectiva «social» de Lorenz von Stein. No fue López-Amo el introductor de Von Stein en España; anteriormente, había expuesto sus ideas y planteamientos Manuel García-Pelayo en las páginas de la *Revista de Estudios Políticos,* a la altura de 1944; y luego, Luis Díez del Corral, al prologar *Movimientos sociales y Monarquía,* del pensador alemán. Lo que hizo López-Amo fue desarrollar esas ideas, adaptarlas al caso español y convertirlas en alternativa política. Basándose en Von Stein, López-Amo estimaba que no existía comunidad política propiamente dicha si el Estado no podía independizarse de la sociedad, colocándose a su servicio. Si la sociedad dirige al Estado el poder se encuentra en manos de la clase dominante, y esta situación de desequilibrio conduce a la injusticia y, en último término, a la guerra civil. Si el Estado, como en el fascismo, tiende a la absorción de la sociedad, ésta queda indefensa y termina tiranizada. La democracia tiende a edificar la sociedad con el Estado; por eso, el triunfo de la legitimidad democrática sitúa a la sociedad y al individuo en una disyuntiva total: o

[33] Rafael CALVO SERER, *España sin problema,* Madrid, 1947, p. 147.

el Estado es dueño de la sociedad y entonces hay dictadura de clase, o la sociedad se adueña del Estado y, en consecuencia, habrá lucha de clases sin cuartel. De ahí que el Estado, para servir a la sociedad y recobrar su soberana independencia, como había señalado Von Stein, debiera tener una estructura y un contenido monárquico, cuya legitimidad le hiciera estar por encima de las discordias civiles y los intereses sociales y económicos en liza, constituyendo un poder neutro, capaz de servir de moderador de los demás poderes del Estado y la sociedad. Era, en fin, el monárquico el único poder legítimo capaz de realizar la reforma social[34].

Arbor y la Biblioteca del Pensamiento Actual acogieron igualmente las ideas de pensadores carlistas como Rafael Gambra y Francisco Elías de Tejada, partidarios de una Monarquía tradicional, según fue esbozada en su día por Juan Vázquez de Mella: católica, social, representativa y federativa, como alternativa al totalitarismo falangista[35].

Pero los jóvenes monárquicos no se limitaron a defender los viejos esquemas menendezpelayistas. Igualmente se produjo una revalorización de la Monarquía ilustrada de Carlos III, como garante de un proyecto de modernización social sin ruptura con los fundamentos de la tradición católica. Así, el historiador Vicente Rodríguez Casado sostuvo que en el siglo XVIII tuvieron lugar en España importantes cambios en la estructura social, análogos a los iniciados en Gran Bretaña o Francia. Era el intento de una «revolución burguesa» desde arriba propiciada por los «ilustrados cristianos» o «reformistas tradicionales»[36].

Y es que la restauración a la que aspiraban tenía por base una clara filosofía conservadora de la historia. Calvo Serer distinguía, en la marcha del tiempo histórico, tres momentos interrelacionados: revolución, reacción y restauración. En esa dialéctica, montada sobre la metafísica del filósofo alemán Peter Wust, la restauración venía a ser una síntesis del pasado/presente. La restauración implicaba un desarrollo histórico no revolucionario, cuya posibilidad se habría

---

[34] Ángel LÓPEZ-AMO, *Poder político y libertad. La Monarquía de la reforma social*, Madrid, 1952, pp. 20, 103, 104 y 107 ss.

[35] Rafael GAMBRA, *La Monarquía social y representativa en el pensamiento tradicional*, Madrid, 1955, pp. 47 y 65 ss.; Francisco ELÍAS DE TEJADA, *La Monarquía tradicional*, Madrid, 1954, pp. 101 ss.

[36] «La revolución burguesa en el siglo XVIII», *Arbor*, n.º 61, 1951, pp. 5 ss.

creado con la nueva relación de fuerzas sociales, económicas, políticas y culturales, suscitadas por el éxito del movimiento contrarrevolucionario:

> Lo viejo necesita de lo nuevo para remozarse y poder mantener su duración y vigencia; lo nuevo necesita también de lo viejo para no degenerar en un movimiento sin sentido para adquirir las categorías de duración y permanencia[37].

En un sentido análogo, el filósofo Antonio Millán Puelles estimaba que el criterio para determinar el carácter de la historicidad no podría consistir en el ser «recordado», ni tampoco en el ser «testimoniado», sino en la permanencia virtual del ser histórico. La existencia histórica aparecía, para Millán Puelles, como radicalmente paradójica si se pretendía concebirla dentro de los moldes de una contraposición absoluta entre el ser y el no-ser, porque estriba en un «no-ser-ya», que, sin embargo, «es, de algún modo, todavía». La existencia histórica es, en suma, la virtualidad de un pasado en el presente condicionado por él[38].

De ahí la síntesis entre tradición y progreso. La institucionalización del régimen político era inseparable de la profundización en el proceso de articulación de la «conciencia nacional unitaria», iniciada tras la guerra civil y basada en los supuestos del tradicionalismo menendezpelayista, con su identificación entre catolicismo y espíritu nacional. Gracias a la obra del polígrafo santanderino, España había dejado de ser problemática. Y, una vez fuera de discusión el tema de la identidad nacional y solucionado el problema institucional, podría darse solución a los problemas concretos de la sociedad española, en particular los de carácter socioeconómico, asumiendo los supuestos del neocapitalismo e intentando compatibilizarlos con la visión católico-tradicional del mundo. Como diría Pérez-Embid, se trataba de lograr la «españolización de los fines y la europeización de los medios»[39].

Arbor asumió los supuestos de la economía de mercado e insertó en sus páginas las críticas del economista liberal Friedrich von Hayek al «constructivismo» y al «historicismo» como bases filosófi-

---

[37] Rafael CALVO SERER, *Teoría de la Restauración*, Madrid, 1950, p. 92.

[38] Antonio MILLÁN PUELLES, *Ontología de la existencia histórica*, Madrid, 1955.

[39] Rafael CALVO SERER, *España sin problema*, Madrid, 1947, p. 137; Florentino PÉREZ-EMBID, *Ambiciones españolas*, Madrid, 1953, p. 99.

cas del colectivismo contemporáneo[40]. La economía capitalista era, sin duda, el marco más adecuado para acrecentar la productividad y asegurar la innovación tecnológica, asegurando el consumo de las masas. Así, señalaba Salvador Milet:

> Todo el progreso social del siglo XIX se basa en el hecho de que durante el período en cuestión predominaron, más que en otra época cualquiera, el sistema de mercado y el sistema de competencia[41].

Ángel López-Amo criticaba, en ese sentido, los supuestos del sindicalismo vertical y del intervencionismo estatal. La sociedad civil era distinta del Estado; lo social era el ámbito ante el que lo estatal debía permanecer, si no inactivo, sí, al menos, respetuoso de su autonomía esencial. López-Amo condenaba, en cierta medida, al Estado a la pasividad, confinado en el desarrollo orgánico de las formas sociales y en el sentido positivo de las comunidades naturales[42].

El antisocialismo tenía su correlato ético en una clara oposición al totalitarismo. Para Gonzalo Fernández de la Mora, el Estado totalitario suponía «la consagración de la tiranía y la amputación de las más inalienables libertades del hombre»[43]. Anteriormente, Fernández de la Mora se había distinguido por su crítica a la autarquía económica y su defensa del europeísmo y del cosmopolitismo[44]. No menos polémica fue, en su día, su defensa del Tribunal de Núremberg y su decidido apoyo a la constitución de entidades supranacionales que juzgaran los crímenes de guerra[45].

Sin embargo, la nueva derecha monárquica se caracterizó, en el ámbito cultural, por su militancia abiertamente antiliberal. La cons-

---

[40] «El común influjo de Hegel y Comte sobre el pensamiento social», *Arbor*, n.os 66-67, julio-agosto de 1951, pp. 439 ss.

[41] «Limitaciones económicas y política social», *Arbor*, n.º 38, febrero de 1949, p. 15.

[42] «El proletariado y el problema social», *Arbor*, n.º 95, noviembre de 1953, pp. 244 ss.

[43] «Esquema y ética de la colaboración», *Arbor*, n.os 91-92, julio-agosto de 1953, p. 445.

[44] «Robinsonismo y autarquía», *Mundo Financiero*, n.º 8, 1 de octubre de 1946; Gonzalo FERNÁNDEZ DE LA MORA, *La quiebra de la razón de Estado*, Madrid, 1952, pp. 21 ss.

[45] «La sentencia de Núremberg», *Abc*, 8 de octubre de 1946; «Esquema y ética de la colaboración», *Arbor*, n.º 32, septiembre de 1948.

titución de la «conciencia nacional unitaria» exigía una labor censora. La censura debía considerarse, según José María García Escudero, como «la defensa de una serie de libertades, y esencialmente la libertad de ser lo que somos, y uno de los valores más altos que los mismos valores estéticos»[46].

Especialmente radical fue su crítica a la política cultura seguida por el nuevo ministro de Educación Nacional, el católico Joaquín Ruiz Giménez. El ministro no era, por entonces, un liberal, sino un franquista incondicional. En sus discursos invocaba a José Antonio Primo de Rivera, a Menéndez Pelayo y al propio Franco, y anatematizaba la «revolución materialista» y la «apostasía». Pero, al mismo tiempo, bajo la influencia de Laín Entralgo, propugnaba una cierta apertura intelectual, afirmando «la importancia y la urgencia del diálogo», la necesidad de «asimilar cuanto haya de valioso en cualquier sector de la cultura o de la política y para desprendernos de cuanto sea caduco y estéril»[47]. En ese sentido, juzgó necesaria la normalización de la vida cultural e intelectual española. Y en torno a su ministerio se agruparon Laín Entralgo, Tovar, Pérez Villanueva, Ridruejo, Fernández Miranda, López Aranguren, Maravall, etc. Bajo su dirección se realizaron homenajes a Menéndez Pidal, Unamuno, Ortega y Gasset, Zubiri, etc., y se promovió el regreso de algunos catedráticos exiliados, como Arturo Duperier, Recasens Siches, Miaja de la Muela, etc.

Los jóvenes monárquicos tacharon aquella política de «Yalta cultural»[48]. Calvo Serer atacó a los falangistas, en particular a Laín y Tovar, acusándoles de «estatismo heterodoxo», heredero de todas las herejías modernas: enciclopedismo, afrancesamiento, institucionismo, orteguismo, etc.[49]. Se inició entonces la polémica entre los partidarios de la «España sin problema» y los de la «España como problema», entre los «excluyentes» y los «comprensivos», protagonizada no sólo por Calvo Serer y Laín Entralgo, sino por revistas como la propia *Arbor, Nuestro Tiempo, Ateneo, Alcalá, Alférez, Revista, Cuadernos Hispanoamericanos,* etc. En realidad, seguía siendo una polémica dentro del régimen y su ortodoxia ideológica.

---

[46] «Censura y libertad», *Arbor,* n.º 83, noviembre de 1952, pp. 179 y 181.

[47] Joaquín RUIZ GIMÉNEZ, *Diez discursos,* Madrid, 1954, pp. 9 ss.

[48] Gonzalo FERNÁNDEZ DE LA MORA, *Río arriba. Memorias,* Barcelona, 1995, p. 120.

[49] Rafael CALVO SERER, *Política de integración,* Madrid, 1955, pp. 213 ss.

Además, el ámbito de coincidencia entre ambos bandos era, en el fondo, bastante amplio. No se trataba de una pugna directa entre tradicionalismo y liberalismo, sino entre distintos sectores del régimen, que compartían el hispanismo, el catolicismo y la fidelidad al nacionalismo español.

En el fragor de la batalla intelectual, Calvo Serer publicó, en la revista francesa *Écrits de Paris,* un artículo sobre la situación política española, donde se sometía a crítica la actitud de los distintos grupos políticos convergentes en el régimen. A los católicos de Herrera les acusaba de carecer de proyecto político, mientras que los falangistas aparecían como totalitarios y enemigos de las instituciones tradicionales. Además, Ruiz Giménez había cometido el error de iniciar una nueva política de mano tendida a los vencidos en la guerra civil, al dar el poder a los falangistas de izquierda. El programa del falangismo seguía siendo el mismo, «la tolerancia con error de la ideología anticristiana vencida en 1939». Frente a todo ello se alzaba lo que él llamaba «Tercera Fuerza», constituida por los herederos de *Acción Española,* caracterizada por la «solidaridad con cuanto positivo se ha realizado en la España de Franco»[50]. El artículo costó a su autor la expulsión de sus cargos en el CSIC, aunque no su cátedra universitaria.

El proyecto monárquico tradicional tendría, en alguna medida, continuidad en la revista *Punta Europa,* fundada en 1956 y dirigida por Vicente Marrero. Al frente de la revista aparecían tradicionalistas, hombres del Opus Dei, social-católicos, monárquicos, etc.: José Luis de Oriol, Juan José López Ibor, José Camón Aznar, Santiago Ramírez, José María Millas Vallicrosa, Carlos Ruiz Castillo, Fernando Martín-Sánchez Juliá, José Ramón de Sampedro, Joaquín Entrambasaguas, Gregorio Marañón, etc. Entre los colaboradores había filósofos e intelectuales españoles y extranjeros, como Arnold J. Toynbee, Christopher Dawson. Henri Massis, Romano Guardini, Evelyn Waugh, Russell Kirk, Vintila Horia, George Uscatescu, etc. Los españoles estaban representados por Vicente Risco, Alberto Martín Artajo, Manuel Lora Tamayo, Antonio Millán Puelles, José María García Escudero, Jorge Vigón, Gerardo Diego, José María Pemán, Rafael Morales, José García Nieto, Victoriano Crémer, Francisco Umbral, etc.

50 *Écrits de Paris,* septiembre de 1953, pp. 60 ss.

Nacida bajo el mecenazgo de la familia Oriol, su máximo definidor fue Marrero, cuyos ídolos intelectuales eran Menéndez Pelayo, Ramiro de Maeztu y el padre Santiago Ramírez. Sus enemigos, Pedro Laín Entralgo, Dionisio Ridruejo y Antonio Tovar, es decir, el «*trust* de cerebros falangista» revisor de los valores tradicionales; pero, sobre todo, Ortega, a quien dedicó un libro muy crítico, no exento de ingenio, titulado *Ortega, filósofo mondain*. Alternativa política era la Monarquía católica, social y representativa[51].

Las disputas entre las distintas facciones continuaron. La muerte de Ortega en 1955 tuvo un importante impacto en la juventud universitaria. El entierro del filósofo fue el anuncio de un cambio en la situación. Poco después se proyectó un congreso de escritores jóvenes, que contó con el apoyo de Laín como rector de la Universidad Complutense. Luego, se pidió la convocatoria de un congreso de estudiantes. Se rechazaron, además, los candidatos oficiales del SEU para los puestos de delegados de curso, pero se suspendieron las elecciones y los estudiantes antifalangistas se apoderaron de la Facultad de Derecho y asaltaron el local del SEU. Todo lo cual culminó en los sucesos del 9 de febrero de 1956, con motivo de las ceremonias del estudiante caído[52]. Ante la magnitud de los acontecimientos, Franco resolvió la crisis despidiendo a Ruiz Giménez y al secretario general de Movimiento, Raimundo Fernández Cuesta. Dioniso Ridruejo fue detenido, y destituidos Laín y Tovar como rectores de las Universidades de Madrid y Salamanca. Todos ellos pasarían, junto a López-Aranguren, José María Valverde, etc., a la oposición al franquismo o a un ambiguo «exilio interior». La actitud de López Aranguren, el antiguo dorsiano, fue, sobre todo a partir de su expulsión de la Universidad en 1965, arquetípica. En su libro *Ética y política* sostuvo que

> el totalitarismo comunista es menos malo que el fascista [...] y pretende realizar los fines de lo que nosotros llamanos Ética social por medios no morales[53].

---

[51] Véase Vicente Marrero, *La guerra civil española y el trust de cerebros*, Madrid, 1966; *La consolidación política. Teoría de una posibilidad española*, Madrid, 1964. Véase Pedro Carlos González Cuevas, «Punta Europa y Atlántida: dos respuestas a la crisis de la teología política», en *Historia y Política*, n.º 28, julio-diciembre 2012.

[52] Pablo Lizcano, *La Generación del 56. La Universidad contra Franco*, Barcelona, 1981.

[53] José Luis López Aranguren, *Ética y política*, Madrid, 1963, p. 223.

4. LA CRISIS DEL PENSAMIENTO FALANGISTA

El nuevo secretario general del Movimiento, José Luis de Arrese y Magra, creyó llegado el momento de detener la operación restauradora y relanzar Falange. Nacido en 1905, Arrese fue en todo momento un falangista leal a Franco. Hasta entonces, su producción ideológica había tenido como objetivo, sobre todo tras el final de la Segunda Guerra Mundial, renovar el ideario falangista, en un sentido abiertamente social-católico y conservador. A ese respecto, se esforzó en negar el carácter totalitario del pensamiento de José Antonio Primo de Rivera. Cuando el fundador de Falange empleaba el término «totalitario» hacía referencia a un Estado que integra a todos los ciudadanos y a todas las clases sociales en la nación, sin hacer distinciones de origen, religión, raza o lengua, a través de las estructuras básicas de la sociedad, es decir, la familia, el municipio y el sindicato[54].

Bajo su impulso, se constituyó una comisión de la que formaron parte González Vicén, José Antonio Elola-Olaso, Diego Salas Pombo, Rafael Sánchez Mazas y Francisco Javier Conde, que pronto abandonó sus labores de doctrinario político para iniciarse en la diplomacia. Transcurridos unos meses, la comisión entregó un dictamen detallado, acompañado de varios anteproyectos. En su exposición de los proyectos, Arrese destacaba como dogmas esenciales del régimen la aceptación de la moral católica como norma individual y colectiva de la vida, la organización democrática de la sociedad, a través de las entidades naturales de convivencia; la estructura económica anticapitalista y antimarxista; la estructura social de la empresa como participación del obrero en los beneficios y en la dirección; la estructura sindical de la colectividad y la proclamación del pueblo como depositario del poder. Frente a las críticas de los monárquicos, el dirigente falangista estimaba que la Monarquía no era algo esencial para el régimen, ni podía entrar, por tanto, en «lo incuestionable desde el punto de vista del dogma político»; a lo sumo, era accidental. El órgano encargado de la definición de los dogmas permanentes era el Consejo Nacional. Esta función no podría recaer en el futuro jefe de Estado, porque esa jefatura se ejercería «con valor simbólico». El jefe del Gobierno sería elegido libremen-

[54] José Luis de ARRESE, *El Estado totalitario en el pensamiento de José Antonio*, Madrid, 1945.

El ministro Girón de Velasco y otros miembros relevantes de Falange saludan en un acto en memoria de José Antonio Primo de Rivera. La vehemencia populista de Girón fue sustituida en 1956 por el posibilismo de Arrese como paso previo a la llegada del Opus al gobierno. *Archivo Anaya.*

te por el jefe del Estado entre los militantes del Movimiento y éste respondería de sus actos ante el Consejo Nacional, al igual que los ministros responderían de la suya ante las Cortes[55].

De inmediato, el proyecto suscitó la oposición de los restantes grupos políticos, desde el militar hasta el católico, pasando por los monárquicos, capitaneados por el Conde de Vallellano y Jorge Vigón. No obstante, el golpe de gracia vino de la jerarquía eclesiástica, que presentó a Franco una declaración en la que se rechazaban las pretensiones de Arrese, que se comparaban con los programas totalitarios del nacionalsocialismo, del fascismo y del peronismo, «formas todas condenadas por la Iglesia»[56].

---

[55] José Luis de ARRESE, «Hacia una meta institucional», en *Obras seleccionadas. Treinta años de política*, Madrid, 1966, pp. 1138, 1141-1142 y 1144.

[56] José Luis de ARRESE, *Una etapa constituyente*, Barcelona, 1982, pp. 132 ss.; Luis SUÁREZ FERNÁNDEZ, *Francisco Franco y su tiempo*, t. V, Madrid, 1984, p. 311. Véase Álvaro de DIEGO, *José Luis Arrese o la Falange de Franco*, Madrid, 2001.

Era el final de Falange como fuerza política influyente en el seno del régimen. El pensamiento falangista, que tras la derrota del Eje había entrado en una profunda crisis, fue incapaz de articular un auténtico proyecto de futuro y acabó limitándose a repetir las viejas fórmulas políticas sin posibilidades de renovación. Y es que, además, su alternativa autárquica, proteccionista y totalitaria chocaba con las necesidades de la economía española y con las líneas generales diseñadas por los organismos internacionales en los que España se había integrado.

El cambio de gobierno de febrero de 1957 fue el comienzo del giro radical en la política económica —que culminaría en el Plan de Estabilización de 1959— y de la adquisición de nuevos criterios de legitimidad para el régimen. Hacienda y Comercio fueron ocupados por hombres del Opus Dei, como Alberto Ullastres y Mariano Navarro Rubio. Luis Carrero Blanco sería nombrado subsecretario de la Presidencia del Gobierno. Laureano López Rodó obtuvo la de Administración Pública y la Oficina de Coordinación y Programación Económica. José Antonio Girón fue cesado, tras once años, en el Ministerio de Trabajo. Arrese ocupó el Ministerio de la Vivienda.

Quizás donde pueda percibirse con mayor claridad la crisis ideológica del fascismo español sea en la obra del filósofo agustinista Adolfo Muñoz Alonso. Nacido en 1915, Muñoz Alonso se distinguió como político activo y como un prolífico doctrinario. Plenamente inserto en el aparato político franquista, su objetivo fue enfatizar aún más el carácter católico del pensamiento falangista, en la línea de las corrientes «personalistas». La ambigüedad de sus planteamientos tuvo la manifestación más nítida en su estilo literario, plagado de paradojas y retruécanos. Más que un fascista *stricto sensu*, era un católico-social. Desde su perspectiva, persona y sociedad son dos realidades «completantes», en el sentido de que el hombre, al hacerse «socio», se «personaliza», es decir, se realiza como persona, y mediante el proceso estructural de realizarse como persona se «socializa», se integra en las pautas de la comunidad social. Para Muñoz Alonso, el hombre es un ser dinámico en constante interacción social, lo que lleva a una definición esencial de la persona como realidad y la sociedad como un invento necesario. En definitiva, el hombre es «un ser de relaciones», «relaciones de subordinación a personas divinas, de ordenación a las cosas, de cooperación con las cosas». Ello se concretaba en la familia; era un ser familiar por naturaleza, no como ser social, que no sólo no lo es, sino que aparece en el mundo como asocial, aunque con capacidad de serlo, pero a costa de un proceso de «socialización» dentro de la familia, porque en ésta radica su medio «connatural» y su «atmósfera vital»[57].

A ese respecto, el problema político por antonomasia es la consecución del «bien común», «la razón que legitima la autoridad; la razón que fundamenta a la sociedad y la funda; la razón que justifica a la ley». Por «bien común» ha de entenderse «el bien de la persona humana en cuanto persona, si la persona es, en cuanto persona, social», «el bien exigido a las personas en virtud de su condición de personas»[58]. Ni el comunismo ni la democracia liberal podían garantizar, en ese sentido, el «bien común». El primero tendía a «la comunidad, como fuerza; con desprecio para la persona, como debilidad»; aspira a «una comunidad de bienes, no de personas»; sustituía «a la persona humana por la comunidad social». «Se hipostasia a la sociedad, mediante la despersonalización singular.» Por ello, Muñoz Alonso criticaba igualmente al totalitarismo, al concebir el «bien común» «como función estatal, y no social», subordinando al Estado «cualquier otra consideración, con la pretensión noble, pero falaz e irrealizable, de encuadrar a las personas en un formalismo rígido de formulación social y política». La democracia liberal era, en cambio, «un estado de permanente rebeldía por lograr algo que le resulta imposible de ejercer», o sea, el gobierno del pueblo por el pueblo y para el pueblo. Era «la más perfecta anarquía política y social». Además, el liberalismo tenía como consecuencia la injusticia a nivel socioeconómico y la secularización a nivel espiritual y religioso:

> El capitalismo ha ensayado la más diabólica de las tentaciones y la más tentadora invitación a la apostasía de las masas [...]. El individualismo agota los valores y su consideración en el individuo. No defiende la supremacía de la persona, sino que se reduce la persona al individuo como mónada sin ventanas abiertas a la transcendencia moral.

Siguiendo al filósofo italiano Antonio Rosmini y a José Antonio Primo de Rivera, Muñoz Alonso anatematizaba la existencia de los

---

[57] Adolfo MUÑOZ ALONSO, *Persona humana y sociedad*, Madrid, 1955, pp. 118, 124 y 132-134; *El bien común de los españoles*, Madrid, 1956, pp. 37 ss.

[58] Adolfo MUÑOZ ALONSO, *El bien común...*, pp. 13, 18 y 27.

partidos políticos, porque «se enfrentan con la justicia y con la moralidad, precisamente en cuanto partidos». Su nacimiento era «antisocial, injusto, deshonesto». Y es que los partidos políticos perseguían «las ventajas de las clases sociales», consagraban «las costumbres como fórmula de vida social» y favorecían «las pasiones del pueblo»[59].

El «bien común» sólo podía ser defendido y garantizado por un «Estado fuerte, nacional —que no es precisamente nacionalista—, autoritario», «única solución frente al Estado inestable, paradójicamente anti-Estado, espectante de las luchas electorales; pero es, también, la única solución presente frente a un Estado tiránico». Un Estado bajo la dirección no de un partido, sino de un «antipartido»; en fin, «una democracia con forma aristocrática», es decir, el orden «cultural humano, el jerárquico, el ordenamiento racional»[60].

No era Muñoz Alonso un entusiasta de la libertad de prensa, y se mostraba partidario de «asegurar el territorio de contaminaciones», denunciando que

> la radiactividad informativa de desnacionalización penetra por todos los poros, que no están cubiertos por la fortaleza de una fe, de unos valores morales y de una organización jurídica aplicada por un Estado fuerte.

De ahí que juzgara necesaria «la garantía informativa frente a los poderes indirectos». A propósito de la organización social y económica, defendió siempre la «unidad sindical» y la «obligatoriedad de la sindicación», aunque pidió igualmente «una más amplia, clara y pura autenticidad representativa»[61]. Tanto el control de la opinión pública como el sindicalismo vertical eran la garantía del «bien común» frente al liberalismo capitalista y frente al marxismo. El régimen autoritario garantizaba un Estado interventor, pero no destructor de la sociedad civil. Su función social era, siguiendo la doctrina pontificia, subsidiaria:

> El Estado no puede disponer de su fuerza para imponer «arbitrariamente» la función social que compete a la propiedad. Pero puede y debe

---

[59] Adolfo Muñoz Alonso, *El bien común...*, pp. 45 ss.; *Persona humana...*, pp. 166 ss.

[60] Adolfo Muñoz Alonso, *El bien común...*, pp. 30-31; *Persona humana...*, pp. 147 ss.

[61] Adolfo Muñoz Alonso, *Meditaciones sobre Europa*, Madrid, 1963, pp. 55 ss.

> salvar al bien común frente al abuso de la propiedad. Y, en casos excepcionales —la ley natural y la situación social de las personas le dirán cuáles son— puede y debe intervenir en la delimitación de la posesión[62].

El filósofo era consciente, por otra parte, de la debilidad del sector falangista en el interior del régimen. Su biografía intelectual de José Antonio Primo de Rivera, titulada *Un pensador para un pueblo*, fue más que nada el canto del cisne del falangismo. El Movimiento Nacional no era identificable ya con «el Estado nacional-sindicalista»; y las razones eran múltiples, pero existía una esencial, y era

> la impresionante personalidad del general Franco y su capacidad para residenciar fervores revolucionarios en aras de una progresiva continuidad evolutiva que no violentara la convivencia ni alterara el equilibrio de otras fuerzas, efectivas o presuntas, del país[63].

5. LA TEORIZACIÓN DEL ESTADO TECNOAUTORITARIO

El cambio de gobierno de febrero de 1957 fue el comienzo de un giro radical en la política económica —que culminaría con el Plan de Estabilización de 1959— y de adquisición de nuevos tipos de legitimidad por parte del régimen. Una de las luminarias del Opus Dei, Laureano López-Rodó, catedrático de Derecho Administrativo, se reunió con Gonzalo Fernández de la Mora en El Escorial, para elaborar las primeras bases de la Ley de Principios del Movimiento Nacional y de lo que luego sería la Ley Orgánica del Estado. Promulgada el 17 de mayo de 1958, la Ley de Principios del Movimiento Nacional era el triunfo final de los conservadores autoritarios sobre lo que quedaba de Falange. Suponía una clara continuidad con la Ley de Sucesión de 1947, ratificando como forma política la Monarquía tradicional. No se reconocía ningún papel esencial a Falange. El Movimiento se definía como «comunión de los españoles en los ideales que dieron vida a la Cruzada». Se garantizaba la confesionalidad católica y hacía suya la doctrina social de la Iglesia. La

---

[62] Adolfo MUÑOZ ALONSO, *El bien común de los españoles*, Madrid, 1956, p. 66.

[63] Adolfo MUÑOZ ALONSO, *Un pensador para un pueblo*, Madrid, 1969, p. 408.

representación corporativa era la única representación legal. Y los principios eran, por esencia, «permanentes e inalterables»[64].

Tanto López-Rodó como Fernández de la Mora suponían, por una parte, que el desarrollo económico era, en aquellos momentos, la necesidad prioritaria; lo que implicaba, por otra, mayor libertad económica y, por supuesto, autoridad política como instrumento eficaz para las reformas, capaz de vencer los obstáculos que a ellas se opusieran. No es extraño que López-Rodó prologara las obras de un teórico del desarrollo económico como Walt Whitman Rostow e hiciera suya su teoría de las etapas de crecimiento. Curiosamente, en los escritos de López-Rodó aparecía una nueva legitimación de la figura carismática de Franco, en la que ya no aparecían factores religiosos, sino económicos. Franco cubría, en esta etapa, el papel de los grandes hombres, como Bismarck, catalizadores, a través de su carisma, de los impulsos endógenos que garantizaban el «despegue» económico de las naciones[65].

Sin embargo, el teórico por excelencia de lo que podemos llamar, siguiendo a Manuel García-Pelayo, Estado tecnoautoritario[66] fue Gonzalo Fernández de la Mora, quien en 1965 publicó, en la editorial Rialp, *El crepúsculo de las ideologías*, obra que supuso un cambio de paradigma en el desarrollo doctrinal de la derecha española. Fernández de la Mora aceptaba, en esta obra, la conciencia moderna, que es tanto como decir la racionalidad funcional del cálculo y la eficacia; la racionalidad que acepta el «desencanto del mundo», y con ello la fragmentación de cosmovisiones, la pérdida de la unidad cosmovisional religiosa y, sobre todo, la experiencia del relativismo. En consecuencia, descartaba por completo el pesimismo, el integrismo religioso o la visión cíclica de la historia. Al contrario, su concepción del proceso histórico, tomada de Comte, era decididamente progresista. La historia es «el laboratorio del *mithos* al *logos*». Progreso es sinónimo de racionalización de los distintos aspectos de la vida social y política. En ese sentido, el pensamiento de Fernández de la Mora gira en torno a los esquemas correlativos de *logos/pathos*. Complemento de esta concepción racionalista del proceso histórico es la afirmación explícita de la necesidad de modernización social y

---

64 *Leyes Fundamentales del Reino*, Madrid, 1971, pp. 37-40.

65 Laureano López Rodó, *Política y desarrollo*, Madrid, 1971, p. 53.

66 Véase Manuel García-Pelayo, «La tecnocracia», en *Burocracia y tecnocracia*, Madrid, 1982, pp. 78 ss.

desarrollo económico. El ideal por antonomasia de la Edad Contemporánea es el desarrollo económico, «motor primigenio de la Humanidad», cuyas consecuencias sociales eran sumamente importantes: homogeneización de las clases sociales, pragmatismo, bienestar y moderación política. En consecuencia, eran necesarias formas más racionalizadas de organización política y económica. La organización política evolucionaba desde el estadio «carismático» al «ideológico» para culminar en el «científico». En aquellos momentos, las sociedades más avanzadas se encontraban en un período de «transición» entre la edad «ideológica» y la «científica» o «positiva». Fernández de la Mora definía las ideologías, siguiendo a Vilfredo Pareto, como «derivaciones», es decir, conjuntos de razonamientos seudológicos que construye el hombre para persuadirse y persuadir a los demás para que crean ciertas cosas o ejecutar diversas acciones; son «mitos», «creencias», filosofías políticas «popularizadas», «patetizadas», «simplificadas». Las ideologías que había que batir y extinguir eran, en aquellos momentos, el socialismo, el liberalismo, la democracia cristiana y el nacionalismo. Para demostrarlo, Fernández de la Mora recurre a una serie de apreciaciones sobre hechos sociales contemporáneos: la despolitización, el alto nivel técnico y asistencial de las sociedades desarrolladas, el fin de la lucha de clases y, en consecuencia, la «convergencia» entre ideologías hasta entonces aparentemente antagónicas, como el liberalismo y el socialismo. Por otra parte, la religión iba siendo desplazada a la periferia social y política, recluyéndose en la «intimidad»; era el momento de la «interiorización de creencias». A ese respecto, la democracia cristiana no era el testimonio de la religiosidad genuina, sino el producto de una táctica política, y, además, resultaba anacrónica. El nacionalismo venía a ser una afirmación sentimental, polémica e irracional, que respondía a una mentalidad primitiva. La progresiva racionalización de la vida política impelía a formaciones de carácter supranacional, como el Mercado Común. El socialismo, sobre todo en su versión marxista, era insostenible racionalmente. Y el sistema demoliberal había degenerado en partitocracia; en consecuencia, distaba mucho de ser representativo. Tampoco el *laissez faire*, después de Keynes, podía sostenerse. Así, tal era el diagnóstico: se imponía en la vida económica el intervencionismo estatal, la planificación indicativa y las políticas de bienestar; en la vida política, la preeminencia de los «expertos» sobre los ideólogos, y la autoridad del ejecutivo sobre el legislativo, lo mismo que la representación de intereses, no por ideologías; y en la política internacional, el cosmopolitismo[67].

El tipo de Estado que se correspondía con la nueva «edad positiva» no era el demoliberal, ni el socialista, ni el nacionalista; era lo que denominaba «Estado de razón», plenamente desideologizado, sustituyendo las ideologías por la «ideocracia», es decir, por la soberanía de las ideas rigurosas y exactas, basadas en las aportaciones de las ciencias sociales, y cuya elite directiva no eran los ideólogos, sino los «expertos». Su legitimidad no radicaba en la voluntad nacional o popular, ni en la nación, ni en una utopía social, sino en la «eficacia», es decir, en la capacidad de garantizar el orden, la justicia y el desarrollo económico. La concreción española de ese «Estado de razón» era el régimen franquista, a quien llegó a denominar «Estado de obras», por su capacidad para modernizar a la sociedad española, a lo largo de su égida[68].

Pero la «racionalización» no se reducía únicamente a la economía y a la política; implicaba igualmente una auténtica reforma intelectual y moral. Fernández de la Mora, como crítico del pensamiento español contemporáneo, elaboró, a partir del dualismo *pathos/logos*, un nuevo canon de la historia cultural española. La nueva realidad social y política exigía el rechazo de las perspectivas irracionalistas, perceptibles en la obra de los tradicionalistas radicales, como Donoso Cortés y Vázquez de Mella; en el krausismo, que había rechazado la ciencia positiva; y, sobre todo, en el espíritu del 98, cuya figura arquetípica era Miguel de Unamuno. Frente a ellos, modelos eran el de Menéndez Pelayo, que había asumido las nuevas tendencias historiográficas; el de Ortega y Gasset, como superador del anárquico espíritu noventayochista; el de Ángel Amor-Ruibal, Antonio Millán Puelles y, sobre todo, el de Xavier Zubiri, quienes desde la perspectiva católica estaban abiertos a los nuevos horizontes científicos y filosóficos[69].

---

[67] Gonzalo FERNÁNDEZ DE LA MORA, *El crepúsculo de las ideologías*, Madrid, 1965, pp. 55, 133 y 135 ss.

[68] Gonzalo FERNÁNDEZ DE LA MORA, *Del Estado ideal al Estado de razón*, Madrid, 1972, pp. 47 ss.; *El Estado de obras*, Madrid, 1976.

[69] Véase Gonzalo FERNÁNDEZ DE LA MORA, *Pensamiento español, 1963-1969*, 7 vols., Madrid, 1964-1970; *Ortega y el 98*, Madrid, 1961. Véase Pedro Carlos GONZÁLEZ CUEVAS, «La *Aufklärung* conservadora y el final de la Teología política. Pensamiento español», de Gonzalo FERNÁNDEZ DE LA MORA, en *Conservadurismo heterodoxo*, Madrid, 2009, pp. 133-215.

Los planteamientos de Fernández de la Mora fueron muy criticados en todo el espectro ideológico de la época. Para tradicionalistas y falangistas, eran antipatrióticos, secularizadores, y suponían la desnaturalización del régimen. Para la oposición liberal y de izquierdas, eran elitistas y antidemocráticos.

En 1963, había salido a la luz la revista *Atlántida*, dirigida por Florentino Pérez Embid. Sus páginas venían a avalar las nuevas tendencias del catolicismo conservador. Entre sus colaboradores se encontraban Juan José López Ibor, Antonio Millán Puelles, Luis María Garrido, Friedrich Valjavec, Werner Jaeger, Friedrich Wilhemsen, José Hierro, José Camón Aznar, Esteban Pujals, Mario Hernández Sánchez-Barba, Thomas Molnar, Enrique Zuleta Álvarez, Juan José Cuenca Toribio y el propio Gonzalo Fernández de la Mora.

6. LA DERECHA ORTEGUIANA: JULIÁN MARÍAS

Tras diez años de exilio, José Ortega y Gasset retornó a España en 1946. Desde entonces, el conservadurismo orteguiano se hizo más explícito. En 1948, el filósofo fundó, con algunos colaboradores, el Instituto de Humanidades, donde impartió, entre otros, un curso sobre la filosofía de la historia de Arnold Toynbee. Este curso, publicado luego con el título de *Una interpretación de la historia universal,* sirvió a Ortega para jactarse de su influencia en Falange Española, «un grupo de la juventud española que ha ejercido una intervención muy enérgica en la existencia española»; para criticar a la democracia, cuya legitimidad calificó de «deficiente y feble», y para reivindicar la funcionalidad de la Monarquía, «la primigenia, prototípica y ejemplar»[70]. No obstante, en alguna ocasión, el filósofo madrileño se vio obligado, quizá como respuesta a los ataques de que era objeto por parte de los sectores tradicionalistas, a criticar a Menéndez Pelayo, a quien, señaló, «por grotescas e inoperantes razones no intelectuales se le ha querido estos años galvanizar»[71].

Por aquellos momentos, Ortega desarrolló los fundamentos de su teoría sociológica, iniciada en los años treinta, cuya base existencial

[70] José Ortega y Gasset, *Una interpretación de la Historia Universal,* Madrid, 1980, pp. 195 ss.

[71] José Ortega y Gasset, *Velázquez,* Madrid, 1970, pp. 124-125.

era un radical pesimismo antropológico, que recuerda a Thomas Hobbes y a Carl Schmitt. Para el filósofo, el hombre padecía una radical soledad constitutiva, derivada del hecho de que su vida es, por completo, intransferible. Desde sí mismo, el ser humano se abre al mundo y a los otros. Lo que distingue a los otros hombres de los demás elementos mundanos, como los animales, es el ser «capaz de responderme tanto como a él», de un modo recíproco. En la descripción del proceso de relación entre los hombres, aparece la noción de violencia como factor que rige las relaciones humanas. La conducta humana tiene, para Ortega, «un contenido terrible», porque el hombre es «capaz de todo, ciertamente de lo egregio y perfecto, pero también, y no menos, de lo más depravado»; lo que siempre lleva a ponerse «en lo peor y anticipar que su reacción puede ser darme una puñalada».

> El puro Otro, en efecto, es por lo pronto tanto e igualmente mi amigo en potencia que un potencial enemigo.

Y es que el Otro es «constitutivamente peligroso». Quien prescinde de la noción de peligrosidad del extraño cae en la ingenuidad, porque la convivencia implica lucha:

> Toda sociedad es, pues, a la vez, disociedad; o, enunciado de otro modo, toda sociedad humana es, en cuanto pretensión de ser sociedad, un fracaso, esto es, una realidad enferma. De aquí que a las fuerzas y tendencias disociativas tenga que oponer la convivencia o colectividad una fuerza artificiosamente organizada; que es el poder público, en suma, el Estado[72].

De ahí que Ortega viese en los regímenes autoritarios, como ya había visto durante la guerra civil, no como realidades políticas «engendradas por el capricho o la intriga», sino como «manifestaciones ineludibles del estado de guerra civil en que casi todos los países se hallan hoy». El filósofo seguía denunciando la «vulgar idolatría de la Revolución francesa». Y no dejaban de ser significativas sus elogiosas menciones a las doctrinas de Edmund Burke,

> en quien, por primera vez, aparecen resueltamente afirmados la tradición, las costumbres, el instinto, los impulsos espontáneos de cada pueblo que habían sido considerados hasta entonces como los *pudenda* de la historia.

[72] José Ortega y Gasset, *El hombre y la gente*, Madrid, 1988, pp. 53 ss.

Y añadía:

> Lo cual no es sino un modo polémico, hiriente de decir una verdad inmensa: que el hombre en general no existe, que sólo hay el hombre producido por la historia de cada pueblo y que esta historia se origina no en juicios abstractos racionales, sino en azares, circunstancias y reacciones ocasionales; por tanto, en prejuicios. Hoy vemos con toda claridad y suficiente tranquilidad que el hombre es esencialmente un prejuicio y que siéndolo es lo mejor que puede ser[73].

Los grandes enemigos de Ortega seguían siendo, y con mayor virulencia, los tradicionalistas y escolásticos, que sometieron a una crítica inmisericorde y sumaria los fundamentos de su filosofía. De nuevo, se trataba de un ajuste de cuentas con el laicismo y el agnosticismo orteguiano, en el que participaron Joaquín Iriarte, José Sánchez Villaseñor, Juan Roig Gironella y, tras la muerte del filósofo, Santiago Ramírez y Vicente Marrero.

Muerto en 1955, Ortega no tuvo sucesores de altura. Sus discípulos, tras la guerra civil, se encontraban dispersos. Recasens Siches, María Zambrano y José Gaos, en el exilio; García Morente, fallecido en 1942. En ese sentido, su más activo y prolífico seguidor fue el vallisoletano Julián Marías Aguilera.

Nacido en 1914, Marías, a pesar de su acendrado catolicismo y su indudable conservadurismo liberal, luchó en el bando republicano durante la guerra civil. Ello y su fidelidad orteguiana provocaron la suspensión de su tesis doctoral, dedicada a la filosofía del Padre Gatry, por un tribunal compuesto por García Morente, que votó a favor; el padre Barbado Viejo, Juan F. Yela Utrilla y Víctor García Hoz[74]. No obstante, Marías recibió, como orteguiano, apoyo de Pedro Laín Entralgo, quien le instó a colaborar en *Escorial*. En 1940 logró publicar su famosa *Historia de la Filosofía*, con un prólogo de Xavier Zubiri; un manual que gozó de cierta popularidad en los intelectualmente empobrecidos años de la primera posguerra, pero que, ya por entonces, mostraba a un Marías mero escoliasta de Ortega, filosóficamente poco creador. El vallisoletano intentó convertirse en el discípulo de Ortega por antonomasia —incluso dio su propia sistematización del raciovitalismo, en su *Introducción a la*

---

[73] José ORTEGA Y GASSET, *Europa y la idea de Nación*, Madrid, 1985, pp. 102 y 109.

[74] Julián MARÍAS, *Una vida presente. Memorias 1*, Madrid, 1988, pp. 320-321.

Filosofía, obra publicada en 1947—, pero el maestro se abstuvo de dar su opinión sobre la fidelidad interpretativa o las virtudes continuadoras del discípulo.

De todas formas, fue Marías el defensor de Ortega ante las diversas ofensivas clericales. Su objetivo fue garantizar la continuidad del legado orteguiano y mostrar su sustancial compatibilidad con el catolicismo. A su juicio, las obras de aquellos críticos —Iriarte, Villaseñor, Roig, etc.—, no sólo manifestaban la ignorancia filosófica de sus autores, sino su abierta «voluntad de malentender»[75].

Pero la mayor amenaza contra el orteguismo vino tras la muerte del filósofo, cuando se inició una abierta ofensiva clerical, promovida por el obispo de Canarias, Antonio Pildain, quien instó al famoso teólogo dominico Santiago Ramírez a que escribiese un libro en el que se acusara a Ortega de heresiarca. En su obra, Ramírez sostuvo la incompatibilidad global de la filosofía orteguiana con el dogma católico. Su idea de vida, del hombre, de la verdad, de la ética, de la lógica y de la metafísica era incompatible con el catolicismo; además, le acusaba de profesar «un laicismo radical, teórico y práctico..., pero sin anticlericalismo persecutorio»[76].

El objetivo era lograr la condena de la filosofía orteguiana por parte del Vaticano, poniéndole en el Índice de Libros Prohibidos. De ahí que el libro de Ramírez suscitara una intensa polémica entre la intelectualidad española. A favor, Vicente Marrero, González Álvarez y otros representantes del escolasticismo. En contra, la plana mayor del orteguismo y de la filosofía y de la cultura española, franquista o no: Laín Entralgo, Paulino Garagorri, Adolfo Muñoz Alonso, José Luis López Aranguren, José Antonio Maravall, Luis Díez del Corral y el propio Marías.

El vallisoletano manifestó que la lectura de Ortega no le había producido «una sola tentación, ni aun ligera, contra la fe católica». Filosóficamente, el padre Ramírez le parecía «nulo», porque interpretaba de una forma tan deficiente a Ortega que «apenas se encontrará una frase cuya significación entienda rectamente»; la obra abundaba en «interpretaciones grotescas», en «expresiones injuriosas». Recordaba Marías las críticas de Ortega al anticlericalismo republicano e incluso sus relaciones con el nuncio Tedeschini. Y, al

[75] Julián Marías, *Ortega y tres antípodas*, Buenos Aires, 1950, pp. 25 ss.
[76] Santiago Ramírez, *La filosofía de Ortega y Gasset*, Barcelona, 1958, p. 471.

final, advertía de las consecuencias de una condena del orteguismo no sólo para la filosofía española en general, sino para el pensamiento católico, que «quedaría esencialmente disminuido», que «perdería calidad, intensidad, posibilidades de descubrimiento de la verdad y persecución de ella»[77].

El embajador español acudió ante el cardenal Ottaviani para impedir la condena, y finalmente la operación clerical se paralizó[78].

Al mismo tiempo, Marías intentó reconstruir la tradición liberal-conservadora, reivindicando como antecedente la España «posible» de Carlos III; la Ilustración católica de Jovellanos, de quien destacaba su moderado liberalismo, su hostilidad ante la Inquisición y su patriótica resistencia a la tentación de afrancesamiento; y Moratín, «liberal penetrado de aversión al fanatismo, a la torpeza, al espíritu de delación y a la Inquisición». Lo mismo hizo con Juan Valera frente a las exageraciones teocráticas de Donoso Cortés. Ello no le impidió someter a dura crítica la opinión despectiva de un hispanista norteamericano sobre la situación cultural de la España de la posguerra. A pesar de ciertas dificultades, para Marías existía, a la altura de los años cincuenta, «una floreciente vida intelectual, que no es, en conjunto, inferior a la del período equivalente al de antes de la guerra»[79]. Como Ortega y Gasset, Marías se mostraba partidario de la democracia, siempre que estuviese templada por el liberalismo:

> Yo creo que la democracia es admirable, si es democracia liberal, pero no si no lo es. El liberalismo consiste —aunque no exclusivamente— en la limitación del poder, y por eso cabe un liberalismo no democrático, y cabría en el extremo hasta un liberalismo autocrático si hubiera un autócrata capaz de limitar su poder y cumplir las reglas del juego y acatar su propia ley [...]. Si la democracia no es liberal, si no está hecha de acatamiento a la voluntad de las mayorías y de respeto a las minorías, si la democracia no se permite ese lujo supremo del estado de alma liberal [...], tampoco es libre, sino que significa otra manera de opresión[80].

[77] Julián MARÍAS, *El lugar del peligro. Una cuestión disputada en torno a Ortega*, Madrid, 1958, pp. 39 ss.

[78] Véase Miguel BATLLORI, *Recuerdos de casi un siglo*, Barcelona, 2001, pp. 236-238.

[79] Julián MARÍAS, «Los españoles», en *Obras completas*, t. VI, Madrid, 1966, pp. 173 ss.

[80] Julián MARÍAS, «El tiempo que no vuelve ni tropieza», en *Obras completas*, t. VI, Madrid, 1966, p. 462.

La resurrección, en los años sesenta, de las reivindicaciones catalanistas suscitó la preocupación de Marías, partidario de un Estado unitario. A su juicio, el problema lingüístico no era esencial, porque los catalanes poseían, de hecho, dos lenguas: «el catalán, su lengua privativa, y el español, la lengua general de España».

> La casa lingüística de la mayoría de los catalanes —de los que no son rústicos— tiene dos pisos: en el primero, aquel en que se hace la vida cotidiana; pero suben con toda frecuencia y normalidad, muchas veces al día, al segundo y cuando lo hacen siguen en su casa.

Y es que los catalanes habían escrito y hablado en catalán libremente, ya que

> las pretensiones que el Estado de los Austrias y de los Borbones ha ejercido sobre España en general y sobre Cataluña en particular durante los siglos XVI al XVIII no han sido lingüísticas.

Además, el catalán «sólo sería una limitación, un factor de tibetanización de Cataluña; unido al español puede ser el instrumento y la expansión de su personalidad plena». Marías rechazaba el «catalanismo» y estimaba que «una Cataluña sana, entera y de pie, gozosa y segura de sí misma se reconocerá como íntegra y radicalmente española», porque «no ha sido nunca una nación como no lo fueron Atenas o Roma». Negaba que Cataluña fuese algo «opuesto» a Castilla, y que la solución al pretendido «dualismo» debiera ser «federalista». Cataluña, en fin, se encontraba «en Europa a través de la personalidad de España»[81].

7. LA OPOSICIÓN CONSERVADORA AL FRANQUISMO

Cabe preguntarse si existió realmente una oposición conservadora, de derechas, al régimen franquista. La respuesta ha de ser afirmativa, siempre que se haga hincapié en una serie de distinciones. Con frecuencia, se ha hablado de una oposición monárquica represen-

---

[81] Julián MARÍAS, *Consideraciones de Cataluña*, Barcelona, 1966, pp. 33, 44 y 57 ss.

tada por Juan de Borbón[82]. No obstante, como hemos tenido oportunidad de ver en otro capítulo, ello resulta sumamente cuestionable. Y es que los mismos defensores de esta tesis demuestran, frecuentemente muy a su pesar, hasta qué punto esta pretendida «oposición» estaba compuesta mucho más por individuos que por colectivos, e implicada en acciones de carácter más alegal que ilegal. Resulta difícil, por otra parte, considerar «oposición» a los miembros del Consejo Privado del Conde de Barcelona, compuesto en su totalidad por la flor y nata de la gran propiedad agraria y financiera[83], lo que hizo que algunos partidarios de la Monarquía constitucional, como Manuel Jiménez de Parga, protestaran por el nulo papel concedido por el Pretendiente a la clase obrera, a las clases medias o a los intelectuales contestatarios[84].

En diciembre de 1957 surgió una nueva agrupación monárquica, Unión Española, cuya cabeza visible era el empresario Joaquín Satrústegui. Su ideario era liberal-conservador y anticomunista. Pero se trataba de un grupo de notables, sin conexiones con la sociedad civil ni organización propiamente dicha. El propio Satrústegui reconocía su aislamiento en una entrevista concedida al periodista Sergio Vilar:

> Hombre, yo, como es natural, vivo entre una serie de gentes que no dudan de mi buena fe, pero no están de acuerdo conmigo. Les parece que soy un ingenuo, que puedo contribuir a provocar unas situaciones que pueden ser peligrosas[85].

Poco operativa fue igualmente la oposición democristiana. En octubre de 1956 se constituyó la Unión Demócrata Cristiana, presidida por Manuel Giménez Fernández. Poco después José María Gil Robles formó un grupo de idéntica denominación, lo que obligó a Giménez Fernández a cambiar la suya por la de Izquierda Demócrata Cristiana. Y, mientras tanto, se creó la Democracia Social Cris-

---

[82] Véase Javier TUSELL, *La oposición democrática al franquismo*, Barcelona, 1976.

[83] Véase Juan VELARDE, «Prólogo» a *El poder de la Banca en España*, de Juan MUÑOZ, Madrid, 1969, pp. 15 ss.

[84] Manuel JIMÉNEZ DE PARGA, *Las monarquías europeas en el horizonte español*, Madrid, 1966, p. 199.

[85] Sergio VILAR, *Protagonistas de la España democrática. La oposición a la dictadura, 1939-1969*, París, 1969, p. 579.

tiana, cuyo secretario fue Fernando Álvarez de Miranda. Joaquín Ruiz Giménez, por su parte, fundó la revista *Cuadernos para el Diálogo* e, impulsado por los nuevos vientos del Concilio Vaticano II, creó su propia tendencia democristiana.

Algunos miembros de la oposición conservadora participaron en el Congreso del Movimiento Europeo, celebrado en Múnich en junio de 1962. Allí se encontraron Satrústegui, Gil Robles, Ridruejo, Álvarez de Miranda e Íñigo Cavero, al lado de exiliados como el socialista Rodolfo Llopis, el excéntrico liberal Salvador de Madariaga o el nacionalista vasco Manuel de Irujo. El Congreso votó una resolución basada en los trabajos de dos comisiones de españoles —una, presidida por Gil Robles, y otra, por Madariaga—, en las que se estipulaban las condiciones para la adhesión de España a la Comunidad Económica Europea: instituciones democráticas, libertad sindical, derechos humanos, etc. Se trataba, en fin, de mostrar a los países europeos que existía una oposición no comunista lo suficientemente fuerte para bloquear la entrada de España en las instituciones económicas europeas, y la exclusión de los «totalitarios» —comunistas y hombres de Franco— de cara a la futura vida política española[86].

La respuesta del régimen fue taxativa. Se suspendió el artículo 14 del Fuero de los Españoles, y la mayoría de los participantes residentes en España fueron deportados a Canarias. Sin embargo, la transcendencia de la reunión de Múnich fue más aparente que real. Juan de Borbón expulsó a Gil Robles del Consejo Privado. Y la oposición conservadora no logró salir, tras Múnich, de su situación marginal.

Por otra parte, no deja de ser significativo que uno de los antifranquistas más acérrimos asistente a la reunión, Salvador de Madariaga, fuese, en sus discursos y escritos, un crítico radical, desde su perspectiva liberal-organicista, de la democracia y, sobre todo, del *Welfare State*. En el fondo, y pese a todo su exhibicionismo opositor, Madariaga se encontraba a la «derecha» del franquismo en temas como el intervencionismo estatal, la socialización o el desarrollo económico. A ese respecto, no dudó en autodefinirse como «liberal herético». En su opinión, el estado anímico de las sociedades occi-

---

[86] Véase Joaquín Satrústegui (ed.), *Cuando la transición se hizo posible. El «Conturbenio» de Múnich*, Madrid, 1993.

dentales era la angustia, provocada por la técnica, la sociedad de masas y el sufragio universal. Todo lo cual tenía como consecuencia la edificación de un monstruoso *Welfare State*, antesala, según él, del comunismo. Su alternativa implicaba la reducción del intervencionismo estatal al mínimo, y la transformación del sistema político en un sentido orgánico-corporativo, suprimiendo el sufragio universal directo y el sistema de elecciones generales. La unidad electiva serían las familias, que elegirían a sus representantes según el número de sus miembros y estaban facultadas para elegir el Consejo Municipal, que tendría facultades electivas policiacas y fiscales. Los consejeros municipales designarían, mediante voto cualificado, el Consejo Provincial. La tercera instancia sería el Parlamento Regional, designado por los parlamentarios provinciales. Y, por último, el Senado nacional, nombrado por los parlamentarios regionales. La huelga, «procedimiento bárbaro, absurdo, antisocial», sería ilegal, lo mismo que los sindicatos de clase. En su lugar existiría una estructura sindical corporativa a nivel municipal y provincial, que, por último, confluiría, a nivel nacional, en un Consejo Económico, que sería la Cámara Económica del Senado[87].

Madariaga veía en el régimen de Franco un paralelo a la Unión Soviética, cuyo estatismo preparaba a la sociedad española para el comunismo; era «un socialismo de Estado frenado por el poder de los bancos». En ese sentido, denunciaba «la creación de enormes empresas y un ambicioso Estado asistencial»[88].

Más coherente era el antifranquismo de José María Gil Robles, quien, junto a una serie de colaboradores, publicó en 1966 unas *Cartas del pueblo español*, donde expresó su alternativa al régimen nacido de la guerra civil. Gil Robles hacía suya la definición que dio Lincoln de la democracia. Rechazaba el sistema de «democracia directa», al que calificaba de «simple instrumento de que se valen sistemas o regímenes de legitimidad muy discutible para colmar su inquietud». Igualmente, criticaba la democracia norteamericana, cuyo presidencialismo, «en un país como España, conduciría, tarde o temprano, a una dictadura disfrazada»; y lo mismo podía decirse

---

[87] Salvador de MADARIAGA, *De la angustia a la libertad*, Buenos Aires, 1966, pp. 243 ss.; *Democracy versus Liberty? The Faith of Liberal Heretic*, Londres, 1959, p. 66.

[88] Salvador de MADARIAGA, *General, márchese usted*, Nueva York, 1959, p. 161; *España. Ensayo de historia contemporánea*, Buenos Aires, 1974, pp. 649-650.

de la V República francesa. La democracia auspiciada por Gil Robles implicaba la existencia de partidos políticos, porque «cumplen de manera adecuada la función de estructurar la sociedad con arreglo a esquemas vivos, fundados en un pluralismo ideológico fecundo y deseable». El escrutinio electoral se haría por el «sistema mayoritario mixto», con la exigencia de un mínimo de un cinco por ciento de votos para tener la consideración de partido político. El sistema tendría dos Cámaras, «la de carácter representativo debe ser decisiva en caso de conflictos»; la otra, de carácter orgánico, podría ser «análoga al Consejo Económico y Social» francés. El gobierno debería contar con el voto mayoritario de las Cámaras, pero «para ser sustituido es necesario que esté ya nombrado el sucesor, con lo que se evitan las mayorías negativas». Propugnaba, además, la existencia de dos grandes federaciones o confederaciones, una de trabajadores y otra de empresarios. Económicamente, se optaba por la planificación económica «indicativa para el sector privado e imperativa no sólo para los organismos estatales, regionales y locales, sino también para las empresas socializadas». Gil Robles se mostraba partidario, además, de una reforma agraria cifrada en la «agrupación de pequeños propietarios agrícolas en cooperativas», y una reordenación del sistema de comercialización de los productos agrícolas[89].

A la altura de 1964 se produjo la evolución de Rafael Calvo Serer hacia posiciones demoliberales[90]. Con anterioridad había iniciado un diálogo con el liberalismo anglosajón[91]. Y pensaba que ya no era posible

> seguir estando ciegamente contra la democracia actual, pues ésta ha sido rectificada, ha abandonado como un cadáver el radicalismo y responde a muchas de las ideas y valores por los que los antidemócratas lucharon a lo largo de todo un siglo, inspirados por los principios tradicionales de religión, autoridad y orden.

Además, no existía la menor duda de que Estados Unidos exigía a sus amigos y aliados una forma política demoliberal. Por otro lado,

[89] José María Gil Robles, *Cartas del pueblo español*, Madrid, 1966, pp. 77, 85 y 99 ss.

[90] Véase José Martí Gómez y Josep Ramoneda, *Calvo Serer: el exilio y el reino*, Barcelona, 1976, p. 45. Véase Onésimo Díaz Fernández y Fernando de Meer, *Rafael Calvo Serer. La búsqueda de la libertad (1954-1988)*, Madrid, 2010.

[91] Rafael Calvo Serer, *La fuerza creadora de la libertad*, Madrid, 1954.

la democracia liberal era un hecho y, contrariamente a lo pronosticado por los doctrinarios antiliberales, «representa la estabilidad política» y la «continuidad y la paz social» en buena parte de la Europa occidental. Consideraba también Calvo Serer que la democracia no sólo no había perjudicado, en aquellos momentos, al progreso del catolicismo, sino que lo había favorecido, y que la experiencia había puesto de manifiesto que el totalitarismo y la explotación del proletariado podían contenerse con la libertad de asociación y de prensa. Su ideal se resumía en «máxima representación posible y mínimo inevitable de coacción». En cualquier caso, «evolución gradual hacia la democracia»[92].

8. DESARROLLO, DESLEGITIMACIÓN RELIGIOSA, FRACCIONAMIENTO Y CRISIS

Bajo la égida de los llamados tecnócratas, la sociedad española experimentó transformaciones cualitativas en sus estructuras, y se perfiló un período fundamental en la evolución del sistema económico español. El Plan de Estabilización y los subsiguientes planes de desarrollo tuvieron como consecuencia un crecimiento económico que agudizó la desintegración de la sociedad agraria tradicional, cuya fuerza de trabajo liberada de la agricultura alimentó la espiral del movimiento de concentración urbana, que supuso el cambio espacial de la población, constituyendo la base demográfica de la industrialización y terciarización de la estructura económica. El desarrollo económico fue acompañado de una profunda mutación de la estructura de las clases sociales. No sólo se produjo un incremento masivo de la clase obrera cualificada, empleada en industrias manufactureras, y de las clases profesionales y técnicas asalariadas. La España del latifundio agonizaba. Sin embargo, la modernización económica y social no se limitó a esos cambios, sino que acabó por abrir las puertas a la secularización cultural, deslegitimando progresivamente la tradición católica, base de lo que se consideraba la identidad nacional.

---

[92] Rafael CALVO SERER, *Las nuevas democracias*, Madrid, 1964, pp. 55, 74 y 95 ss.

Pero en este acelerado proceso de cambio no tuvieron sólo papel factores de carácter socioeconómico. Las repercusiones en la sociedad española del Concilio Vaticano II fueron igualmente determinantes. El *aggiornamento* católico iba de la mano de un intento de responder a las condiciones sociopolíticas y económicas del mundo moderno. El catolicismo dejó de ser sinónimo de conservadurismo político. Para la sociedad española y, sobre todo, para el régimen político, la situación era enormemente problemática. Porque el catolicismo no era solamente en España una religión; era un sistema de creencias y *mores* que habían marcado a todo el país, sus ideas, su política, sus hábitos de vida, etc. Por eso, la crisis del catolicismo fue una crisis auténticamente nacional y, sobre todo, política. De hecho, un importante sector del catolicismo acabó enfrentándose al régimen. Además, se produjo, también por aquellas fechas, un claro renacimiento de las reivindicaciones nacionalistas periféricas en Cataluña y en el País Vasco.

La sociedad española poseía ya, en distintos grados, las condiciones históricas y sociales para una vida política demoliberal e industrialmente avanzada: tradiciones burguesas, tasas de alfabetización elevadas, índices de natalidad progresivamente bajos, etc. El régimen franquista había creado las clases medias por las que tanto habían clamado los regeneracionistas finiseculares; pero éstas, tras haber adquirido cierto volumen y seguridad en sí mismas, fueron rebelándose contra el dictador que había generado su prosperidad.

Todo ello sumió al régimen en una profunda crisis de identidad. Y no pocos de sus representantes abogaron por la reforma. El más notable de ellos fue Manuel Fraga Iribarne. Nacido en 1923, era un hombre ambicioso, enérgico, que había ocupado la cartera de Información y Turismo. Admirador de Carl Schmitt, devoto de Aristóteles, Balmes, Jovellanos, Saavedra Fajardo y Maeztu, creía en la posibilidad de la evolución del régimen hacia la democracia liberal, según el modelo británico. Sostenía que el parlamentarismo tenía aún posibilidades de futuro, en virtud de su «fe en el hombre, el principio de negociación, el interés general, la certidumbre jurídica, el estímulo de la publicidad, el equilibrio social de las instituciones»[93]. Ante las transformaciones sociales y económicas era necesaria, como respuesta, «una intensa acción política»; «lo primero —dirá— es

[93] Manuel FRAGA, *La crisis del Estado,* Madrid, 1955, p. 73.

acertar en el tipo de régimen que conviene a cada fase del desarrollo». Y es que lo social y lo económico eran, en el fondo, aspectos de la acción política[94]. Su Ley de Prensa de marzo de 1966 supuso la derogación de la dura Ley de 1938; declaraba la libertad de expresión y suprimía la censura de prensa; no obstante, limitaba el ejercicio de esos derechos, con relación al respeto a la verdad y a la moral, el acatamiento a la Ley de Principios del Movimiento Nacional, las exigencias de la defensa nacional, etc.

El Caudillo Franco con el gobierno nombrado por él en 1969. El predominio de miembros del Opus Dei en este ejecutivo venía a certificar la irresistible ascensión de esa congregación en las esferas del poder franquista. ***Agencia Efe.***

La Ley Orgánica del Estado fue aprobada en referéndum seis meses después, con lo que llegaba a su fin el proceso de institucionalización del régimen, en la línea trazada por la Ley de Sucesión y la de Principios del Movimiento Nacional. En la nueva Ley, el

---

94 Manuel FRAGA, *Horizonte español,* Madrid, 1965, p. 110.

Estado español se constituía en Reino, basado en los principios de «unidad de poder y coordinación de funciones». Se subrayaba la asistencia que prestaría el Consejo del Reino al jefe del Estado, cuya designación debería recaer en una persona de nacionalidad española que profesase la religión católica. El monarca reinaba y gobernaba «por medio del consejo de ministros». Aparecía igualmente la figura del presidente del Gobierno, que sería designado por el jefe del Estado «a propuesta en terna del Consejo del Reino»[95].

El general Franco había descartado ya a Juan de Borbón como sucesor, y el 23 de junio de 1969, por su decisión soberana, el príncipe Juan Carlos de Borbón fue designado sucesor suyo a título de rey, jurando los principios del Movimiento Nacional.

Al mismo tiempo surgieron grupos de carácter tradicionalista contrarios al proceso de evolución y modernización. Quizá el más arriscado y significativo fue Fuerza Nueva, que dirigía el notario toledano Blas Piñar López, antiguo director del Instituto de Cultura Hispánica. En 1966, fundó la revista *Fuerza Nueva*. Piñar no era un falangista, ni partidario de la tecnocracia; era un tradicionalista a ultranza, cuya ideología bebía en las fuentes de Donoso Cortés, Sardá y Salvany y *Acción Española*[96]. Tras su abrupta salida del Instituto de Cultura Hispánica por sus críticas a la política de Estados Unidos, Franco le nombró Consejero Nacional del Movimiento. Su posición en la Cortes fue de un inmovilismo total. Se opuso a la libertad religiosa, a la objeción de conciencia, a las relaciones con los países del Este, a la independencia de Guinea, etc.

En 1962 había aparecido la revista *Verbo*, que fue configurándose como el órgano doctrinal del integrismo español. Sus fundadores fueron Eugenio Vegas, Juan Vallet de Goytisolo, Estanislao Cantero, etc. Entre sus colaboradores, destacaron Rafael Gambra, Álvaro d'Ors, Francisco Javier Fernández de la Cigoña, Vicente Marrero, Elías de Tejada, Blas Piñar... En sus páginas destacaba la admiración por las posiciones de Marcel Lefebvre. Y es que su posición era la de la denuncia del «derrotismo católico» incapaz de dar respuesta al proceso de secularización y defender la unidad religiosa de España[97]. Además, criticaron la evolución política y doctrinal del régimen

---

[95] *Leyes Fundamentales del Reino*, Madrid, 1971, pp. 75 ss.

[96] Véase Blas Piñar, *Combate por España*, Madrid, 1973.

[97] Véase Rafael Gambra, *La unidad religiosa y el derrotismo católico*, Sevilla, 1965.

franquista. Eugenio Vegas Latapié rechazó, siguiendo a Maurras, la «democracia orgánica» como una contradicción en los términos[98]. Y Vallet de Goytisolo sometió a dura crítica los fundamentos de la tecnocracia, a la que acusó de ser una ideología heredera de la Ilustración, secularizadora, anticatólica y mecanicista[99].

Tras su cese como ministro de Información y Turismo, Fraga volvió a su cátedra de la Facultad de Ciencias Políticas y preparó una alternativa política de carácter reformista. Fraga no regateó críticas a los tecnócratas y, sobre todo, a la tesis del «crepúsculo de las ideologías», a la que consideraba no sólo escasamente válida para describir la realidad social y política, sino excesivamente conservadora para dar respuesta al desafío marxista; era «una mezcla de empirismo, autocomplacencia y justificación del *statu quo*». Para Fraga, la única alternativa era «la democracia posible». Y elaboró una teoría del «centro político». A su entender, el conservadurismo español había sido «uno de los más cerrados y excluyentes de Europa»; y el régimen se encontraba excesivamente escorado hacia la derecha. La sociedad española atravesaba por una crisis global: de representación, de legitimidad y de secularización. Nuevamente abogaba por la adecuación del sistema político a la realidad social, lo que sólo podría lograrse mediante una auténtica política de «centro»; un proyecto de «objetivos moderados, realistas y graduales» cuya base serían las clases medias, como mayoría sociológica del país[100].

Fraga reivindicó la figura de Cánovas como hombre de «centro», e incluso establecería la genealogía de su proyecto político en la línea que iba de Jovellanos a Maura, pasando por Maeztu[101].

Significativa fue igualmente la aparición del grupo Tácito en 1973. La mayoría de sus miembros procedían de las nuevas hornadas de la Asociación Católica de Propagandistas, que había suprimido la palabra «nacional» para huir del llamado «nacional-catolicismo»; su órgano de expresión era el diario *Ya*. Entre sus componentes destacaban José Luis Álvarez, Luis Apostua, Fernando Arias Salgado,

---

98 Eugenio VEGAS LATAPIÉ, *Consideraciones sobre la democracia*, Madrid, 1965, p. 97.

99 Juan VALLET DE GOYTISOLO, *Ideología, praxis y mito de la tecnocracia*, Madrid, 1975.

100 Manuel FRAGA, *El desarrollo político*, Barcelona, 1972, pp. 77 ss.

101 Manuel FRAGA, *Pensamiento conservador español*, Barcelona, 1981.

Landelino Lavilla, Marcelino Oreja, Alfonso Ossorio, etc. Su proyecto político fue definido como «reformismo legal». A juicio del grupo, la legislación española conducía necesariamente a «una sociedad pluralista en la que el concepto de libertad era esencial y la idea de participación constituye el pilar de todas las instituciones». En el modelo evolutivo, tenía especial importancia la institución monárquica y propugnaba «un nuevo pacto entre el Príncipe fiel y un país libre». Las reivindicaciones de Tácito eran las siguientes: incorporación al ordenamiento español de los derechos humanos, derogación de la legislación incompatible con éstos, cámara legislativa elegida por sufragio universal, unidad jurisdiccional y reconocimiento de la diversidad regional[102].

La designación del almirante Carrero Blanco como presidente del Gobierno en junio de 1973 no suscitó excesivas esperanzas entre los reformistas. Su pensamiento político era proclive al inmovilismo, y en alguna ocasión dijo coincidir ideológicamente con Blas Piñar. Sin embargo, no disfrutó demasiado de su posición dominante. El 20 de diciembre de aquel mismo año fue asesinado por la organización terrorista vasca ETA. Su sucesor, Carlos Arias Navarro, se mostró partidario de un programa político reformista: elaboración de un nuevo proyecto de Ley de Régimen Local y un Estatuto de Asociaciones. El proyecto fue criticado por Blas Piñar, Fernández de la Mora y los sectores más ortodoxos del régimen. Desde su posición, Fernández de la Mora se dolía de que, en aquellos momentos, el mundo cultural y universitario se encontrara impregnado de liberalismo y marxismo. A su juicio, la única forma de contrarrestar aquella ofensiva cultural era una «política de rearme intelectual» por parte del régimen[103].

La situación era, en realidad, muy parecida a la descrita por Fernández de la Mora. Nadie leía ya a Sánchez Mazas, Foxá, D'Ors, Agustí, García Serrano, Conde, etc. Los autores preferidos por las nuevas generaciones universitarias eran Antonio Machado, Miguel Hernández, Max Aub, Enrique Tierno, López Aranguren o Tuñón de Lara. Y nadie siguió a Fernández de la Mora en su proyecto de rearme intelectual. El régimen no creía ya en sí mismo.

El 20 de noviembre de 1975 moría el propio Francisco Franco y, con él, toda una etapa de la historia de la derecha española.

---

[102] *Tácito*, Madrid, 1975, pp. 227 ss.

[103] Gonzalo FERNÁNDEZ DE LA MORA, *El Estado de obras*, Madrid, 1976, p. 400.

Capítulo V

Las derechas en el Estado de partidos

1. HACIA LA HEGEMONÍA LIBERAL

A) La opción «centrista»

A diferencia de los regímenes comunistas, el franquismo no destruyó la sociedad civil. A partir de la liberalización económica y política de los años sesenta, fue emergiendo una sociedad compleja, rica en matices, plural. Como señaló hace años el sociólogo Raymond Aron:

> En la España franquista, los estudiantes y los intelectuales no fingían ser franquistas a la manera de los intelectuales y estudiantes de Europa del Este deben manifestar su adhesión al marxismo-leninismo. Los estudiantes de Madrid no disimulaban, en modo alguno, sus opiniones más o menos marxistas; las obras de Marx y de sus discípulos se vendían en todas las librerías [...]. Los obreros y los estudiantes experimentaban la ausencia de libertad sindical o intelectual como la privación de un derecho natural, como una humillación nacional [...]. Cierto que los dos regímenes de la Península Ibérica se basaban en valores tradicionales y se apoyaban en medios privilegiados. Pero el progreso económico, en España, combinado con la difusión de las ideas de la Europa moderna, socavó, poco a poco, las bases históricas del franquismo[1].

Opinión corroborada por el testimonio del orteguiano Julián Marías:

> La carencia de libertad política, por lamentable que fuera, no había sofocado una amplia dosis de libertad social y, sobre todo, personal. Compárese la situación española con la de los países sometidos al comunismo en Europa central y oriental, que todavía hoy tienen grandes difi-

---

[1] Raymond Aron, *En defensa de la libertad y de la Europa liberal*, Barcelona, 1977, pp. 366-367.

> cultades para organizarse a sí mismos y recobrar una normalidad perdida durante tanto tiempo[2].

Ésta es una de las razones de la relativa facilidad con que se efectuó el tránsito del régimen autoritario al de partidos en la España postfranquista. El nuevo jefe del Estado, Juan Carlos I, se veía obligado, cualesquiera que fuesen sus convicciones íntimas, a garantizar el cambio político. No contaba ni podía contar con el carisma del general Franco. Tampoco con la legitimidad dinástica, destruida desde 1931 e inviable ya en una sociedad moderna como la española. En consecuencia, necesitaba una nueva relegitimación, que no podía ser otra que la demoliberal. Nacido en 1938, la educación del monarca había sido conservadora; la mayoría de sus maestros procedían del Opus Dei: Ángel López-Amo, Federico Suárez, Antonio Fontán, Florentino Pérez Embid, etc. También influyeron en su educación hombres no pertenecientes a la Obra, como Vicente Palacio Atard o Torcuato Fernández Miranda. Biógrafos y comentaristas lo describen como «un gran intituivo», poco amante de la lectura y de los temas de índole cultural y, en consecuencia, carente de la formación necesaria para diseñar un plan concreto e igualmente con una considerable «falta de seguridad en sí mismo»[3]. No obstante, dispuso de legistas y políticos hábiles, en particular Torcuato Fernández Miranda, para llevar a cabo el cambio político desde la legalidad; lo mismo que de considerables apoyos sociales, como los de la Iglesia católica y las Fuerzas Armadas. Sin embargo, debemos huir, en ese sentido, de cualquier trama narrativa de carácter teleológico, que vea o crea ver, en esa disposición básica, la consecuencia de un proyecto preconcebido; y es que, más que el producto de un plan elaborado por una mente preclara, el cambio político iba a desarrollarse como un proceso largo y en gran medida contradictorio, con un alto grado de incertidumbre.

En aquellos momentos, se hizo más patente un fenómeno que fue adquiriendo perfil desde hacía ya tiempo, prácticamente a partir de los años sesenta, pero que alcanzó, tras la muerte de Franco, un carácter más virulento, y que, en gran medida, pervive cuando se

---

[2] Julián MARÍAS, *España ante la Historia y ante sí misma (1898-1936)*, Madrid, 1996, p. 136.

[3] Véase Javier TUSELL, *Juan Carlos I. La restauración de la Monarquía*, Madrid, 1995, pp. 42, 46 ss. y 517 ss.

escriben estas líneas. Se trata de lo que podríamos llamar «la culpa», es decir, un sentimiento predominante en importantes sectores de la derecha, consistente en una curiosa mezcla de consternación, perplejidad, temor y autocrítica; una especie de mala conciencia, basada en la certeza de haber abusado demasiado y durante demasiado tiempo del poder. El historiador conservador Ricardo de la Cierva decía, a la altura de 1976, lo que sigue:

> Casi todo el mundo prefiere titularse de izquierdas; sólo la extrema derecha se confiesa normalmente de derechas; mientras que la derecha se refugia en el cómodo disfraz de centro e incluso proclama impúdicamente su condición de izquierda.

Y es que el balance histórico de la derecha española le parecía, al menos entonces, profundamente negativo. Porque la derecha se había comportado «más bien como extrema derecha que como derecha civilizada». Sus grandes pecados habían sido «prescindir excluyentemente de la izquierda como alternativa; y recurrir, ante la crisis de la nación, al arbitraje dictatorial de la espada»[4].

Ser de derechas no estaba ya bien visto por un considerable sector de la sociedad española. «Derechista» o «derechización» adquirieron, en el lenguaje político e incluso en el lenguaje popular, un sentido no ya negativo, sino abiertamente peyorativo. Ese sentido era el de la defensa de posiciones particularistas de clase o de ideologías básicamente incompatibles con el sistema de valores democráticos: autoritarismo, orden, egoísmo, cerrazón, etc., mientras que «izquierda» era asociada a progresismo, libertad, idealismo, justicia social, etc.[5].

Ello pudo percibirse en el desarrollo del primer gobierno de la Monarquía, encabezado por Carlos Arias y en el que la principal figura era Manuel Fraga. El político gallego planteaba una reforma de las Leyes Fundamentales y era contrario a cualquier proceso de carácter constituyente. Su modelo de Monarquía era el perfilado en el Principio VIII del Movimiento Nacional: tradicional, católica,

---

[4] Ricardo de la CIERVA, *¿Qué son las derechas?*, Barcelona, 1976, pp. 68-69. Posteriormente matizaría esta opiniones en su obra *La derecha sin remedio*, Barcelona, 1987.

[5] Véase José Ramón MONTERO GIBERT, «Los fracasos políticos y electorales de la derecha española, 1976-1987», en *La transición democrática española*, Madrid, 1989, pp. 522-523.

La viuda del general Franco acompañada de Blas Piñar, fundador de Fuerza Nueva, junto a otros nostálgicos del franquismo en una conmemoración del 18 de Julio tras la muerte del Caudillo. La extrema derecha española se extinguió políticamente con el final de la Transición. *Germán Gallego.*

social y representativa, es decir, «acorde con la doctrina social de la Iglesia», «no aristocrática en el sentido de una aristocracia de privilegios no justificados», «protectora del pueblo», «promotora de la justicia social», «representante suprema de la nación». Fraga advertía que cualquier planteamiento de convocatoria de Cortes constituyentes era «claramente peligroso y lleno de riesgos»[6]. A partir de ahí Fraga se mostraba partidario de la reforma gradual de algunas leyes, con objeto de poder convocar elecciones para una cámara elegida por sufragio universal, que luego se encargaría de perfilar el contenido y alcance de las reformas[7].

Los proyectos de Fraga chocaron con los sectores más inmovilistas del régimen y también con la oposición de izquierdas, que presionó al gobierno mediante una serie de huelgas y manifestaciones, a las cuales éste respondió con medidas represivas, cuyo coste fueron algunas muertes. El monarca comenzó a mostrar su inquietud por las actuaciones del gobierno, y aconsejado, según parece, por Torcuato Fernández Miranda forzó la dimisión de Arias Navarro. Fernández Miranda era partidario de un proyecto de reforma más radical que el defendido por Fraga. Se trataba de desmantelar las Leyes Fundamentales desde ellas mismas. Frente a Fraga, Fernández Miranda apoyó el nombramiento por el Consejo del Reino de Adolfo Suárez González como presidente del Gobierno[8].

Nacido en 1932, Suárez había sido secretario general del Movimiento, y era todo lo contrario de un doctrinario político: un hombre en el que primaba de modo absoluto la praxis sobre la teoría. De hecho, inauguró en España la etapa de los políticos de «imagen», característicos de la era televisiva. Como señaló López Aranguren, la esencia de su actividad política fue la «mera transacción» y, como tal, fue un político de «transición»[9]. Suárez reclutó su Gobierno entre antiguos falangistas reformistas, «tácitos», democristianos, etc. Su principal objetivo fue la aprobación de la Ley de Reforma Política, cuyos puntos esenciales eran que el Gobierno regularía las primeras

---

[6] Manuel FRAGA, *La Monarquía y el país*, Barcelona, 1977, pp. 60-61 y 210 ss.

[7] Manuel FRAGA, *Un objetivo nacional*, Madrid, 1976, pp. 191 ss.

[8] Véanse Alfonso y Pilar FERNÁNDEZ MIRANDA, *Lo que el rey me ha pedido*, Barcelona, 1995, pp. 192 ss.; Juan FERNÁNDEZ-MIRANDA, *El guionista de la Transición. Torcuato Fernández Miranda, el profesor del Rey*, Barcelona, 2015.

[9] José Luis LÓPEZ ARANGUREN, *La democracia establecida. Una crítica intelectual*, Madrid, 1979, pp. 132-133 y 174-175.

elecciones a Cortes con el fin de constituir un Congreso de trescientos cincuenta diputados y elegir doscientos cuatro senadores; que el Rey designara un número de senadores superior a la quinta parte de los elegidos; que la duración del mandato de los diputados fuese de cuatro años; que el presidente de las Cortes y del Consejo del reino fuese nombrado por el rey; que la iniciativa de reforma de la Constitución correspondiese al Gobierno y al Congreso, etc.[10].

La Ley fue aprobada fácilmente en las Cortes. Votaron a favor cuatrocientos veinticinco procuradores, y negativamente cincuenta y nueve, entre ellos Blas Piñar, Raimundo Fernández Cuesta, José Antonio Girón, etc.

Por su parte, Manuel Fraga, que apoyó la reforma de Suárez, se erigió en líder de Alianza Popular, frente electoral creado para aglutinar a todos los grupos de la derecha franquista. Aparte del propio Fraga, las principales figuras de la coalición eran Federico Silva Muñoz, Licinio de la Fuente, Laureano López Rodó, Enrique Thomás de Carranza, Cruz Martínez Esteruelas y Gonzalo Fernández de la Mora. Su I Congreso tuvo lugar en marzo de 1977, donde Alianza Popular dijo compartir su filosofía y proyecto político con «los partidos populistas, centristas y conservadores de Europa, de cuyo ideario nos sentimos afines, lejos de cualquier actitud extremosa y radical». El punto de partida de su acción política era «la España actual», rechazando «toda ruptura» y exigiendo «respeto para la obra de un pueblo durante casi medio siglo». Se decía:

> Defenderemos en todo momento la unidad de la Patria, así como el reconocimiento de la personalidad y autonomía de las regiones.
>
> Apoyaremos la Monarquía, clave de nuestras instituciones y de las Leyes Fundamentales, como forma de Estado. La Corona será entendida como un órgano constitucional del mismo.

Se defendía, además, la economía social de mercado y el régimen de libre empresa. Y una democracia «plena, fuerte y representativa»[11].

El 15 de septiembre fue sometida a referéndum la Ley de Reforma Política. Sólo el Gobierno hizo campaña a favor, y Suárez apareció como el principal gestor de la reforma. La oposición de izquier-

---

[10] Adolfo SUÁREZ, *Un nuevo horizonte para España*, Madrid, 1978, pp. 15-41.

[11] Manuel FRAGA, *Alianza Popular*, Bilbao, 1977, pp. 13 ss.; *Ponencias aprobadas en el I Congreso Nacional de Alianza Popular*, 5-6 de marzo de 1976, pp. 6-7, 10-11 y 55-56.

das propugnó la abstención. La derecha tradicional, representada por Fuerza Nueva y los dispersos restos del falangismo, pidió el «no». El Gobierno obtuvo un éxito rotundo.

Con aquel éxito, Suárez profundizó en su labor reformadora. Pactó con los socialistas y, tras la tristemente célebre matanza de Atocha, legalizó el Partido Comunista. Al mismo tiempo, se erigió en jefe de la llamada Unión del Centro Democrático, coalición asombrosamente plural, en la que estaban representados liberales, socialdemócratas, democristianos, falangistas reformistas, regionalistas, etc. No es extraño que el nuevo grupo político nunca se preocupara de hacer una declaración de principios ideológicos o programáticos; en realidad, dada su diversidad, le era imposible. Durante la campaña electoral de 1977 publicó un solo documento ideológico, *Manual para veintidós millones de electores*, donde se comprometía a garantizar «reforma, moderación, democracia, libertad y, como alma de todo ello, justicia»[12]. Posteriormente, el programa centrista se perfiló, en su I Congreso, como una yuxtaposición de aspectos ideológicos aportados por sus distintos sectores. Se autodefinió como «un partido democrático, interclasista, reformista y progresista, de ámbito nacional y con organización regional, provincial y local». Reconoció la tradición cristiana, defendida por los democristianos; la libertad y los valores del individuo, enfatizados por los liberales; y una economía mixta, auspiciada por los socialdemócratas[13].

Al menos durante un breve período de tiempo, la UCD gozó de la simpatía de algunos intelectuales de prestigio, como Julián Marías, Carlos Seco Serrano, Luis González Seara, Salvador Pániker, Javier Tusell o Ricardo de la Cierva. Pero el partido «centrista» nunca tuvo ni podía tener una ideología precisa, sino tres y de muy difícil coexistencia. Los intentos de elaborar una ideología de «centro» han sido totalmente infructuosos. Una prueba reciente está en la obra de Jaime Rodríguez-Arana, prologada por el propio Adolfo Suárez, *El espacio de centro*, en la que, a la hora de dar una definición del «centrismo», se recurre a insipiencias tales como

> un nuevo espacio político que se sustenta en una concepción del hombre, de la sociedad y de la democracia, deudora de los ideales ilustrados, pero

[12] UCD, *Manual para veintidós millones de electores*, Madrid, 1977, pp. 11 ss.

[13] Véase Carlos HUNEEUS, *La UCD y la transición a la democracia en España*, Madrid, 1985, pp. 145 ss.

> que pretende superar de algún modo las coordenadas del pensamiento de la modernidad, asumiendo sus valores, pero depurándolos de sus contenidos dogmáticos.

Así, la ética «centrista» tendría su fundamento en el «justo medio» aristotélico; su base social serían las clases medias; y la política electoral, «consideraciones de valor estratégico y táctico de las posiciones centristas en los países democráticos occidentales»; todo ello unido a la «moderación» y al «reformismo»[14].

Convocadas las elecciones en junio de 1977, su resultado fue muy negativo para Alianza Popular, que sólo logró dieciséis escaños. La derecha tradicional, representada por Fuerza Nueva, desapareció del escenario político. La UCD fue la gran triunfadora, con ciento sesenta y cinco escaños. No obstante, los socialistas consiguieron más de cinco millones de votos, y también lograron importante presencia parlamentaria los nacionalistas catalanes y vascos. Todo lo cual hizo imposible el proyecto de una mera reforma de las Leyes Fundamentales. Por ello, Fraga y sus partidarios no tuvieron más remedio que apoyar a la UCD para la elaboración de un nuevo texto constitucional.

La UCD siguió una política de «consenso» con las distintas fuerzas políticas, especialmente con los socialistas. Lo que tuvo indudable justificación histórica y algunas ventajas, pero contribuyó a oscurecer los distintos proyectos políticos. En realidad, el punto más debatido fue el de la futura organización territorial de la nación española, con la generalización de las autonomías y la inclusión en el proyecto constitucional del polémico término «nacionalidades». Se trataba, en el fondo, no sólo de una reivindicación de los nacionalismos catalán y vasco; era, además, fruto de la estrategia rupturista de una izquierda presa, como respuesta al franquismo, de un profundo entusiasmo filonacionalista. En sus programas, el conjunto de la izquierda evitó la utilización del nombre de «España», empleando en su lugar el de «Estado español», y propugnó la «República federal» y el «derecho de autodeterminación de las nacionalidades»[15]. Pero la UCD apostó igual-

---

[14] Jaime RODRÍGUEZ ARANA, *El espacio de centro*, Madrid, 2001, pp. 27 ss. y 166 ss.

[15] Véase Andrés de BLAS GUERRERO, «El problema nacional-regional español en la transición», en *La transición democrática española*, Madrid, 1988, pp. 587 ss.

mente por la táctica filonacionalista, con el objetivo de integrar a vasquistas y catalanistas en el nuevo marco constitucional. De los ponentes «centristas» fue Miguel Herrero y Rodríguez de Miñón el más activo en esa línea; a él se debe, junto al catalanista Miquel Roca, la inclusión del término «nacionalidades» en el proyecto constitucional[16].

Uno de los primeros en reaccionar en contra fue el filósofo Julián Marías. Tras la muerte de Franco, el exégeta orteguiano se convirtió en poco menos que un pensador oficial. Accedió a una senaduría real, gozaba de presencia en televisión y tuvo una privilegiada tribuna en el influyente diario *El País*. En un primer momento Marías se mostró optimista con relación al desarrollo de los acontecimientos. Estimaba que el éxito de la reforma se debía en «altísima proporción al Rey». Suárez había acertado en dar preeminencia a la «liberalización» antes de proceder a la democratización. Y, con respecto a la nueva estructura del Estado, se mostraba partidario del «unitarismo», «conciliable con amplias autonomías». Celebraba igualmente la actuación de la UCD, un partido, a su juicio,

> lleno de deficiencias y limitaciones, pero que tenía una ventaja evidente sobre todos los demás; no recaer en los viejos esquemas; no aceptar la antigua dualidad que llevó al enfrentamiento y al desastre.

Era partidario, además, de una Monarquía de amplios poderes[17]. Sin embargo, la lectura del anteproyecto constitucional le pareció «el primer golpe serio al optimismo que me ha sostenido durante los dos últimos años». Lo peor era el tema de las «nacionalidades», y es que «nacionalidad» no era «el nombre de ninguna unidad social ni política, sino un nombre abstracto, que significa una propiedad, afección o condición». Además, se introducía, con la distinción de «nacionalidades» y «regiones», «una arbitraria desigualdad entre sus miembros». No menos grave era la sustitución de la expresión «lengua española» por la de «castellano» a la hora de dar nombre al idioma oficial de la nación. Todo lo cual demostraba que existían grupos políticos «aquejados de insolidaridad», a los que no intere-

---

[16] Miguel HERRERO Y RODRÍGUEZ DE MIÑÓN, *Una Constitución de todos los españoles*, Madrid, 1978, pp. 11-12; *Regionalismo y Monarquía*, Madrid, 1977.

[17] Julián MARÍAS, *La España real*, Madrid, 1998, pp. 18-20 y 381-382.

saba nada el conjunto de España, salvo para «desarticular la estructura nacional»[18].

No fue Marías el único intelectual político que rechazó la inclusión del término «nacionalidades» en el texto constitucional. El viejo político derechista José María Gil Robles, fracasado líder de la democracia cristiana, opinaba que el concepto de «nacionalidad» presuponía el reconocimiento de una entidad que podía aspirar a «constituirse en Estado»[19]. Por su parte, el franquista Laureano López Rodó condenaba el término no sólo por su imprecisión, sino «por su carga peligrosísima en la doctrina y en la práctica del Derecho Internacional». El concepto de autonomía, tal y como se desarrollaba en la Constitución, podía llevar al «desguace del Estado mismo» y, además, no permitía cerrar la transición, «pues mantiene indefinidamente abierto el período constituyente». Era, pues, el problema más grave que se planteaba a la sociedad española, «porque toca la subsistencia de España como nación». Las autonomías conducían «a la ruptura de la unidad económica, de la unidad de la Hacienda Pública, de la unidad del ordenamiento jurídico, de la unidad cultural y de la unidad política de España»[20]. Gonzalo Fernández de la Mora señaló, a su vez, que el texto constitucional otorgaba a las llamadas «nacionalidades» una serie de competencias que, llegado el momento, podrían entrar en conflicto con las del Estado. En ese sentido, «una interpretación extensiva de la Constitución puede permitir la fragmentación de España»[21].

En cualquier caso, ni la aceptación del principio de autonomía ni la inserción del término «nacionalidades» sirvieron para integrar a los nacionalismos, ni mucho menos para garantizar su compromiso con la unidad nacional española. Los catalanistas de Convergència i Unió, acaudillados por Jordi Pujol, votaron afirmativamente la Constitución, pero desde una perspectiva puramente instrumentalista, mientras que los nacionalistas vascos optaron por la abstención y vieron en el texto constitucional un «instrumento de

---

[18] Ibídem, pp. 450-457.

[19] José María GIL ROBLES, *La aventura de las autonomías*, Madrid, 1980, pp. 215 ss.

[20] Laureano LÓPEZ RODÓ, *Las autonomías, encrucijada de España*, Madrid, 1980, pp. 115 ss.

[21] «Trampas mortales», *El Imparcial*, 13 de julio de 1979.

lucha, de trabajo, de ir consiguiendo con la fuerza de la razón y de la práctica política cotas cada vez más altas de libertad»[22].

Los restantes artículos de la Constitución, Monarquía incluida, fueron aprobados sin dar lugar a tan altos niveles de discusión. El texto constitucional de 1978 instauró como forma política el Estado de partidos, basado en el pluralismo social y político[23]. El Estado se declara aconfesional, pero al mismo tiempo reconoce el papel de la Iglesia católica. La Monarquía, pese a los intentos de los líderes de Alianza Popular, se encuentra dotada de escasos poderes, si bien disfruta del mando supremo de las Fuerzas Armadas. El legislativo se basa en el bicameralismo, pero la función del Senado ha sido frecuentemente puesta en cuestión a causa de su indefinición. El título VIII es, sin duda, el más conflictivo, sobre todo por su ambigüedad[24].

Fuerza Nueva y el conjunto de las fuerzas tradicionalistas rechazaron su contenido, alegando motivos de carácter religioso y el peligro que el título VIII suponía para la unidad nacional. La valoración de Fraga fue mucho más ambigua. El proyecto constitucional le parecía «demasiado largo, farragoso y omnicomprensivo». Su punto más conflictivo era el de las autonomías, que se habían convertido en «la cuestión capital de esta Constitución; la que determinará su éxito o su fracaso, y el juicio de la Historia». El término «nacionalidades» iniciaba un «camino peligroso» y llevaba consigo la autodeterminación y la discriminación entre nacionalidades de primera y regiones de segunda. Por otra parte, el modelo económico hacía excesivas concesiones al socialismo y podía dar lugar a «planteamientos de tipo socializante muy radicales»; el modelo político tendría como consecuencia una democracia «a la vez débil y partitocrática». A pesar de todo ello, se mostraba partidario del voto afirmativo[25].

Alianza Popular estaba, sin embargo, dividida. Siete de sus diputados votaron a favor. Cinco lo hicieron en contra, entre ellos Gon-

---

[22] *El PNV ante la Constitución. Historia y alcance de una negociación*, Bilbao, 1978, pp. 99 ss.

[23] Véase Manuel GARCÍA-PELAYO, *El Estado de partidos*, Madrid, 1986.

[24] Véase Óscar ALZAGA, *Derecho político según la Constitución de 1978*, Madrid, 1996.

[25] Manuel FRAGA, *Después de la Constitución y hacia los años ochenta*, Barcelona, 1979, pp. 19-33.

zalo Fernández de la Mora y Federico Silva. Otros tres se abstuvieron. Silva y Fernández de la Mora votaron en contra sobre todo porque consideraban que la descentralización política y el reconocimiento de las «nacionalidades» llevarían a la destrucción de la unidad nacional. Además, rechazaban el modelo «partitocrático» y la Monarquía «meramente simbólica»[26].

Por su parte, Julián Marías señaló que la Constitución le parecía «lejos de la perfección, con ambigüedades peligrosas, con deficiencias y desajustes considerables». Y concluía:

> No tengo entusiasmo ni por su contenido ni por su redacción; tengo entusiasmo por su *existencia*, por su legitimidad, por haber dado una estructura legal a la vida colectiva de los españoles y permitir el funcionamiento de las instituciones.

Seguía considerando el tema nacionalista como «el más grave problema de España». Denunciaba el error que suponía la identificación de «regionalización con autonomías», lo que, a su vez, conducía a la «interpretación nacionalista de las regiones» y al «narcisismo» de éstas[27].

Convocadas nuevas elecciones legislativas, la UCD volvió a triunfar, pero la política de «consenso» llegó a su fin. El PSOE inició una política de acoso y derribo contra Suárez y su partido. A ello se sumaron otros elementos perturbadores, como la ofensiva de los nacionalismos periféricos, la crisis económica y la acción terrorista de ETA. De hecho, Suárez cometió el error de otorgar, aun cuando todavía no eran hegemónicos en sus respectivas comunidades, a los nacionalistas vascos y catalanes el papel de interlocutores privilegiados, lo que se hizo incluso en detrimento de las fuerzas políticas no nacionalistas y contribuyó decisivamente a la ascensión del PNV y Convergència i Unió en los años sucesivos. Luego, tuvieron lugar las negociaciones de los estatutos de autonomía en Cataluña y el País Vasco, que dieron a ambas comunidades el mayor grado de autogobierno de toda su historia. Poco a poco, los nacionalistas consiguieron el monopolio prácticamente absoluto de la «cultura social», es decir, de los códigos impuestos que todos los ciudadanos deben respetar, los juicios políticos sobre

---

26 *El Alcázar*, 8 de noviembre de 1978.
27 Julián MARÍAS, *La España real*, Madrid, 1998, pp. 727-732.

lo bueno y lo malo, la definición de los objetivos sociales, etc. La mejor expresión de ello ha sido la transformación de los símbolos nacionalistas en símbolos oficiales de las comunidades autónomas.

Congreso de UCD en enero de 1981 con Adolfo Suárez dirigiéndose a los congresistas. La crisis vivida por esta formación política a partir de este congreso desembocó en su desintegración tras el fracaso electoral de octubre de 1982. *Gráfica y Política.*

La UCD, dividida, sin ideología clara y con el liderazgo de Suárez en cuestión, no estuvo en condiciones de dar respuesta coherente a tales retos. Además, el terrorismo etarra, centrado con frecuencia en el asesinato de miembros de la cúpula militar, buscaba provocar una escalada de violencia. Sólo en 1980 hubo noventa y un atentados, y ciento veinte muertos. Para colmo, al plantearse el acceso de Andalucía a la autonomía, se cometió un agravio comparativo, lo que hizo crecer la indignación de la sociedad andaluza. Finalmente, el referéndum resultó una catástrofe para los «centristas». Sin el apoyo de las elites del partido, Suárez dimitió el 29 de enero de 1981. Todo ello abrió un peligroso vacío de poder, que fue aprovechado por un sector del Ejército para pronunciarse el 23 de febrero. Mal planeado, el golpe fracasó, a pesar de haber logrado ocupar el Congreso, a causa de la falta de coordinación entre los conspiradores. En realidad, se trató de una amalgama de confusos proyectos, a veces contrapuestos.

El nuevo presidente del Gobierno, Leopoldo Calvo Sotelo, no despertó ni en las filas de la UCD ni en el conjunto de la sociedad fuertes adhesiones, lo que le impidió lograr la cohesión de su partido. De esta forma, se abrieron las puertas a la victoria electoral de los socialistas, que se produjo en octubre de 1982. El PSOE consiguió la mayoría absoluta, con doscientos dos diputados. La UCD, bajo la dirección del democristiano Landelino Lavilla, se derrumbó, con un siete por ciento de los votos. Alianza Popular consiguió ciento cinco diputados.

La aplastante victoria de los socialistas supuso, sin la menor duda, todo un cambio histórico. Significó, en principio, un relevo generacional en la elite política y una auténtica ruptura con respecto al pasado, pues los dirigentes socialistas nada había tenido que ver con el régimen anterior, aunque tampoco desempeñaran un papel relevante en la oposición de izquierdas hasta los años setenta. En cualquier caso, esta victoria traía como consecuencia más llamativa el fin de la prolongada preponderancia de la derecha en la vida política española. Nunca la derecha española iba a estar tan alejada, y por tanto tiempo, de los aledaños del poder. La magnitud de la hegemonía socialista no dejó de alarmar al conjunto de la derecha. El orteguiano Julián Marías temía que aquella victoria implicara «partidismo», es decir, «un desbordamiento, una extensión indebida, una exageración de algo justificado y legítimo»[28].

La derecha acaudillada por Fraga tenía la esperanza de haber conseguido un prometedor segundo puesto que le llevaría a convertirse en relevo inmediato, pero debía conquistar al electorado. Algo que resultaba nada sencillo, dadas las circunstancias y las peculiaridades del liderazgo de Fraga. No era sólo que el líder aliancista diera una imagen de duro y autoritario; es que no podía competir con el joven dirigente socialista Felipe González. Sin duda, el gallego superaba al andaluz intelectualmente, pero esta-

[28] Julián MARÍAS, *La España real*, Madrid, 1983, p. 278.

ba inserto en la «Galaxia Gutenberg», en la etapa pretelevisiva. Y es que, en el fondo, González era el líder ideal para una sociedad como la española[29].

Alianza Popular fracasó ante el socialismo en todos los terrenos. Fue incapaz de oponerse eficazmente a las decisiones más polémicas del Gobierno: Ley Orgánica de Derecho a la Educación, Ley de Reforma Universitaria, Ley para la Regulación del Aborto, o la expropiación de Rumasa. Incluso su descabellada abstención en el referéndum sobre la OTAN resultó contraproducente para su credibilidad política. Sin embargo, la debilidad de la derecha aliancista no era solamente política; era social. La Iglesia católica apenas contó con ella y prefería tratar directamente con el Gobierno sobre temas de educación. Tampoco los empresarios parecían cercanos a Fraga. Llegó a hablarse de los socialistas como la única «derecha inteligente» que existía en España. Y en las elecciones de 1986 revalidaron la mayoría absoluta.

A lo largo de varios años, el PSOE pareció «morir de éxito». En su haber se encontraron logros de gran importancia, como las mejoras en la infraestructura, la universalización de la Seguridad Social, la ampliación del Estado del bienestar o la culminación del largo proceso de adhesión a la Comunidad Económica Europea. No obstante, puede calificarse de negativa su reforma de la enseñanza. Además, se produjeron cambios sociales muy profundos en las mentalidades y en las costumbres de los españoles.

Por de pronto, se intensificó el proceso de secularización de la sociedad española. La Iglesia católica perdió buena parte de su influencia, no sólo en el ámbito político, sino en el moral y, sobre todo, en el intelectual. Como ha señalado Ignacio Sotelo, «el catolicismo ha dejado de influir en el mundo ilustrado».

> En la España de épocas pasadas no había que insistir en el catolicismo de nadie; se daba por descontado. En la de hoy, en cambio, es necesario subrayarlo, en algunos ambientes un intelectual de altura que además sea católico, no deja de producir una cierta sorpresa[30].

---

29 Véase Víctor PÉREZ DÍAZ, *España puesta a prueba, 1976-1996*, Madrid, 1996, pp. 49-50.

30 Ignacio SOTELO, «España como problema. La reflexión política de Laín en la España del siglo XX», en *La empresa de vivir. Estudios sobre la vida y la obra de Pedro Laín Entralgo*, Barcelona, 2003, p. 131.

Y, ciertamente, la Iglesia católica ha sido incapaz de renovar el apoyo de las elites intelectuales. Las figuras de Pedro Laín Entralgo, Julián Marías, Xavier Zubiri o incluso José Luis López Aranguren no han tenido sucesores de altura en el ámbito específicamente católico.

Y es que la necesaria secularización de las instituciones degeneró en lo que el filósofo Augusto del Noce ha denominado «irreligión natural», es decir, una actitud espiritual caracterizada por:

> [un] relativismo absoluto, por lo que todas las ideas se ven como en relación con la situación psicológica y social de quien las afirma, y, por lo tanto, como valorables desde el punto de vista utilitario, de estímulo para la vida[31].

En ello ha tenido igualmente influencia la escasa categoría intelectual de las jerarquías eclesiásticas. En ese sentido, el sociólogo José Casanova ha señalado certeramente que su participación en los debates públicos resultó

> bastante ineficaz, entre otras cosas, porque fue incapaz de formular su discurso de manera que no pudiera ser descartado simplemente como una crítica partidista conservadora al Gobierno socialista o una crítica vacía o totalmente tradicionalista a la cultura secularizadora moderna; [además,] no formuló ningún debate público serio sobre el sentido y la naturaleza de la moralidad pública y privada en las sociedades modernas[32].

Los católicos, sobre todo tras la experiencia del Concilio Vaticano II, no podían ya aparecer en la vida pública como un bloque ideológico homogéneo. La izquierda católica, incluso revolucionaria, disfrutó, a lo largo de los primeros años de la Transición, de una importante influencia de orden cultural y político. La teología política tradicionalista había sido sustituida por una teología política revolucionaria, basada en las aportaciones de Johan B. Metz, Jürgen Moltnam o Ignacio Ellacuría[33].

Al mismo tiempo, el desarrollo del régimen demoliberal trajo inevitablemente un desencanto para el conjunto de la población, con respecto a su realidad cotidiana. El hecho no tenía nada de

---

[31] Augusto del Noce, *L'époque de la sécularisation*, París, 2001, pp. 146 ss.

[32] José Casanova, *Religiones públicas en el mundo moderno*, Madrid, 1994, pp. 130-131.

[33] Véanse Adolfo González Montes, *Teología política contemporánea*, Salamanca, 1996; Olegario González de Cardedal, *La teología en España*, Madrid, 2010.

excepcional. Como gustaba decir Raymond Aron, la democracia liberal es

> el único régimen que confiesa o, mejor aún, que proclama que la historia de los Estados está y debe estar escrita en prosa y no en verso[34].

Tras un período de relativa euforia, el español medio descubrió la realidad oligárquica y partitocrática del sistema político, su imperfección representativa, la corrupción, la lentitud de las reformas y de su funcionamiento. En ese contexto, politólogos, sociólogos, intelectuales y periodistas comenzaron a denunciar la democracia española como una «democracia plana», escasamente representativa, en la que los partidos políticos tienen excesiva influencia en la vida social; la peligrosa dialéctica del llamado «Estado de las Autonomías», cada vez más próximo al fraccionamiento de la nación española o a la defensa de privilegios territoriales y económicos; la escasa participación popular y el casi nulo debate de ideas[35].

Tampoco en el ámbito cultural se cumplieron las optimistas previsiones con respecto a las consecuencias del advenimiento del régimen demoliberal. Y es que aquellos pronósticos adolecían de una profunda veta voluntarista y utópica. En primer lugar, porque la sociedad española, a lo largo del franquismo, estuvo muy lejos de ser el «erial» descrito por algunos apresurados analistas. Y, en segundo lugar, porque no está entre las facultades del régimen demoliberal, ni de ningún otro, la de influir en la creación de formas superiores de cultura. El arte, la literatura, la filosofía creadoras se han desenvuelto históricamente al margen de las situaciones políticas y sociales concretas. Ninguno de ellos es género de improvisación fácil, cuya existencia dependa de una evolución política, social o económica. En cualquier caso, resulta evidente que el momento cultural español se caracteriza por una falta de creatividad ciertamente singular, lo que inevitablemente refleja, por los modos indirectos en que las letras y el pensamiento político o filosófico pueden

---

[34] Raymond ARON, «Introducción» a *El político y el científico,* de Max WEBER, Madrid, 1979, p. 34.

[35] Véanse Luis de VELASCO y José Antonio GIMBERNAT, *La democracia plana,* Madrid, 1999; Manuel RAMÍREZ, *España de cerca. Reflexiones sobre veinticinco años de democracia,* Madrid, 2003; José Ramón CAPELLA (ed.), *Las sombras del sistema constitucional español,* Madrid, 2003; Gustavo BUENO, *Panfleto contra la democracia realmente existente,* Madrid, 2004.

hacerlo, la privatización, el hedonismo y el narcisismo de una vida social en la que la improvisación, la promiscuidad, el dinero y la autogratificación mediante el consumo de bienes superfluos se han convertido en norma general[36].

Por otra parte, se pusieron de manifiesto las deficiencias de nuestro sistema democrático-liberal, sobre todo en los ámbitos mediáticos. La auténtica democracia liberal es —o debería ser— un sistema omnidireccional de comunicación. Pero con demasiada frecuencia el conjunto de la prensa y, sobre todo, de los medios de comunicación se comportan de una manera unidireccional. En España, como en otras sociedades europeas, se ha ido desarrollando hasta límites escasamente tolerables la tendencia, denunciada por el historiador Pierre André Taguieff y su esposa, Elisabeth Lévy, a la instauración de una «oligarquía cultural», que, mediante múltiples rituales de exclusión simbólica, consolida un sistema de comunicación segregacionista, basado en la nítida distinción entre «discutidores» legítimos y los excluidos del debate intelectual[37]. El sociólogo Víctor Pérez-Díaz ha señalado este fenómeno cuando, al describir la vida cultural española de los últimos años, menciona la preeminencia de los llamados «líderes exhortativos», es decir, al servicio de un partido, frente a los «líderes deliberativos», independientes. Y su tendencia a estrangular la emergencia de nuevas ideas y alternativas[38].

De hecho, los intelectuales no han salido, en muchos casos, mejor parados que el clero a la hora de conservar su influencia en la sociedad. La explosión de los medios de comunicación audiovisuales, sobre todo de las televisiones privadas a partir de 1989, ha contribuido decisivamente a eclipsar la figura del intelectual. Su lugar ha sido ocupado por el líder mediático, cuya cultura social se funda sobre todo en el individualismo y el relativismo. En ese sen-

---

[36] No deja de ser significativo que Fernando Chueca Goitia, al hacer el balance cultural de los veinticinco años de reinado de Juan Carlos I, tenga que recurrir a los nombres consagrados durante el franquismo: Laín Entralgo, Marías, Cela, Carmen Laforet, Domínguez Ortiz, Delibes, Torrente Ballester, Sánchez Ferlosio, etc. [Fernando CHUECA, «La cultura española», en Julián MARÍAS (coord.), *Veinticinco años de reinado de Juan Carlos I*, Barcelona, 2000, pp. 151 ss.].

[37] Pierre-André TAGUIEFF, *Sur la Nouvelle Droite*, París, 1995, pp. 395 ss.; Elisabeth LÉVY, *Les maîtres censeurs. Pour finir avec la pensée unique*, París, 2002, p. 26.

[38] Víctor PÉREZ DÍAZ, *Una interpretación liberal del futuro de España*, Madrid, 2002, pp. 100-101.

tido, no sólo la cultura católica salió perjudicada; lo mismo ocurrió con la alta cultura clásica, que se ha visto radicalmente amenazada por el carácter homogeneizador y uniformador de la cultura de masas. Los intelectuales, tanto de derechas como de izquierdas, se mostraron, por lo general, incapaces de contrarrestar ese proceso o, al menos, controlarlo; no han conseguido hallar formas de pensamiento alternativas a las que imponer el lenguaje de la civilización tecnológica. Por otra parte, los programas culturales han sido, en gran medida, erradicados de la programación de las televisiones privadas, y en las públicas ocupan un rol marginal y periférico[39].

A ello se suma la tendencia dominante en las elites políticas y mediáticas, señalada entre otros por Ignacio Sotelo, de retornar a la llamada «España sin problema», porque se consideraba que la sociedad española

> se había homologado al resto de Europa con los mismos conflictos que los demás socios comunitarios, una vez resueltos los que nos lastraron en el pasado[40].

Esta tendencia se vio reforzada por la crisis y definitivo ocaso de los regímenes comunistas. Y no deja de ser significativa, a ese respecto, la repercusión que disfrutó en la prensa española el artículo de Francis Fukuyama «The End of History?», en el que se afirmaba la tesis de que, a través de los cambios producidos en Europa central y del Este, no advenía ni una convergencia entre capitalismo y comunismo ni la muerte de la ideología, sino la victoria absoluta del liberalismo económico y político; y que dicha victoria comportaba el final de la Historia. No se negaba, en el artículo, la posibilidad de nuevos acontecimientos; de lo que se trataba era de afirmar que el marco ideológico dentro del cual se producirían no podía ser otro que la democracia liberal y el régimen económico de mercado[41]. La tesis fue muy criticada a derecha e izquierda. Pero resulta discutible que las elites políticas y mediáticas estuvieran en desacuerdo con sus fundamentos filosóficos y con sus consecuencias políticas.

---

39 Véase Francisco RODRÍGUEZ PASTORIZA, *Cultura y televisión. Una relación de conflicto*, Barcelona, 2003.

40 Ignacio SOTELO, *op. cit.*, p. 148.

41 «¿El fin de la Historia?», *Claves de Razón Práctica*, n.º 1, 1990, pp. 85-96; Francis FUKUYAMA, *El fin de la Historia y el último hombre*, Barcelona, 1992.

Pocos discuten hoy, en el mundo oficial español, según se deduce del contenido de sus ideas y planteamientos, que el ser humano es racional; que la historia sigue, en el fondo, una teleología; o que se ha encontrado la fórmula social perfecta, es decir, la democracia liberal. Como tendremos oportunidad de ver, el nuevo líder de la derecha española, José María Aznar, aceptó las tesis de Fukuyama, y así lo manifestó en sus discursos y escritos, con todas sus consecuencias.

B) El «momento» Aznar

Manuel Fraga fue incapaz de romper el «techo» electoral de su opción política. Y, tras no pocas derrotas, optó por dimitir de la jefatura del partido el 1 de diciembre de 1986. Poco después, se convocó un Congreso, en el que salió elegido el abogado Antonio Hernández-Mancha. Nacido en 1952, se decía admirador de Ortega, Jean-François Revel, Raymond Aron y Azaña[42]. Pero su posición dominante duró muy poco, dada la mediocridad de que hizo gala frente a Felipe González y los socialistas. La impotencia política de la derecha abrió el paso a la oposición de periodistas y publicistas, entre los que destacó la figura de Federico Jiménez Losantos, quien se dio a conocer con su libro *Lo que queda de España*, donde sometió a dura crítica la actitud del conjunto de la izquierda española frente a los nacionalismos periféricos, reprochándola haber cometido «el desgraciado error de aceptar lo español como finca del franquismo». Contra los nacionalismos periféricos, Jiménez Losantos resaltó la figura de Manuel Azaña como fundador del nacionalismo liberal español. Además, su crítica se centró en la actuación del gobierno socialista y de los nacionalismos periféricos, a los que acusó de ejercer una «dictadura silenciosa» basada en el «caudillismo mediático»[43].

Ante la ineficacia de Hernández-Mancha, Alianza Popular hubo de convocar un nuevo Congreso, en el que salió elegido Fraga.

[42] *Cambio 16*, 2 de marzo de 1987.

[43] Federico Jiménez Losantos, *Lo que queda de España. Con un prólogo sentimental y un epílogo balcánico*, Madrid, 1995, pp. 162 ss.; «Prólogo» a Manuel Azaña, *Antología. Discursos*, Madrid, 1983, pp. 14-15; *La dictadura silenciosa. Mecanismos totalitarios de nuestra democracia*, Madrid, 1993, pp. 77 ss.

Cambió el nombre por el de Partido Popular; y la internacional, ahora democristiana. Fraga no pretendió quedarse al frente del partido y nombró su sucesor en la figura de José María Aznar López, cuya investidura formal se produjo en el X Congreso del Partido Popular. Nacido en 1953, Aznar no era un hombre de pensamiento, sino un político muy apegado al terreno, pero intentó llevar a cabo un cambio en la perspectiva ideológica de su partido. Se sentía portavoz de una nueva generación de políticos, cuya sensibilidad vital se diferenciaba fundamentalmente de la generación anterior, la de los «nietos de Franco», marcada todavía por la experiencia del franquismo. Se trata de una generación que «mira hacia atrás sin ira» y que «no tiene que justificar cambios de ideologías, ni padece de conciencia democrática». En ese sentido, pretendía dar una nueva cultura política a la derecha, valorando, ante todo, los elementos de consenso en la vida política y comprendiendo el importante papel de la opinión pública en la sociedad. Aznar se autodefinió como «heredero de la tradición liberal y constitucional española». Y, siguiendo a Francis Fukuyama, consideraba que el liberalismo no es ya una ideología entre otras ideologías, sino el último punto de llegada del pensamiento político moderno, y por ello resulta ser «la única ideología con derecho de ciudadanía en el mundo contemporáneo»[44]. En los discursos de Aznar y de sus partidarios abundan, en ese sentido, las citas no sólo de Fukuyama, sino de Hayek y, sobre todo, de Karl Popper, a quien considera «un abanderado de la verdad»[45].

La asunción del liberalismo implicaba una nueva interpretación de la historia de España y de la identidad nacional, distinta a la del tradicionalismo cultural legitimador del régimen franquista. El hecho nacional no es algo dado, sino producto de un proyecto colectivo racionalizado por las elites intelectuales y políticas, a partir del conocimiento de la realidad. En los discursos del líder popular han sido frecuentes las citas de historiadores como Américo Castro, así como las de su antagonista Sánchez Albornoz, y de Menéndez Pidal y Menéndez Pelayo, aclarando que se trata del Menéndez Pelayo maduro y liberal. Aznar apenas insiste en los factores religiosos configuradores de la nacionalidad española; su visión pretende ser

---

[44] José María AZNAR, *Libertad y solidaridad*, Barcelona, 1991, pp. 15 y 37; *La España en que yo creo. Discursos políticos (1990-1995)*, Madrid, 1995, p. 226.

[45] *Homenaje a Karl Popper*, Madrid, 1994, p. 8.

desacralizada, e incluso condena «la intransigencia religiosa», que «ha alejado de nuestro seno a grupos cuya ausencia nos ha empobrecido humana y materialmente». A tenor de estas afirmaciones, su punto de partida es el de la existencia de la nación española, «plural, multilingüe, diversa, heterogénea y pluricultural». Atribuye a las instituciones tradicionales, como la Monarquía, el haber sido un factor de integración de los distintos pueblos de España en un proyecto común. Y se identifica con el «Estado de las Autonomías», rechazando el término «nación de naciones» o «Estado español»; lo mismo que el federalismo, o el principio de autodeterminación. Los nacionalismos periféricos son interpretados por el líder popular como consecuencias de la propia diversidad española y de la debilidad del Estado español a lo largo del siglo XIX, así como de «la miopía de los excesos centralistas, la pujanza de la industria del País Vasco, la recuperación literaria de las lenguas vernáculas y el anquilosamiento del nacionalismo español en fórmulas casticistas»[46]. El marco histórico de referencia de Aznar ha sido el régimen de la Restauración, bajo cuya égida la sociedad española consiguió, a su juicio, «unos niveles de paz, estabilidad, prosperidad y civilidad hasta entonces desconocidos». En consecuencia, se mostraba muy crítico con los noventayochistas, a los que reprochaba mantener «un ambiente intelectual en el que prevalecía una interpretación pesimista que acabó siendo negativa para España»[47].

Significativamente, en los discursos de Aznar apenas existen menciones al franquismo. De vez en cuando, casi incidentalmente, se refiere a éste como «un largo período de excepción» o «dictadura». El franquismo sería, así, una especie de paréntesis, de anomalía histórica, tras el cual el progreso liberal continuaría su marcha[48]. Lo que contrasta con sus reiteradas alabanzas a la figura de Manuel Azaña, en cuya obra cree ver, siguiendo a Jiménez Losantos, un proyecto de «integración nacional e integración democrática», «un patriotismo crítico, creativo, activo, digno y liberal»[49]. Algo que no

---

[46] José María AZNAR, *España. La segunda transición*, Madrid, 1994, pp. 27 ss.; *La España en que yo creo*, Madrid, 1995, pp. 140 ss. y 204 ss.

[47] Pilar del CASTILLO, «Conversaciones con José María Aznar», *Nueva Revista de Política, Cultura y Arte*, n.º 41, octubre-noviembre de 1995, pp. 15-16.

[48] Ibídem, p. 14.

[49] José María AZNAR, *Libertad y solidaridad...*, p. 159; *La España en que yo creo...*, p. 158.

sólo contrasta con la realidad histórica concreta o con la valoración positiva de la tradición liberal-conservadora y del régimen de la Restauración, de los que Azaña, como sabemos, fue un crítico implacable, sino que fue visto por los representantes de la izquierda cultural como una muestra de la debilidad moral e ideológica de la derecha española. Así, Jorge Semprún sostuvo que la valoración aznarista de Azaña demostraba que «los valores de los vencidos de la guerra civil son los que fundan la ley moral», mientras que para Fernando Morán era la prueba de que en la derecha existía «un evidente deseo de catarsis», de «baño y limpieza en el Jordán»[50].

Por fortuna, otros intelectuales afines al Partido Popular han creído que ese papel podía ser ocupado por José Ortega y Gasset con mayor coherencia y decoro. En ello ha destacado la labor del filósofo Ignacio Sánchez Cámara. Nacido en 1954, su primera obra estuvo dedicada a *La teoría de la minoría selecta en el pensamiento de Ortega y Gasset*, en la que reivindicaba las ideas del filósofo madrileño para un «mejor entendimiento de la democracia». En el fondo, lo que persigue es una rectificación liberal-conservadora de la democracia de masas. La teoría de la elite en Ortega tiene por base su filosofía de la vida como realidad radical y, sobre todo, la afirmación de la desigualdad humana «intelectual y moral» como factor decisivo en la configuración de las sociedades. La minoría selecta orteguiana se legitima, ante todo, por su ejemplaridad frente a la masa; es el esfuerzo, la autoexigencia lo que la define. Su misión es influir en las masas «para que sus sentimientos y valores y juicios sean más certeros». A su vez, la teoría de la minoría selecta implica una teoría de la democracia basada en la opinión pública, lo que lleva a una relación directa entre «la aristocracia social y la democracia política», porque el proceso social de formación de la opinión pública es «esencialmente aristocrático». Y es que el fundamento de la democracia no es ni debe ser la igualdad, sino la libertad: «la libertad incluye la resistencia incluso frente al poder democrático»[51].

La aplicación de la teoría orteguiana a la realidad cotidiana española no puede ser más demoledora. Para Sánchez Cámara, no existe la menor duda: «las masas, al menos de momento, han triun-

---

[50] Jorge SEMPRÚN, *Federico Sánchez se despide de ustedes*, Barcelona, 1996, p. 233; Fernando MORÁN, *Manuel Azaña*, Barcelona, 2003, p. 27.

[51] Ignacio SÁNCHEZ CÁMARA, *La teoría de la minoría selecta en el pensamiento de Ortega y Gasset*, Madrid, 1986.

fado», lo que tiene como consecuencia, sobre todo en la vida intelectual,

> el apogeo del relativismo cultural, y, con él, del multiculturalismo y de la *cultura de la queja*, la degradación y devaluación de la educación y de la cultura, la crisis de la Universidad, el politicismo y la hiperdemocracia[52].

Igualmente, ha sometido a crítica los fundamentos del multiculturalismo y de lo políticamente correcto, fenómenos en los que ve «la desmembración de los valores culturales occidentales», «un nuevo macarthysmo de izquierdas», «el asalto a la razón y a los valores ilustrados»[53].

Bajo la égida de Aznar, el Partido Popular exprimentó, al principio, un cierto auge cultural e ideológico. El partido contaba con revistas como *Veintiuno,* órgano de la Fundación Cánovas del Castillo, dedicada a la defensa del ideario liberal-conservador, fundada en 1989. En sus páginas se han difundido las ideas de autores tan diversos como Tocqueville, Schmitt, Freund, MacIntyre, Hayek, Popper, Ortega, etc. En 1992 se presentó en sociedad la Fundación para el Análisis y los Estudios Sociales, creada por Aznar a imagen y semejanza de la Fundación Adam Smith, para defender el liberalismo. La Fundación ha tenido un gran papel en la difusión del ideario popular. Sus *Papeles* han tratado temas como «La genealogía del liberalismo español», un encuentro de intelectuales coordinado por José María Marco. De la misma forma, la problemática nacionalista ha sido uno de los temas estelares; y, coordinados por el historiador Fernando García de Cortázar, se publicaron dos volúmenes, *La nación española: historia y presente* y *El Estado de las Autonomías en el siglo* XXI*: cierre o apertura indefinida*. La Fundación ha rendido homenaje a filósofos liberales, como Popper o Berlin. Sus miembros han criticado el multiculturalismo y defendido la economía de mercado. Ha contado con dos órganos: *Nueva Revista,* dirigida por Antonio Fontán; y, más recientemente, *Cuadernos de Pensamiento Político,* cuyo director es el filósofo José Luis González Quirós.

---

[52] Ignacio SÁNCHEZ CÁMARA, *De la rebelión a la degradación de las masas*, Madrid, 2003, pp. 77 ss.

[53] Fernando R. LAFUENTE e Ignacio SÁNCHEZ CÁMARA, *La apoteosis de lo neutro*, Madrid, 1996.

En 1999, apareció *La Ilustración Liberal,* que aúna, a partir de las ideas de Jiménez Losantos, la defensa de la unidad nacional con la teorización del liberalismo económico, en consonancia con los planteamientos de Popper, Hayek y Von Mises.

Aznar insistió en dar una imagen «centrista» de su partido, recogiendo la herencia de la UCD. La insistencia fue tan extrema que contribuyó a restarle credibilidad. La revista *Cambio 16* llegó a decir, irónicamente, que la derecha española había desaparecido en el XII Congreso del Partido Popular. En aquel Congreso, Aznar se rodeó de antiguos ministros centristas y afirmó una y otra vez estar en el «centro»[54].

Sin embargo, los resultados electorales, pese a la ola de corrupción y el escándalo de los GAL, protagonizados por los gobiernos socialistas, no confirmaron las expectativas de triunfo de la derecha hasta 1996. Un triunfo que revalidó cuatro años después, con mayoría absoluta. El gobierno popular se caracterizó por la eficacia económica y la ausencia de corrupción y escándalos. Pero el Partido Popular renunció a disputar la hegemonía cultural a la izquierda y, más aún, a plantear la reforma intelectual y moral que la sociedad española necesitaba. Es más: descuidó sus relaciones con el mundo de la cultura. Hoy por hoy, es difícil que un novelista, filósofo, escritor, director de cine o poeta se autodefina políticamente de derechas. Estos sectores, por lo menos en sus representantes más activos y carismáticos, siguen estando hegemonizados por la izquierda. Además, la derecha en el poder ha sido incapaz de dar respuesta a dos retos fundamentales, de singular importancia política y cultural: el tema de la «memoria histórica» y la articulación de un nuevo nacionalismo español.

Durante el período en que Aznar ocupó la presidencia del Gobierno se publicaron más libros sobre el maquis, la represión de la posguerra, el franquismo o la guerra civil que en toda la etapa socialista. La izquierda no ha resucitado, como suele decirse, la «memoria histórica», sino «su» memoria histórica, que intenta imponer al resto de la sociedad. Su objetivo, conseguido ya en parte, ha sido, y sigue siendo, la condena histórica del régimen nacido de la guerra civil. Por lo general, esta publicística suele ofrecer una visión profundamente distorsionada y maniquea de los acontecimientos.

---

[54] «La derecha española ha desaparecido», *Cambio 16,* 5 de enero de 1996, pp. 20 ss.

El bando acaudillado por Franco resulta ser un compendio paradigmático de lo grotesco y de lo repugnante, mientras que los republicanos aparecen como depositarios de todas las virtudes cívicas y democráticas. Novelas, ensayos, películas, desenterramiento de cadáveres en fosas comunes, etc., todo ello se ha erigido en voz y símbolo del bando republicano. Frente a tal ofensiva cultural y mediática, la derecha ha guardado silencio. Desgraciadamente, se ha perdido la oportunidad de plantear en España una discusión análoga a la que se produjo en Alemania entre Jürgen Habermas y Ernst Nolte, el célebre «Debate de los Historiadores». En la sociedad española, sobre todo en el mundo intelectual, parece haber muchos Habermas, pero la derecha española no ha tenido su Nolte.

José María Aznar en el Congreso del Partido Popular en 2002. Pese a los excelentes resultados de las elecciones de 2000 y a los buenos indicadores económicos en la gestión de sus gobiernos, el PP perdió las elecciones de 2004 y entró en un proceso de redefinición de su espacio político e ideológico. *Agencia Efe.*

Por otro lado, el período popular se ha caracterizado por un duro pulso político e ideológico frente a los nacionalismos periféricos, sobre todo en el País Vasco, a partir del llamado Pacto de Estella entre el PNV, Euzko Alkartasuna y Herri Batasuna, con vistas al logro de la independencia. En esta lucha, el Partido Popular ha contado con el apoyo no sólo de intelectuales y políticos afines a su ideología, como Alejo Vidal-Quadras o Fernando García de Cortázar, sino de algunos representantes de la izquierda cultural, como Jon Juaristi, Edurne Uriarte, Fernando Savater, etc. A pesar de ello, uno de los grandes fracasos del período ha sido el de la articulación ideológica de un nuevo nacionalismo español. En éste, como en otros casos, se impuso el miedo a ir demasiado lejos o a resucitar viejos fantasmas del pasado. Todas las especulaciones de Aznar y de sus colaboradores sobre la nación española quedaron en agua de borrajas cuando se intentaron compatibilizar, en un ejercicio de eclecticismo tan arduo como estéril, con el planteamiento habermasiano del llamado «patriotismo constitucional», tal y como se diseñó en la Ponencia Política del Congreso del Partido Popular en enero de 2002. Y es que la idea de «patriotismo constitucional» es fundamentalmente abstracta y antinacionalista, es decir, anticonservadora. Sin nación no puede haber constitución; los valores que dan cuerpo al «patriotismo constitucional» son los valores expresados por la historia, las vicisitudes de una nación no determinadas por la abstracción jurídica.

Además, aunque minoritaria, existe una derecha intelectual filonacionalista, cuyo principal representante es Miguel Herrero y Rodríguez de Miñón. Nacido en 1940, es un notable jurista formado en Lovaina e influido por la escuela histórica del derecho de Von Savigny, e igualmente por Edmund Burke, Georg Jellinek o Charles Maurras. Sus ideas recuerdan igualmente a las de su padre, Miguel Herrero García, miembro importante de *Acción Española* y admirador ferviente del líder de *L'Action Française*. Sus planteamientos recuerdan igualmente al tradicionalismo carlista[55].

Consecuente con su historicismo, Herrero de Miñón ha criticado la tesis del «patriotismo constitucional», un concepto, a su juicio, que, lejos de ser universalista, busca «la universalización de lo propio, desde los valores políticos a la lengua»; que «separa la comunidad política ciudadana de toda identidad colectiva y reivindica la

---

[55] Véase Miguel HERRERO Y RODRÍGUEZ DE MIÑÓN, *Memorias de estío*, Madrid, 1993, pp. 17, 19 y 54 ss.

neutralidad de aquélla, de su Constitución y sus leyes»; que «adolece de un déficit de patria». Además, considera que el concepto no es aplicable a España, por la debilidad del patriotismo español y, sobre todo, por la «estructura plurinacional española»; lo que equivale, en la práctica, a excluir a los disidentes. En el fondo, no es, para Herrero, otra cosa que la última máscara del nacionalismo español. Frente al «patriotismo constitucional», Herrero propugna el concepto de «constitucionalismo útil», basado en la «pluralidad nacional» española. Para el jurista, España es históricamente lo que resta de la separación del País Vasco, Cataluña y Galicia, auténticas naciones, «fragmentos de Estado», que poseen unos supuestos «derechos históricos». Y, en consecuencia, la unidad nacional depende de la unión con la Monarquía. A ese respecto, Herrero da una gran importancia a la figura del rey. A su juicio, el rey es el «magistrado para el estado de excepción»; es el único que goza de las características de «independencia, objetividad y permanencia de sus funciones». Y es que la Monarquía ha de ser el vínculo político entre las naciones que componen el Estado español:

> Una vez más, la Monarquía española puede ser un Estado plurinacional. Pero si es, además, e ineludiblemente, un Estado democrático, esto es, un Estado donde la voluntad general es la norma suprema, no será un aparato ortopédico que gravite sobre sus súbditos, sino la expresión de la superior voluntad de vivir juntos de sus ciudadanos, cualquiera que sea el pueblo a que pertenezcan[56].

El tema nacionalista sigue siendo, pues, el principal problema de la sociedad española en estos momentos, y no sabemos hacia donde nos llevará; quizás, según señalaba Roland Hureaux, al estallido de la nación[57]. Porque, como comentó hace tiempo un reputado historiador:

> Es harto improbable que España deje de ser un país democrático; pero no es imposible que deje de ser un país[58].

---

[56] Miguel HERRERO Y RODRÍGUEZ DE MIÑÓN, *Regionalismo y Monarquía*, Madrid, 1977; *Los territorios históricos como fragmentos del Estado*, Vitoria, 1987; *Derechos históricos y Constitución*, Madrid, 1998; *El valor de la Constitución*, Barcelona, 2002.

[57] Roland HUREAUX, *Les nouveaux féodaux. Les contrasens de la décentralisation*, París, 2004, p. 140.

[58] José VARELA ORTEGA, «Prólogo» a *Los intelectuales y la política*, de Vicente CACHO VIU, Madrid, 2000, p. 30.

2. LOS EXILIADOS EN LA PATRIA: LAS «OTRAS» DERECHAS

Una de las múltiples paradojas de la vida política española, como hemos tenido oportunidad de ver, ha sido, y es, la reivindicación insistente, casi agónica, de un «centro», sin la previa existencia, al menos semántica, de la derecha. Se trata de un auténtico milagro político-geométrico, el de un espacio político que puede segregar un «centro» y una izquierda pero sin derecha. El Partido Popular es un «centro» que no tiene, políticamente hablando, a nadie a su derecha. Y es que, como sabemos, la palabra «derecha» lleva ineludiblemente aparejada la carga afectiva antes reservada para la expresión «extrema derecha», es decir, la derecha antiliberal y antidemocrática. A ese respecto, otra de las características de la vida política española ha sido, y es, la ausencia de una alternativa política organizada de derecha radical o «neopopulista», a diferencia de lo ocurrido en Francia, Italia, Grecia o Austria. Lo que se encuentra relacionado directamente, no, como suele decirse, con la experiencia del régimen franquista en sí, sino con las características de la Transición española y, sobre todo, con la incapacidad de esos sectores para adaptarse a las nuevas circunstancias políticas. En ese aspecto, no debe olvidarse que la Transición se hizo «desde arriba», por la derecha, y que, en su desarrollo, no perjudicó ni material ni moralmente a los sectores sociales que se beneficiaron del franquismo. La Transición no generó en la derecha española excesivos agravios y temores, y, por tanto, los llamados «nostálgicos» y «ultras» no tuvieron oportunidad de captar una base social y política estable y amplia. Además, ese sector político cayó en manos de un dirigente tan errático y crispado como Blas Piñar López, el líder de Fuerza Nueva. Ningún partido político defendió, en aquellos años, un proyecto tan alejado de las preocupaciones y mentalidad del español medio. Se habló, durante algún tiempo, de Fuerza Nueva como un conato de «neofascismo» a la española, pero nunca hubo tal. El partido liderado por Piñar siguió anclado en el anacrónico paradigma teológico-político. Su proyecto resaltaba la fidelidad «a los ideales del 18 de Julio, es decir, a la doctrina religiosa, política, social y económica que dio origen al Alzamiento Nacional»; al «recuerdo y a la obra de Francisco Franco, Caudillo de la Cruzada y artífice del Estado Nuevo», y a «la Monarquía católica, social, tradicional y representativa, instaurada por el régimen que nació de la Cruzada». Fidelidades que suponían un programa mínimo de actuación: confesionalidad católica del Estado, unidad nacional, economía «al servicio del hombre», etc. Este programa permaneció incólume, salvo en el punto de la Monarquía tradicional, que, ante el rol del monarca en el cambio político, sustituyó por la república presidencialista[59]. Su táctica fue absolutamente errática, apostando directamente por el golpe de Estado militar. Piñar incluso identificó su alternativa política con las dictaduras sudamericanas de Stroessner y Pinochet. Además, Fuerza Nueva fue un partido absolutamente cerrado a la reflexión y al debate político-cultural. Lógicamente, tras un período de auge aparente, acabó disolviéndose, tras su estrepitoso fracaso en las elecciones de octubre de 1982. Desde entonces, la derecha tradicionalista desapareció del horizonte político español y, con ella, todo el espectro de la derecha afín al régimen de Franco. Hace algunos años, el politólogo italiano Marco Tarchi acuñó el término *esuli in patria*, «exiliado en patria», para describir la situación psicológica de la derecha antiliberal italiana, tras el final de la Segunda Guerra Mundial. Sin embargo, el neofascismo italiano disfrutó, pese a todo, de un influencia política infinitamente mayor que los sectores españoles antiliberales. Y, en ese sentido, si alguien merece la denominación de *esuli in patria* son los españoles.

No obstante, la debacle política ha propiciado, en la derecha no liberal, importantes e interesantes intentos de renovación ideológica e incluso la emergencia de nuevas tradiciones intelectuales; aunque las actitudes inmovilistas continúan.

A) La persistencia de la Teología política: *Verbo*

Fundada, como sabemos, en 1962, la revista *Verbo se* convirtió en el órgano doctrinal del integrismo católico español. Aunque la revista se mostró ajena a los partidos políticos, buena parte de sus colaboradores eran miembros o estaban próximos a Fuerza Nueva. Sin embargo, no deja de resultar significativo que *Verbo* no hiciera comentario alguno sobre la muerte de Franco. Y es que este sector receló siempre del franquismo, por su capacidad de evolución. A ese respecto, resulta revelador el libro del carlista Rafael Gambra *Tradición o mimetismo,* donde se criticaba, desde el tradicionalismo,

---

[59] Blas Piñar, *¿Hacia la III República?*, Madrid, 1978, pp. 146 ss.

el desarrollo político y legislativo del franquismo. Para Gambra, la etapa falangista supuso «un grave alejamiento del pensamiento político tradicional»; y lo mismo ocurrió con la tecnocrática, en la que «se reducirían al mínimo las diferencias ideológicas con los otros gobiernos de Europa, diferencias por lo demás que resultarían irrelevantes en la praxis política»[60]. En el mismo sentido, José Antonio García de Cortázar, director de *Verbo,* señaló, frente a Gonzalo Fernández de la Mora, las profundas diferencias entre el franquismo y el proyecto político tradicionalista:

> No existen en él auténtica representatividad política, los cuerpos intermedios, la solidaridad de los pueblos y las personas y el principio fundamental de la subsidiariedad del Estado. Tampoco, el régimen del 18 de Julio dio vida propia y fecunda a las Cortes, Diputaciones y Ayuntamientos[61].

Incluso publicó un fragmento de la obra de Charles Maurras *Vers l'Espagne de Franco,* donde aconsejaba al dirigente español conservar la autonomía de Cataluña, para reprochar al franquismo su desdén por los regionalismos[62].

Por lo demás, el contenido de *Verbo* no ha sido, ni podía ser, excesivamente innovador. La revista pretendía continuar el legado de *Acción Española,* pero prácticamente como si nada hubiera cambiado, como si todavía estuviesen en los años treinta y no hubiera tenido lugar el Concilio Vaticano II. No en vano sus promotores eligieron a Eugenio Vegas Latapié, muerto en 1985, como su guía espiritual. Sus principales colaboradores han sido Juan Vallet de Goytisolo, Francisco Elías de Tejada, Rafael Gambra, José Antonio García de Cortázar, Miguel Ayuso, Álvaro d'Ors, Estanislao Cantero, Francisco Javier Fernández de la Cigoña, etc.

En un primer momento, la revista manifestó su simpatía por Marcel Lefebvre, pero posteriormente ha mantenido su fidelidad a Juan Pablo II y a la doctrina tradicional de la Iglesia. Como motivo de sus veinticinco años, el Pontífice actual manifestó en audiencia privada y en una carta particular su «aprecio» por *Verbo*[63].

---

60 Rafael GAMBRA, *Tradición o mimetismo,* Madrid, 1976, pp. 102 ss.

61 «Advertencia sobre el régimen tradicional», *Verbo,* n.º 188, 1980, pp. 1031-1033.

62 «Charles Maurras y Cataluña», *Verbo,* n.º 150, 1976, pp. 1415-1418.

63 «Carta de Su Santidad Juan Pablo II a *Verbo*», *Verbo,* n.os 261-262, 1988, p. 17.

Destaca en sus páginas un profundo rechazo del mundo moderno, lo que resulta más evidente en los fundamentos filosóficos de su proyecto político. *Verbo* es una revista tomista, iusnaturalista y afín al pensamiento tradicional y contrarrevolucionario[64]. A ese respecto, ha defendido la idea de un orden natural, que se especifica en los ámbitos social, jurídico y político, basado en la necesidad y existencia de los llamados «cuerpos sociales intermedios» —familia, municipio y región— situados entre el individuo y el Estado, base de las libertades reales. Propugna, pues, una concepción organicista de la nación[65]. Y la Monarquía tradicional, siguiendo el modelo maurrasiano[66]. Subsiste en la revista el paradigma menendezpelayano de la consustancialidad de la nación española con el catolicismo[67].

No en vano la alternativa gestada en torno a la revista es hoy marginal en el conjunto de la derecha española. Y es que, como destacó Gonzalo Fernández de la Mora en una carta a Álvaro d'Ors, el principal defecto de *Verbo* ha sido, y es, «su fideísmo fundamentalista»[68].

B) El nuevo paradigma «razonalista»: Gonzalo Fernández de la Mora y *Razón Española*

La opción de Gonzalo Fernández de la Mora ha sido muy distinta. En realidad, fue el único intelectual de la derecha española capaz de reflexionar sobre los fundamentos teóricos y epistemológicos de un nuevo conservadurismo; y que intentó dar respuestas alternativas a la nueva situación social y política sin caer en las viejas fórmulas. Tras su «no» a la Constitución de 1978, fue uno de los fundadores, al lado de Federico Silva, del partido Derecha Democrática Española, que, al no conseguir espacio político propio, acabó disolviéndose en 1982. Desde entonces, Fernández de la

---

64 Francisco Elías de Tejada, «De la teología a la política», *Verbo,* n.os 124-125, 1974, pp. 369 ss.

65 Juan Vallet de Goytisolo, «Diversas perspectivas de las opciones a favor de los cuerpos intermedios», *Verbo,* n.os 233-234, 1984, pp. 305 ss.

66 Gabriel Alférez Callejón, «La verdadera Monarquía», *Verbo,* n.os 211-212, 1983, pp. 165 ss.

67 Miguel Ayuso, «La unidad católica y la España del mañana», *Verbo,* n.os 279-280, 1989, pp. 1421-1439.

68 «Epistolario Fernández de la Mora, 7 de noviembre de 1997», *Razón Española,* n.º 126, 2004, p. 14.

Mora abandonó la política activa, dedicándose casi en exclusiva a la reflexión filosófico-política. En 1976 había publicado su libro *La partitocracia,* donde sometía a dura crítica la dialéctica del Estado de partidos contemporáneo a partir de los supuestos de la sociología elitista de Pareto, Mosca, Michels, Schumpeter y Aron. Desde esta perspectiva, la voluntad general tan sólo es un mito y son las elites las que guían a las masas. La oligarquía es, a ese respecto, la «forma transcendental de gobierno». La democracia liberal no equivale a un utópico gobierno del pueblo; es tan sólo un sistema para la selección de las minorías dirigentes. La evolución del régimen liberal clásico hacia la democracia de masas llevaba consigo un nivel mayor de oligarquización del sistema político. El punto esencial se encuentra en que el control decisivo de la vida política pasa de los parlamentos a los partidos. Por ello, la democracia liberal desemboca inevitablemente en la «partitocracia», cuyo efecto sobre la vida política y social no puede ser más destructivo, ya que anula la división de poderes, el diálogo parlamentario, la autodeterminación de los electores e incluso el gobierno de la mayoría[69].

Por otra parte, se encargó de dejar muy claro, al publicar la séptima edición de *El crepúsculo de las ideologías,* que el cambio político ocurrido en España no había invalidado sus tesis de los años sesenta. Y es que, a su juicio, tras un período de superficial politización e ideologización de la sociedad española, las aguas volvían a su cauce, sobre todo desde el triunfo socialista de 1982. La drástica reducción del espectro político a la opción liberal y socialista; el consenso dominante, sólo posible «cuando la materia pactada se ha objetivado y desideologizado»; la «moderación» en la práctica política cotidiana y en los programas de los partidos; la desideologización de la clase política en pleno; y, sobre todo, la actitud del grueso de la población, que, después de un tangencial período de hiperpolitización, se había sentido desencantado con respecto al régimen político y sus dirigentes; todo ello demostraba que «el hecho universal del crepúsculo de las ideologías ha vuelto a iniciarse entre nosotros»[70].

---

[69] Gonzalo FERNÁNDEZ DE LA MORA, *La partitocracia,* Madrid, 1976, pp. 59 ss.

[70] Gonzalo FERNÁNDEZ DE LA MORA, *El crepúsculo de las ideologías,* 7.ª ed., Madrid, 1987, pp. 4 y 37.

Sin embargo, negó que sus tesis tuvieran alguna relación con el diagnóstico de Francis Fukuyama sobre «el final de la historia», que no dudó en tachar de «voluntarista» y «miope». Se trataba de

> una paradisíaca previsión muy parecida a la que hace más de una centuria formuló Marx y que ha sido desmentida por el desencadenamiento de algunas contradicciones, las hambrunas y los genocidios más intensos de la aventura humana.

Y concluía:

> La experiencia demuestra que las necesidades que puede inventarse el hombre son ilimitadas y que el carácter dialéctico de la razón le exige un avance contradictorio. Una Humanidad de nuestra especie, plenamente satisfecha y sin retos es no sólo improbable, sino imposible[71].

Su valoración del cambio político fue muy negativa. A la hora de explicarlo, desdeñó cualquier interpretación de carácter infraestructural. El desarrollo económico no llevaba implícito el advenimiento del sistema de partidos, y ningún sector social concreto aspiraba a su instauración. Muy al contrario, la reforma política se hizo «desde arriba» y fue una operación de «cambio otorgado», que se debió a la voluntad del Rey y de Suárez, cuyas motivaciones no eran otras que

> satisfacer a una parte de la clase política, la que no estaba integrada dentro del Estado vigente, la que se había autoexiliado en el interior y adherido ya a la ideología demoliberal, ya a la socialista, ya a la comunista.

Y, a partir de ese diagnóstico, denunciaba sus consecuencias: destrucción de la derecha por el «centro», una eventual pero dura hiperpolitización, los errores de la Constitución, la desvertebración universitaria, la inseguridad ciudadana, la anemia espiritual y la desnacionalización[72].

Uno de los morbos españoles más criticados por Fernández de la Mora ha sido la envidia y su consecuencia social y política, el

---

[71] Gonzalo FERNÁNDEZ DE LA MORA, «El supuesto final de la Historia», en *Estudios sobre Historia moderna y contemporánea. Homenaje a Federico Suárez Verdeguer*, Madrid, 1991, pp. 156 ss.

[72] Gonzalo FERNÁNDEZ DE LA MORA, *Los errores del cambio*, Barcelona, 1986.

igualitarismo. Este último no es más que una «derivación», fruto de la envidia hacia las superioridades innatas. La desigualdad, en cambio, como demostraba la sociobiología de Edward O. Wilson, no sólo era necesaria para el normal funcionamiento de las sociedades, sino para garantizar el «impulso a la autorrealización», «que es el más noble del hombre y el motor más poderoso de la Historia»[73].

Al mismo tiempo, Fernández de la Mora se ha sentido seducido —como antes lo estuvo y lo siguió estando por Ortega y Gasset— por el desarrollo teórico del neoliberalismo económico y político de Milton Friedman y Friedrich von Hayek, que se había convertido en la auténtica alternativa al socialismo y a la democracia:

> El liberalismo es una ideología que reivindica un valor permanente y noble, el hombre, mientras que la democracia es un método que apela a una receta coyuntural y vulgar, el número. De ahí la necesaria subordinación de la aritmética a la ética y de lo democrático a lo liberal[74].

Significativa es, por ello, su revalorización del organicismo krausista, cuyo correlato político era un corporativismo compatible con el liberalismo, y con el pluralismo social y político:

> La representación partitocrática y la corporativa son compatibles, ya en una cámara única, ya en cámaras diferentes. En rigor, son complementarias [...]. La representación partitocrática tiende a ser oligopolista y cerrada, mientras que la corporativa tiende a ser pluralista y abierta[75].

En ese sentido, Fernández de la Mora ha propuesto una serie de correctivos a la partitocracia: independencia de los distintos poderes; democratización interna y transparencia en los distintos partidos; ruptura del monopolio partitocrático de la representación, «facilitando las candidaturas independientes, prohibiendo la disciplina de partido, y asegurando el voto secreto en todas las asambleas»; promoción de otras formas de canalización del voto, a través de la representación de intereses sociales; recurso al referéndum; circuns-

[73] Gonzalo FERNÁNDEZ DE LA MORA, *La envidia igualitaria,* Barcelona, 1984, pp. 230 ss.

[74] «La democracia antiliberal», *Abc,* 30 de abril de 1982.

[75] Gonzalo FERNÁNDEZ DE LA MORA, *Los teóricos izquierdistas de la democracia orgánica,* Barcelona, 1985, pp. 21 ss.

cripciones electorales unipersonales o, al menos, listas abiertas; fiscalización de los miembros de la clase política, etc.[76].

En octubre de 1983, apareció el primer número de la revista *Razón Española,* cuya dirección recayó en Fernández de la Mora, que desarrolló en sus páginas el proyecto de modernización selectiva del ideario conservador. A diferencia de lo pretendido por los colaboradores de *Verbo,* Fernández de la Mora estimaba que ya no podía defenderse *in toto* el antiguo proyecto de *Acción Española,* porque, tras el Concilio Vaticano II, la confesionalidad del Estado ya no era sostenible; y lo mismo ocurría con el monarquismo tradicional, porque la propia dinastía había renunciado a ese modelo político y aceptado el liberal y constitucional. Lo que todavía resultaba actual en el legado de la revista dirigida por Maeztu era la interpretación menendezpelayana del pasado nacional y la representación corporativa[77].

Entre los colaboradores de la revista destacan Ricardo de la Cierva, José Luis Comellas, Antonio Millán Puelles, Luis Suárez, Jesús Fueyo, Juan Velarde, Vintila Horia, Enrique Zuleta, Ernesto Giménez Caballero, Dalmacio Negro Pavón, Vicente Marrero, Vicente Palacio Atard, José Utrera Molina, José Zafra Valverde, José Javier Esparza, José Lois, Federico Suárez, Jerónimo Molina, Aquilino Duque, Ángel Palomino, Ángel Maestro, etc.

En la revista, Fernández de la Mora ha desarrollado su fundamentación del «razonalismo», término acuñado por su amigo Ernesto Giménez Caballero. El «razonalismo» no es un racionalismo. Mientras el racionalismo se contrapone a fideísmo y empirismo, el «razonalismo» rechaza el patetismo y el voluntarismo; se trata de la razón frente «a la pasión y a la arbitrariedad». El «razonalismo», a diferencia del racionalismo, arranca del hecho de la existencia de «dosis inmensas de irracionalidad en el comportamiento humano»; pero que, al mismo tiempo, ha de ser la razón la que debe «dominar a las pasiones y a la veleidad»[78]. Así pues, el «razonalismo» parte de una concepción abiertamente pesimista del ser humano. En el fondo, el hombre es un ser indigente, cuya vida en la tierra es «una frustración esencial»; de ahí la permanente «desazón» de su exis-

---

[76] «Las contradicciones de la partitocracia», *Razón Española,* n.° 49, 1991, pp. 201 ss.

[77] «Acción Española», *Razón Española,* n.° 14, 1985, pp. 345 ss.

[78] «Razonalismo y racionalismo», *Razón Española,* n.° 20, 1986, pp. 258-259.

tencia. El hombre se hace a sí mismo, precisamente porque todo en él es inacabado e imperfecto. Nada tiene sentido en su vida, que se mueve entre la perplejidad y la banalidad. Por eso ha de compenetrarse en una tarea que oriente su conducta. Decidirse por un proyecto vital es lo único que puede ponerle a salvo de la total desolación. Su esencial indigencia se muestra en las consecuencias de los instintos fundamentales propios de su naturaleza: la autoconservación, la sexualidad, la agresividad y la mentira. En el fondo, el único asidero frente a tanta perplejidad no es otro que la búsqueda del bien de la especie biológica: «los preceptos de la moral y, consecuentemente, del Derecho se fundamentan en el bien de la especie»[79]. En ese sentido, la ética «razonalista» se encuentra muy próxima al estoicismo. La felicidad sólo puede lograrse, en la medida de lo posible, mediante el control de los instintos por parte de la razón:

> Constitutivamente, el hombre es un ser en desazón y propenso a la infelicidad. El autodominio racional es el más enérgico alivio de tal flaqueza. La felicidad no es un don, es una laboriosa conquista del logos[80].

La trayectoria de *Razón Española* ha sido inseparable de la figura de Fernández de la Mora, su director y guía. La revista ha reivindicado los logros del régimen franquista, la unidad e identidad nacional española; ha criticado la partitocracia, lo mismo que los nacionalismos periféricos, y propugnado un liberalismo con cierto intervencionismo estatal para corregir excesos. En concreto, el economista Juan Velarde propuso para salir de la crisis de los ochenta una economía de mercado según el modelo occidental con mayor liberalización, reducción del sector público y contención del gasto mediante la austeridad presupuestaria[81].

C) Las vicisitudes de la *Nouvelle Droite* en España

La etiqueta *Nouvelle Droite* no es una invención de los portavoces de esta tendencia político-cultural, sino de los medios de comuni-

---

[79] Gonzalo Fernández de la Mora, *El hombre en desazón*, Oviedo, 1998.

[80] Gonzalo Fernández de la Mora, *Sobre la felicidad*, Oviedo, 2001, p. 172.

[81] «La salida de la crisis económica», *Razón Española*, n.º 10, 1985, pp. 163-176; «Una nueva política económica», *Razón Española*, n.º 35, 1989, pp. 261 ss.

cación franceses que vieron en ella el contrapunto de la *Nouvelle Gauche*. Su principal inspirador, Alain de Benoist, es un pensador de gran talento y de vasta y pluridisciplinar cultura, que se dio a conocer con un significativo y enciclopédico libro, *Vu de droite*, que mereció el premio de la Academia Francesa. Su perspectiva es tan ecléctica como coherente, y une Renan y Gramsci, Nietzsche y Heidegger, Schmitt y Marcuse, la Escuela de Francfort y Pareto, Maffesoli y Monnerot, Eliade y Cioran, etc. El suyo es un «gramscismo de derechas» que intenta arrebatar la hegemonía cultural a la izquierda[82]. Sus ideas se han difundido a través de la GRECE (*Grupement de recherche et d'études pour la civilisation européenne*), sociedad cultural fundada en 1968; y a través de revistas y publicaciones como *Éléments, Krisis, Nouvelle École*, etc. Con frecuencia se ha hablado de Benoist como ideólogo del Frente Nacional de Jean Marie Le Pen, pero, en realidad, no ha sido así. Benoist jamás ha recatado críticas a Le Pen, sobre todo en materia de emigración, y manifestó que nunca había militado en el partido ni votado por él. El principal obstáculo para la recepción de este movimiento en España ha sido, y es, su radical crítica del cristianismo y su valoración positiva del paganismo y del politeísmo. Para Benoist y sus seguidores, el monoteísmo cristiano implica totalitarismo, mientras que el paganismo lleva al pluralismo ético, político y moral, lo mismo que a la diversidad étnica y nacional. Además, los neoderechistas se remiten constantemente a las ciencias exactas y naturales, y apelan a los resultados de la sociología, para resucitar el pluralismo y la autonomía de los diferentes pueblos[83]. Paralelamente, se remiten a la historia de las religiones para explicar sus mitos y para fundar las peculiaridades de los diferentes grupos humanos. En sus primeros tiempos, los miembros de la *Nouvelle Droite* combatieron el marxismo con la máxima dureza —su visión de la URSS era completamente negativa—, pero también a los Estados Unidos, en cuya existencia ven la máxima amenaza para la identidad de los pueblos; es el principal agente de homogeinización del mundo. A ese respecto,

[82] La principal obra sobre este movimiento es la de Pierre-André TAGUIEFF, *Sur la Nouvelle Droite*, París, 1994, Véase VVAA, *Alain de Benoist. Elogio de la disidencia*, Tarragona, 2015.

[83] Entre las obras de BENOIST traducidas al español figuran: *La nueva derecha*, Barcelona, 1979; *Las ideas de la nueva derecha*, Barcelona, 1985; *¿Cómo se puede ser pagano?*, Valencia, 2004.

Benoist ha propugnado una alianza de los países del «Tercer Mundo» con Europa frente a Norteamérica[84].

Desde los años setenta han existido en España algunos intentos de recepción de esta tendencia, pero en su mayoría han sido infructuosos. La revista *Futuro-Presente*, fundada en 1971 y dirigida por el escritor rumano-español Vintila Horia, publicó algunos artículos de Benoist y de otros representantes de la *Nouvelle Droite*, aunque sin identificarse explícitamente con sus tendencias[85]. Igualmente, el diario *El Alcázar* publicó artículos del intelectual galo. En Alianza Popular, Jorge Verstrynge y el propio Manuel Fraga siguieron, durante algún tiempo, una tendencia proclive a la divulgación de sus ideas[86]. Pero tales intentos fueron de escasa duración, y lo mismo podemos decir de revistas como *El Martillo*, *Disidencias*, *Graal* o *Punto y Coma*. El intento más brillante y sistemático ha sido el protagonizado por la revista *Hespérides*, órgano intelectual del Proyecto Aurora, cuyo director es el periodista José Javier Esparza. Su proyecto bebe en fuentes diversas: Benoist, Jünger, Schmitt, Freund, Gehlen, Spengler, Gramsci, la Escuela de Francfort, los comunitaristas —Etzioni, Taylor, MacIntyre—, Lorenz, Ortega y Gasset, la teoría de sistemas de Von Bertalanffy, etc. Y entre los colaboradores destacaron Benoist, Fernández de la Mora, Manuel Funes Robert, Fernando Sánchez Dragó, Dalmacio Negro, Jerónimo Molina, Alfredo Martorell, Julio Caro Baroja, Aquilino Duque, Charles Champertier, Abel Posse; textos de François Furet, Ernst Nolte, etc.

La ofensiva de *Hespérides* se vuelve contra el proyecto de la modernidad liberal, representado por la tesis de Fukuyama sobre el «fin de la historia». El individualismo, el igualitarismo, el progresismo y el cosmopolitismo son sólo «una simple máscara para justificar la expansión universal de la técnica y el mercado». Frente a la ofensiva liberal y homogeneizadora, es preciso defender las identidades nacionales. Como alternativa, se propugna una sociedad construida sobre «solidaridades orgánicas», «la resurrección del sentido de lo

---

[84] Alain de Benoist, *Europe-Tiers Monde: même combat*, París, 1987.

[85] Véase Alain de Benoist, «Actualidad del orden», *Futuro-Presente*, marzo-abril de 1977, pp. 51 ss.

[86] Véanse Jorge Verstrynge, *Entre la cultura y el hombre*, Madrid, 1980, y Manuel Fraga, *Los nuevos diálogos*, Barcelona, 1979, pp. 32 ss.

sagrado», políticas ecológicas, un nuevo sistema económico y una nueva concepción de la nacionalidad española[87].

Para Esparza, el liberalismo político ha convertido al Estado

> [en un] mero compromiso y a sus instituciones en una válvula de regulación entre entes plurales; pero tal pluralismo, al limitarse a objetivos económicos y carecer de objetivos políticos, se convirtió en una guerra civil larvada o real, un conflicto salvaje entre los intereses económicos, reintroduciendo en el interior de las sociedades los conceptos de amigo y enemigo.

Surgen entonces nuevos sujetos no estatales y el Estado pierde el monopolio de lo político. La soberanía se disuelve en una compleja red de grupos de presión, y lo político se cobija en los proyectos particulares de cada grupo. Aparece un paisaje «neofeudal», en el que los grupos indirectos controlan el Estado para defender sus intereses privados. En tal contexto, los partidos políticos son «meros títeres de los grupos de presión». De ahí la despolitización y el desencanto dominante en las sociedades desarrolladas; todo lo cual pone en cuestión la verosimilitud y, por ende, la legitimidad tanto del discurso ilustrado como de la democracia liberal. Tras criticar las alternativas de Popper, Touraine, Luhmann y Habermas, Esparza propone un «retorno de lo político», en la línea de Carl Schmitt y Julien Freund, es decir, devolver al Estado la cualidad de lo político, la «reinstauración de la soberanía nacional», mediante la «repolitización del Estado», «afianzar la autoridad de las instancias soberanas de la nación por encima de los intereses de los partidos»[88].

Es ese aspecto destaca la reivindicación keynesiana del economista Manuel Funes Robert, crítico agudo del neoliberalismo económico[89]. Igualmente, la revista ha publicado las críticas de Alain de Benoist al liberalismo de Hayek, cuyas consecuencias sociales son la destrucción de los fundamentos de la cohesión social y de la identidad de los pueblos[90].

---

[87] «Defensa contra la vieja y la nueva Inquisición», *Hespérides*, n.º 14, 1997, pp. 334 ss.; José Javier ESPARZA, *Ejercicios de vértigo*, Madrid, 1997; *Curso general de disidencia*, Madrid, 1997; «Manifiesto del Proyecto Cultural Aurora», *Hespérides*, n.º 1, 1993, pp. 105 ss.

[88] «El futuro de la democracia», *Hespérides*, n.os 4-5, 1994, pp. 101 ss.

[89] «¿Es posible liberarse de la dependencia de los mercados exteriores?», *Hespérides*, n.º 13, 1997, pp. 73 ss.

[90] «Hayek: la ley de la jungla», *Hespérides*, n.º 3, 1993, pp. 265 ss.

Además, la revista ha reflexionado sobre el tema nacional. A juicio de *Hespérides*, la dialéctica entre nacionalismos es producto de la tensión centro/periferia, pero no en un sentido meramente geográfico, sino espiritual, definido por la conciencia de unidad y proyectos comunes. En la actualidad, son las fuerzas periféricas, es decir, dispersivas, las que llevan la iniciativa, porque el centro es incapaz de ofrecer nuevos proyectos susceptibles de arrastrar tras de sí a las partes. Por ello que se esté próximo a «una situación donde el despedazamiento se hace casi inevitable». Y es que el llamado «Estado de las Autonomías» «ha hecho que el propio gobierno de la nación consista en administrar los términos de la periferia, cediendo aquí, sujetando allá, soltando riendas en este otro lado». La solución se encuentra en «ser capaces de pensar en unidades compuestas en diversos niveles de identidad que abarquen desde lo local y social hasta lo regional y, por supuesto, lo estatal». En fin, volver los ojos hacia el sistema foral, y pensar en términos de «globalidad» hacia Hispanoamérica[91].

Hespérides desapareció en el año 2000; en total, publicó veinte números. Pero, sin duda, fue reflejo de los deseos de innovación de un sector importante de la joven derecha española.

---

[91] «De cara al 98: España, ¿una y plural? El problema de la tensión centro/periferia en el ser de España», *Hespérides*, n.º 13, 1997, pp. 3 ss.

Capítulo VI

De José Luis Rodríguez Zapatero a Mariano Rajoy. Deslegitimación histórica de las derechas y triunfo de *la razón cínica*

1. EL «MOMENTO» RODRÍGUEZ ZAPATERO: PROCESO HISTÓRICO A LAS DERECHAS ESPAÑOLAS

El 11 de marzo de 2004 se produjo un hecho de singular trascendencia que condicionó la ulterior trayectoria política y social española. Un atentado proyectado y llevado a cabo por fundamentalistas islámicos no sólo asesinó a ciento noventa y dos personas, e hirió a muchas más, sino que propició, contra todo pronóstico, la derrota electoral del Partido Popular en las elecciones legislativas celebradas tres días después. Sin embargo, como suele decirse, conviene no confundir la chispa con el combustible. Las claves de la derrota electoral no fueron tan coyunturales como muchos creyeron en un principio. La chispa que llevó al incendio fue el atentado; pero el combustible permanecía allí, en el seno de la sociedad española, desde hacía mucho tiempo. El que una mayoría de españoles reaccionara de la manera como lo hizo, fue producto, entre otras cosas, de la fragilidad político-intelectual de la derecha española. Y es que, como ya señalamos, a lo largo de ocho años de gobierno, cuatro de ellos con una mayoría absoluta, el Partido Popular fue incapaz no ya de llevar a cabo, ni tan siquiera de plantear, una auténtica reforma intelectual y moral de la sociedad española, limitándose a una más o menos exitosa gestión económica. Sin embargo, no fue sólo esa incapacidad a la hora de tutelar y transformar el «sentido común» de los españoles, lo que determinó esa derrota. A un nivel más coyuntural, pero efectivo, destacó la escasa altura de miras a la hora de gestionar la crisis provocada por el cruento atentado. De hecho, José María Aznar se comportó, a lo largo de su segundo mandato, como un líder político soberbio e imprudente, es decir, todo lo contario de lo que ha de ser un auténtico político conservador, cuya principal virtud, como ya señalaron Aristóteles o Edmund Burke, es la prudencia. Hacía tiempo, por otra parte, que el Partido Popular en general y José María Aznar en particular sufrían una campaña radical de deslegitimación por parte de los medios de comunicación de la izquierda y del PSOE. La triunfalista y ostentosa boda de la hija del líder popular en El Escorial, presidida por los reyes; la crisis del chapapote en Galicia, tras el hundimiento del buque Prestige; y, sobre todo, el apoyo a la guerra de Irak, favorecieron ese proceso deslegitimador, que el líder socialista José Luis Rodríguez Zapatero supo aprovechar de forma eficaz. En su apoyo a la guerra de Irak, José María Aznar no sólo desoyó a los sectores más lúcidos y competentes de la opinión pública conservadora y de su propio partido, sino a la mayoría de la sociedad española. Contó, sin embargo, con el apoyo de un curioso remedo del neoconservadurismo norteamericano representado por el Grupo de Estudios Estratégicos para la Defensa, que, contra no pocas racionalidades y contra todo realismo político, apoyó la intervención en Irak[1]. La opción no pudo ser más negativa y demostraba que un sector del liberalismo conservador español desconocía no sólo la realidad internacional, sino las posibilidades e intereses de su propio país. Y es que, como señaló John Gray, los denominados «neoconservadores» estadounidenses no eran, en realidad, hombres de derecha, sino jacobinos de nueva planta, «intelectuales revolucionarios con una visión muy confusa del mundo en el que la mayoría de la humanidad vive realmente»[2].

En un principio, el gobierno atribuyó el atentado a la organización terrorista ETA, pero, al descubrirse la autoría islamista, la suerte estuvo echada para el Partido Popular. En realidad, el gran perdedor de las elecciones no iba a ser el candidato conservador Mariano Rajoy Brey, sino el propio José María Aznar, quien finalizaba de una manera trágica su carrera política. Las izquierdas supieron movilizarse pronta y eficazmente, gracias a las informaciones proporcionadas por la Cadena Ser y el Grupo PRISA. Incluso sectores de la izquierda llegaron a asediar, en plena jornada de reflexión, las sedes del Partido Popular, sobre todo en Madrid y

---

[1] Véase GRUPO DE ESTUDIOS ESTRATÉGICOS, *Qué piensan los «neocon» españoles*, Madrid, 2007, pp. 121 ss.

[2] John GRAY, «Los neojacobinos de Washington», en *Contra el progreso y otras ilusiones*, Barcelona, 2004, pp. 155 ss.

Barcelona. La indefensión mediática de los conservadores resultó igualmente decisiva, lo mismo que su pasividad. En las elecciones, el PSOE, con casi 11 millones de votos, obtuvo 166 escaños; y el Partido Popular, con 9,6, 148.

La derrota del Partido Popular provocó el ascenso al gobierno del líder socialista José Luis Rodríguez Zapatero, bajo cuyo mandato se puso en marcha todo un proceso de deslegitimación histórica de las derechas españolas. Nacido en 1961, Rodríguez Zapatero es descrito por sus biógrafos como un político profesional, que tan sólo había ejercido de profesor no numerario en la Facultad de Derecho Constitucional de la Universidad de León. En sus primeros pasos como militante del PSOE estuvo al lado de los sectores partidarios de no abandonar el marxismo; igualmente, se declaraba, por aquel entonces, patriota español y muy crítico con los nacionalismos periféricos[3]. En su madurez, Rodríguez Zapatero se perfiló como un representante de lo que Jean Bricmont ha denominado «izquierda moral», cuyo centro de interés no es ya la transformación económica de la sociedad, sino los discursos donde se estigmatizan enemigos tales como el racismo, la xenofobia o la extrema derecha; y la defensa de los homosexuales o el feminismo radical[4]. Por decirlo en lenguaje marxista, la «izquierda moral» apela a la conciencia y no al ser social, a las superestructuras y no a la infraestructura. Esta tendencia es fruto de la crisis del proyecto socialdemócrata europeo, basado en el gasto público creciente y sin límites. La crisis fiscal que empezó a manifestarse en Europa hace tres décadas, el final de la guerra fría y las necesidades competitivas que acarrea la globalización han provocado la obsolescencia de ese discurso y la creciente aceptación de la economía de libre mercado[5]. Ideológicamente, Rodríguez Zapatero decía estar influido por el republicanismo cívico de Philippe Pettit, por Serge Lakoff, María Zambrano —a quien cree superior a Ortega y Gasset—, Julián Besteiro, la Institución Libre de Enseñanza, Anselmo Carretero, etc. Según su biógrafo José García Abad, su ideario político se sintetiza en «Memoria Histórica y

[3] José GARCÍA ABAD, *El Maquiavelo de León. Cómo es realmente Zapatero*, Madrid, 2010, pp. 23-41.

[4] Jean BRICMONT, *La republique des censeurs*, París, 2014, pp. 12-13.

[5] Véase Ignacio SOTELO, *España a la salida de la crisis. La sociedad española dual del capitalismo financiero*, Barcelona, 2015, pp. 73-74.

Modernidad»[6]. Hijo de socialistas y nieto de un militar, Julio Rodríguez Lozano, fusilado por los nacionales en la guerra civil, la opinión de Rodríguez Zapatero acerca de las derechas españolas era radicalmente hostil. Según su propio testimonio, el testamento de su abuelo le marcó el camino a seguir, su «obligación ética». Rodríguez Zapatero estimaba que «nos hace falta una derecha liberal», aunque señala que «con este PP no hay extrema derecha». Calificó a José María Aznar de «ultraconservador». Para él, la esencia del nacionalismo español es la sumisión al «imperio americano». El líder socialista se mostraba, además, como un partidario incondicional de la descentralización, porque, a su entender, el crecimiento económico español era consecuencia de ese modelo. La centralización, en cambio, suponía «freno». Y señalaba: «Aún nos queda un terreno importante que avanzar en el reconocimiento de la pluralidad lingüística y de la riqueza cultural. España es más rica porque tiene el gallego, el euskera, el catalán. El castellano tiene una potencia de convivencia y crecimiento al lado de estas lenguas». La cuestión política era «la integración en la diversidad». El papel de la Iglesia católica en la sociedad española había generado, según Rodríguez Zapatero, «vacíos notables en nuestro ser colectivo». Su valoración de la experiencia de la II República era muy positiva: «La República era más que un cambio de gobierno, era un cambio profundo, democrático, nacional, real. Pasábamos de una tradición muy conservadora para abordar de pronto el voto de la mujer, la reforma social, la separación entre la Iglesia y el Estado... Se plantearon todos los grandes temas en muy poco tiempo, lo cual trajo muy pronto la reacción de la Reacción». Sin embargo, consideraba la Monarquía de Juan Carlos I como promotora de la democracia[7]. A través de la propuesta ideológica que se deriva de esos principios, Rodríguez Zapatero planteó un proyecto político que suponía, a grandes rasgos, la transformación cultural de la sociedad española. Por de pronto, no se hizo esperar el retorno de las tropas españolas enviadas a Irak, la derogación de la Ley de Educación preparada por la ministra popular Pilar del Castillo y la del trasvase del Ebro. Igualmente, el líder socialista se dispuso, para asegurarse el poder, a cumplir las

---

[6] García Abad, *op. cit.*, pp. 210 ss. Suso de Toro, *Madera de Zapatero*, Barcelona, 2007, pp. 180 ss.

[7] Suso de Toro, *Madera de Zapatero...*, pp. 30-33, 152, 155, 157, 164, 167, 207-208, 209.

promesas hechas al Partido Socialista de Cataluña y a su dirigente Pascual Maragall, a partir de su proyecto de federalismo asimétrico, además de un pacto con los nacionalistas catalanes y vascos. Las leyes de matrimonios homosexuales y del aborto suponían un claro desafío a la jerarquía católica.

De inmediato, Rodríguez Zapatero comenzó a plantear la aprobación de una Ley de Memoria Histórica, con el claro objetivo de inducir al Partido Popular a oponerse a ella y que apareciera ante la opinión pública como defensor o heredero del régimen anterior. En realidad, el hecho no era tan novedoso. El recurso a la «memoria histórica» ya había sido utilizado por Felipe González cuando vio peligrar su hegemonía política ante un Partido Popular renovado por José María Aznar. Entonces, González dijo recuperar el «antifranquista sentimental» que llevaba dentro, reafirmando «el orgullo de una generación que se resiste a dar por acabada su tarea y que sabe que la derecha siempre llega al poder de España para instalarse en él con dilatada comodidad»[8]. El Partido Popular recibió el desafío como si se tratara de la ruptura del denominado «pacto» de la Transición. Y lo mismo hizo, en ese nuevo contexto, Mariano Rajoy. Lo novedoso de Rodríguez Zapatero fue su clara intención de tensar mucho más el conflicto que alberga esa iniciativa. Como un gesto, en marzo de 2005, Rodríguez Zapatero ordenó retirar, a modo de felicitación a Santiago Carrillo por su cumpleaños, la estatua ecuestre de Franco sita en la madrileña plaza de Santa Cruz. Sin embargo, no fue Franco el único objetivo de aquella fiebre revanchista. Rosa Regás, directora de la Biblioteca Nacional, pretendió retirar la estatua de Menéndez Pelayo de la entrada principal al edificio. El antiguo comunista César Alonso de los Ríos interpretó aquel gesto como fruto de «la miseria cultural que anida en la izquierda y el resentimiento»[9]. En el mismo sentido, se expresó el filósofo Fernando Savater, demandando respeto hacia el insigne polígrafo santanderino[10].

El PSOE y sus aliados nacionalistas y de Izquierda Unida acordaron que el año 2006 sería el de la Memoria Histórica en home-

---

[8] Citado en Santos JULIÁ DÍAZ, *Elogio de la Historia en tiempos de Memoria*, Madrid, 2011, p. 147.

[9] «Menéndez Pelayo en la hora talibán», *ABC*, 5-VI-2006.

[10] Fernando SAVATER, «Un entrañable fanático», en *Apóstatas razonables*, Barcelona, 2007, p. 271.

naje a la II República, a la que se vinculaba la Transición. El Partido Popular rechazó la iniciativa acusando de nuevo al PSOE de buscar legitimidades políticas ajenas a la Constitución de 1978. En el fondo, se trataba de aludir «a memorias parciales y revanchistas»[11]. Para el historiador Fernando García de Cortázar, la II República se había convertido para Rodríguez Zapatero y su partido en un mito; era una «República imaginada», en la que desaparecían las responsabilidades del PSOE en el estallido de la guerra civil[12]. Sin embargo, el PSOE llevó la iniciativa al Parlamento Europeo. Josep Borrell aludió, en una intervención, a la imagen de «los obispos saludando al modo fascista rodeados de generales». El popular Jaime Mayor Oreja, cuyo abuelo había sido asesinado durante la revolución socialista de octubre de 1934, defendió la reconciliación perfilada en la Constitución de 1978[13]. El conjunto de la prensa conservadora vio en aquellas iniciativas un claro afán de revancha. Manuel Fraga manifestó: «El régimen permitió a muchos españoles vivir con tranquilidad». «La sociedad española notó una cierta mejoría en el nivel de vida. Franco nunca soportó una presión popular fuerte»[14]. Según una encuesta de *El Mundo*, el 76,4 por 100 de los españoles confesaba no haber hecho nada para derribar a la dictadura: sólo el 23 por 100 creía que se debía haber luchado contra ella; y la mayoría consideraba a Franco como «fanático» y «cruel», pero igualmente «hábil» e «inteligente»[15]. El Partido Popular, por boca de Mariano Rajoy, rechazó cualquier proyecto de Ley de Memoria Histórica, acusando a Rodríguez Zapatero de «dividir a la gente y generar tensiones en vez de buscar la reconciliación»[16].

Un sector de la historiografía de izquierdas se movilizó apoyando las iniciativas del gobierno. El historiador Ricard Vinyes demandó la instauración de una «memoria de Estado», «una política pública de memoria»[17]. De hecho, en la Cataluña dominada por el tripartito de izquierdas, se instauró el denominado *Memorial Democrático*,

---

[11] *ABC*, 23-VI-2006.
[12] «La República imaginada», *ABC*, 23-VI-2006.
[13] *ABC*, 5-VII-2006.
[14] *El Mundo*, 6-IX-2006.
[15] *El Mundo*, 17-VIII, 18-VIII, 2-VIII-2006.
[16] *ABC*, 19-VII-2006.
[17] Ricard Vinyes, *El Estado y la memoria. Gobierno y ciudadanos frente a los traumas de la Historia*, Barcelona, 2009.

donde se intentó imponer, según señala Jordi Canal, «una visión única y maniquea de la historia catalana del siglo XX»[18].

Las librerías se llenaron de libros sobre la guerra civil y el franquismo, escritos desde una perspectiva de izquierdas: *Españoles en el Holocausto*, de David Wingt; *Maquis: el puño que golpeó al franquismo*, de José Sánchez Cervelló; *Exterminio. El terror de Franco*, de Francisco Sevillano Calero; *Trece rosas rojas*, de Carlos Fonseca; *Los años del terror. La estrategia de dominación y represión del general Franco*, de Mirta Núñez Díaz Balart; *Las fosas del silencio. ¿Hubo un Holocausto español?*, de Montse Armengou y Ricard Belisa, con prólogo de Santiago Carrillo, etc. En estos textos coyunturales, el franquismo fue perdiendo su perfil histórico concreto para convertirse en una categoría moral, es decir, en el mal radical. Todo este proceso historiográfico tuvo su culminación, en 2011, con la publicación del libro de Paul Preston, *El Holocausto español*, en cuyas páginas se defendía la existencia de un auténtico plan de exterminio por parte de las derechas para acabar con las izquierdas, defensoras del régimen republicano. No fue sólo la historia, la guerra civil se convirtió, sobre todo para las izquierdas, en moda literaria: Rosa Regás, *Luna lunera*; Ángeles Caso, *Largo silencio*; Rafael Chirbes, *La caída de Madrid*; Javier Cercas, *Soldados de Salamina;* Juan Eslava Galán, *La mula*; Ignacio Martínez de Pisón, *Enterrar a los muertos*; Benjamín Prado, *Mala gente que camina*; Andrés Sorel, *El falangista vencido y desarmado*; Almudena Grandes, *El corazón helado*, etc. Fenómeno que se extendió al cine: *Los girasoles ciegos*, de José Luis Cuerda; *La lengua de las mariposas*, del mismo director; *El viaje de Carol*, de Imanol Uribe; *El laberinto del fauno* y *El espinazo del diablo*, de Guillermo del Toro; *Las trece rosas*, de Martínez Lázaro; *La buena nueva*, de Helena Taberna, etc. El discurso de la «memoria histórica» fue monopolizado por las izquierdas. No hubo respuesta artística ni literaria por parte de las derechas, al menos a un nivel de militancia política. Significativamente, el escritor católico Juan Manuel de Prada señalaba: «La derecha española no es creativa; ha renunciado a ofrecer una alternativa estéticamente atractiva que deje al desnudo la roña progre. Y esta falta de creatividad se traduce en una actitud siempre defensiva, mohína, casi acorralada»[19].

---

[18] Jordi CANAL, *Cataluña*, Madrid, 2015, p. 283.

[19] «La derecha sin humor», *ABC*, 6-X-2007.

El 26 de diciembre de 2007 salía a la luz, finalmente, en el *Boletín Oficial del Estado*, sancionada con su firma por el Jefe del Estado Juan Carlos I, la *Ley por la que se reconocen y amplían derechos y se establecen medidas a favor de quienes padecieron persecución o violencia durante la Guerra Civil y la Dictadura*, más conocida popularmente como *Ley de Memoria Histórica*. Su contenido reflejaba los supuestos ideológicos e historiográficos de los movimientos de reivindicación de la «memoria histórica» de las izquierdas. En la Exposición de Motivos, se invocaba el «espiritu de reconciliación y concordia, y de respeto al pluralismo y a la defensa pacífica de todas las ideas, que guió la Transición», la Proposición no de Ley del Congreso de 20 de noviembre de 2002 y la condena del franquismo contenida en el Informe de la Asamblea Parlamentaria del Consejo de Europa de 17 de mayo de 2006. En cualquier caso, su objetivo principal era «la conservación y fomento de la memoria democrática». El régimen de Franco es calificado de «doloroso período de nuestra historia»; y entre los defensores de «los valores democráticos» se encuentran, según los redactores de la ley, no sólo los exiliados o los represaliados por el régimen de Franco, sino «los integrantes del Cuerpo de Carabineros», los brigadistas internacionales, los combatientes guerrilleros o los miembros de la Unión Militar Democrática. No es sólo eso; en la Ley se establece el «carácter injusto de todas las condenas, sanciones y expresiones de violencia personal provocadas por motivos inequívocamente políticos o ideológicos durante la Guerra Civil, así como los que, por las mismas razones, tuvieron lugar en la Dictadura posterior», «la ilegitimidad de los tribunales», la «ilegitimidad de las sanciones y condenas». Medidas en relación «con los símbolos y monumentos conmemorativos de la Guerra Civil o de la Dictadura, sustentadas en el principio de evitar toda exaltación de la sublevación militar, de la Guerra Civil y de la represión de la Dictadura, en el convencimiento de que los ciudadanos tienen derecho a que así sea, a que los símbolos públicos sean ocasión de encuentros y no de enfrentamientos, ofensa o agravio». Algo que no impide, a continuación, «hacer un reconocimiento singularizado» a los voluntarios de las Brigadas Internacionales, a los que se permitirá «acceder a la nacionalidad española». En ese sentido, fue muy significativo que en lo relativo a los símbolos, la Ley de Memoria Histórica singulariza, en su artículo 16, al Valle de los Caídos, donde, se declaraba taxativamente, no podrían «llevarse a cabo actos de naturaleza política ni exaltaciones de la Guerra Civil, de sus protagonistas, o del franquismo»[20].

El conflicto llegó hasta la Real Academia de la Historia, cuando se presentó la primera parte del *Diccionario biográfico*, proyecto de Estado dirigido por aquella institución. Las entradas sobre Franco, Azaña y Carrillo, suscitaron un acalorado debate sobre la frontera entre interpretación y desfiguración de los hechos del pasado. Y es que Luis Suárez Fernández, autor del artículo sobre Franco, omitía la palabra «dictadura» a la hora de catalogar el carácter político del régimen que éste encarnó, presentándolo como «autoritario». Algunas asociaciones de la «memoria histórica» se manifestaron, con banderas republicanas, ante el edificio de la Academia[21]. Como respuesta, el erudito Ángel Viñas convocó a un grupo de historiadores de izquierda, para elaborar un «contradiccionario», que luego llevó por título *En el combate por la Historia*.

Uno de los últimos episodios de la batalla sobre la «memoria histórica» tuvo por objeto el Valle de los Caídos. A lo largo de la etapa de gobierno de Rodríguez Zapatero, el monumento sufrió una fortísima campaña de desprestigio y de abandono. Por acuerdo del Consejo de Ministros de 27 de mayo de 2011, se creó la denominada *Comisión de Expertos para el Futuro del Valle de los Caídos*, con el encargo de preparar un informe sobre las posibles actuaciones, de acuerdo con las disposiciones que para ese lugar establecía el artículo 16 y la disposición adicional 6.ª de la Ley de Memoria Histórica. Nombrada por el Consejo de Ministros, la Comisión de Expertos estuvo presidida por Ramón Jáuregui Atondo, y compuesta por Virgilio Zapatero Gómez, Pedro José González-Trevijano Sánchez, Carmen Molinero Ruíz, Miguel Herrero y Rodríguez de Miñón, Alicia Alted Vigil, Manuel Reyes Mate, Amelia Várcarcel Bernaldo de Quirós, Hilari Raguer i Suñer, Feliciano Barros Pintado, Ricard Vinyes Ribas, Francisco Ferrandiz Martín y Carlos García de Andoain[22]. La inmensa mayoría de los componentes de la Comisión eran representantes de la izquierda intelectual y del progresismo católico. La Iglesia católica española rechazó su presencia en la Comisión. El cardenal Rouco Varela decidió que no se debía dar legitimidad alguna a los trabajos de la Comisión, si bien en un principio se había

---

[20] *Boletín Oficial del Estado*, n.º 910, 27-XII-2007, pp. 53410-54415.

[21] *El País*, 2-VI-2011.

[22] *Boletín Oficial del Estado*, n.º 127, 28-V-2011.

optado por nombrar dos personas que representaran a la Iglesia católica. Sin embargo, según parece, el gobierno sólo aceptó a uno de los nombres propuestos, monseñor Fernando Sebastián, arzobispo emérito de Pamplona y Tudela, y, además, quiso imponer a un eclesiástico afín al proyecto gubernamental. El presidente de la Conferencia Episcopal, junto a Fernando Sebastián, se negó a formar parte, finalmente, de la Comisión. A ese respecto, *Infocatólica* señalaba: «El Gobierno puede engañarse a sí mismo y a los ciudadanos pretendiendo que la Comisión creada tiene algún tipo de legitimidad. Sin embargo, si el futuro del Valle se va a decidir sin contar con la opinión de la Iglesia, al no haber aceptado ésta las imposiciones gubernamentales injustas y arbitrarias, es claro que la decisión que se tome será fuente del sectarismo de un gobierno anticlerical, que en vez de solucionar los problemas de España se dedica a abrir heridas pasadas y a crear conflictos donde no los hay»[23]. Tras las deliberaciones, la Comisión dirigió al gobierno una serie de recomendaciones. En primer lugar, el logro de «los más amplios consensos sociales y políticos». En segundo lugar, detener el deterioro del conjunto monumental, para lo cual era necesario «una pacificación social y política» del Valle de los Caídos, «que legitime el mantenimiento y cuidado» y haga de éste «un lugar de encuentro de todos los españoles, fueren cuales fueren sus ideologías», algo que hacía precisa «una tarea de resignificación del conjunto». La «resignificación» implicaba «una actuación integral que proporcione la relectura completa del conjunto monumental; lo que debería realizarse a partir de la utilización de la explanada delantera y las zonas adyacentes , como espacio simbólicamente óptimo y materialmente adecuado, al que llamaremos *Memorial del Valle* y que articularía en un mismo proyecto la instalación o actuación artística que evoque la resignificación de la jerarquía funeraria establecida desde su constitución»; un espacio destinado a la «meditación de carácter cívico, que actúe de conector teórico entre la instalación artística, el Centro de Interpretación y el Cementerio». Un Centro de Interpretación que «constituya la resignificación histórica, disciplinar y empíricamente documentada del conjunto monumental, por medio de la comunicación informativa y educativa». La Comisión estimaba que debería

[23] «La Iglesia no acepta integrar una Comisión sesgada sobre el Valle de los Caídos», en *Infocatólica*, 31-V-2011.

mantenerse el nombre de «Valle de los Caídos». Al Centro de Interpretación correspondería «una fuerte tarea de explicación de su sentido original por la dictadura y el que tiene en el marco de nuestra democracia». El Centro debería nutrirse de los resultados de un Programa de Investigación sobre las personas allí enterradas, sobre los trabajos de los prisioneros republicanos; y promover «los valores constitucionales conectados con la resignificación del conjunto: defensa del pluralismo, promoción de los derechos, etc.». La Comisión consideraba la Basílica «inviolable»; pero los religiosos deberían «evitar cualquier tipo de actos políticos en su interior». Sobre el enterramiento de José Antonio Primo de Rivera y Francisco Franco, la Comisión recomendaba que los restos del segundo fueran «trasladados al lugar que designe la familia o, en su caso, el lugar que sea considerado digno y más adecuado». Con respecto al fundador de Falange Española, se estimaba que «dada la igual dignidad de los restos de todos los allí enterrados, aquellos no deben ocupar un lugar preminente en la Basílica». Se recomendaba un nuevo convenio con la Iglesia católica, ya que el actual, dado el tiempo trascurrido, era «un anacronismo y por ello debe ser denunciado para renegociar un nuevo Convenio en el que las partes adapten sus actuaciones

Vista general de la explanada de acceso a la basílica del Valle de los Caídos. *Agencia Efe.*

civiles y religiosas al espíritu de la nueva resignificación que se pretende». Por su parte, la minoría conservadora de la Comisión, representada por Miguel Herrero y Rodríguez de Miñón, Pedro González Trevijano y Feliciano Barrios Pintado, suscribieron un voto particular, en el que manifestaban su desacuerdo con la propuesta de traslado de los restos de Francisco Franco, que, a su juicio, «resultaría hoy impropia en nuestro contexto europeo y occidental, donde no se ha dado nada semejante». Además, resultaba incoherente con la decisión de no intervenir en la Basílica. Y concluían: «Una parte no pequeña de los españoles considerarían que la exhumación supone una descalificación de un largo período de la historia de España y a otra parte resultaría muy ingrato el traslado de los restos del general Franco con la dignidad que corresponde a un Jefe del Estado. Y todo ello en una circunstancia en que la opinión está y estará más dividida y radicalizada por las graves circunstancias económicas, sociales y políticas presentes»[24]. Sin embargo, convocada poco antes de las elecciones de noviembre de 2011, las decisiones de la Comisión carecieron de trascendencia inmediata.

Una segunda ofensiva cultural contra las derechas en general y contra la Iglesia católica en particular fue la modificación del código civil y la legalización del matrimonio entre personas del mismo sexo; y, como consecuencia, otros derechos como la adopción conjunta, herencia y pensión. Tras no pocos debates, la ley fue aprobada en julio de 2005. Su tramitación se vio acompañada de movilizaciones sociales a favor y en contra. Mientras los partidarios de la medida estimaban que la verdadera igualdad solo se conseguiría si se equiparaban todas las parejas en una misma figura jurídica, el matrimonio, los opuestos sostenían que el término «matrimonio» debería reservarse a la unión del hombre y la mujer. A la hora de equiparar los derechos de las parejas homosexuales a los de las parejas constituidas en matrimonio, hubiera sido suficiente una ley de parejas de hecho de ámbito nacional que recogiera los mencionados derechos, pero eso no bastaba porque para Rodríguez Zapatero la prioridad política se encontraba en el desafío a la Iglesia católica. Ésta se opuso a la ley, considerándola un ataque a la institución familiar[25]. El *Foro de la Familia* expresó su preocupación sobre la posibilidad de que las

---

[24] *Ministerio de la Presidencia. Informe de la Comisión de Expertos para el Futuro del Valle de los Caídos*, 29-XI-2011.

[25] *ABC*, 7-V-2005.

personas homosexuales pudieran adoptar menores[26]. Tras su aprobación, el Partido Popular presentó un recurso contra la Ley en el Tribunal Constitucional[27]. Muy polémica fue la intervención en el Senado, a petición del Partido Popular, del psiquiatra Aquilino Palaino, quien calificó la homosexualidad de patología y de «trastorno emotivo», afirmando que «muchos homosexuales tienen antecedentes de violación sexual desde pequeños», o que gays y lesbianas provienen generalmente de familias de «padres hostiles, alcohólicos y distantes» y de madres «sobreprotectoras» con los hijos varones y «frías» con las mujeres. Dirigentes del Partido Popular se desvincularon posteriormente de las declaraciones del psiquiatra[28]. La lucha cultural continuaría posteriormente, ya en la segunda legislatura de Rodríguez Zapatero, con la nueva ley sobre el aborto, obra de la ministra Bibiana Aído. Según el proyecto, la mujer podría interrumpir el embarazo libremente hasta la semana catorce, siempre que hubiera recibido información sobre sus derechos y sobre las ayudas de que pudiera disponer para la maternidad si tal fuese su decisión al menos tres días antes. Uno de los puntos más polémicos y que más se debatió fue el que proponía que las menores de dieciséis y diecisiete años podrían abortar sin el consentimiento de los padres. Como era de esperar, el contenido de la ley fue muy criticado por la Iglesia católica y las asociaciones antiabortistas. El Partido Popular presentó, de nuevo, un recurso ante el Tribunal Constitucional[29].

Muy criticado igualmente fue, sobre todo por la derecha liberal, el proyecto de Alianza de Civilizaciones defendido por Rodríguez Zapatero, cuyo objetivo era fomentar el diálogo y la cooperación entre diferentes comunidades, culturas y civilizaciones. El proyecto fue presentado por el líder socialista ante la Asamblea General de Naciones Unidas el 21 de septiembre de 2004. Su propuesta consistía en una alianza entre Occidente y el mundo árabe y musulmán para combatir el terrorismo internacional por métodos no violentos: cooperación antiterrorista, corrección de desigualdades económicas y diálogo cultural[30]. El proyecto fue rechazado por los expertos en política internacional próximos al Partido Popular. Para Rafael Bar-

[26] *El Mundo*, 15-VI-2005.
[27] *El Mundo*, 28-X-2005.
[28] *El Mundo*, 21-VI-2005.
[29] *El País*, 12-II-2009.
[30] *El País*, 22-IX-2004.

dají, la iniciativa era consecuencia de la necesidad de «reconocimiento internacional» que experimentaba Rodríguez Zapatero tras la salida de las tropas españolas de la guerra de Irak; y añadió que se trataba de un mero plagio de las iniciativas del líder iraní Jatamí. En definitiva, el proyecto resultaba inaceptable porque el terrorismo era un fenómeno que se encontraba más allá de las civilizaciones y era producto de «la enseñanza fundamentalista del Islam militante»[31]. En opinión de Gustavo de Arístegui, el proyecto de Rodríguez Zapatero tenía como fundamento el relativismo cultural, algo inaceptable para los occidentales que defendían valores, como los derechos humanos, que debían ser considerados de carácter universal e irrenunciables y, en consecuencia, innegociables. En ese sentido, la iniciativa del líder socialista era «potencialmente peligrosa y debilitaba esos fundamentos sobre los que se asienta la democracia, es decir, los derechos y libertades fundamentales»[32]. Por su parte, José María Aznar propugnó una Alianza de los Civilizados, porque la civilización era una, con distintas expresiones culturales, con diferentes experiencias históricas, bajo diversas creencias y raíces religiosas[33]. Florentino Portero calificó el proyecto de mero «buenismo», carente, en el fondo, de virtualidad práctica[34].

Sin embargo, el conflicto por excelencia a lo largo del gobierno de Rodríguez Zapatero fue el territorial. En las elecciones autonómicas de 2003, el candidato de Convergència i Unió Artur Mas fue derrotado por una coalición de izquierdas que dio la presidencia de la Generalitat al socialista Pascual Maragall, que presidió un gobierno tripartito de socialistas, independentistas de izquierdas y excomunistas «verdes» fundado en el llamado Pacto del Tinell. El gran proyecto de Maragall fue la elaboración de un nuevo estatuto, para aumentar la cuota de autogobierno. Rodríguez Zapatero prometió, en un mitin, que si ganaba las elecciones generales, aprobaría el texto que viniese del gobierno catalán[35]. El Parlament aprobó la propuesta en septiembre de 2005 por amplia mayoría y aquella fue enviada al Congreso.

---

[31] «Alianza de Civilizaciones. Elementos para una crítica», en *La Ilustración Liberal*, n.º 23, abril de 2005.

[32] «Encuentro digital con Gustavo de Arístegui», *El Mundo*, 16-XII-2005.

[33] *ABC*, 3-XII-2008.

[34] «Buenismo y Alianza de Civilizaciones», en *Cuadernos de Pensamiento Político*, 28-X-2005.

[35] *El País*, 14-XI-2003.

Se trataba de un proyecto que reconocía a Cataluña como nación, muy extenso y socialmente intervencionista. El Partido Popular Catalán votó en contra, ya que, según su líder Josep Piqué, modificaba «la naturaleza del Estado» y buscaba «alejar a Cataluña de España»[36]. Mariano Rajoy, en un artículo titulado «Una cierta idea de España», acusó a Rodríguez Zapatero de dejarse «arrastrar» por la «voluntad de quienes no quieren saber nada de España» y se manifestó opuesto a la concepción de España defendida por Maragall y los socialistas catalanes como «un Estado plurinacional». «España, la nación española —dirá— es algo más que el diseño caprichoso, maleable, a disposición de cualquier ingeniero constitucional voluntarioso. Es una realidad obstinada que nadie podrá cambiar a capricho»[37].

El 2 de noviembre se celebró en el Congreso el debate sobre el proyecto de reforma del Estatuto. En el hemiciclo estuvieron presentes la socialista Manuela de Madre, el independentista Carod-Rovira y el convergente Artur Mas, quienes defendieron el contenido de la reforma. Rodríguez Zapatero criticó los «excesos de centralismo» de la etapa Aznar; y sostuvo que Cataluña tenía «identidad nacional». Rajoy negó que se estuviera ante una reforma estatuaria, porque el texto proclamaba la «existencia de una nación y reclama para sí las competencias de un Estado». El proyecto defendía una «comunidad autárquica que adopta con franqueza las hechuras de una constitución para una región emancipada». Y es que, en el fondo, Cataluña no era más que «una coartada para que el señor Rodríguez Zapatero lleve adelante sus fantasías federalistas y comience a caminar hacia la España plurinacional, el Estado Federal Asimétrico o la Confederación Ibérica de Naciones». Un proyecto que retrotraería a España a los albores del siglo XVII[38].

En el Congreso, se introdujeron algunas modificaciones, a pesar de las antiguas promesas de Rodríguez Zapatero, que afectaban sobre todo al financiamiento propio y a la definición nacional de Cataluña. La nueva versión, pactada por Rodríguez Zapatero con Artur Mas, fue aprobada en las Cortes en marzo de 2006 y ratificada por el Parlamento catalán, con el voto en contra del Partido Popular, que hizo campaña para su modificación, recogiendo firmas en el resto

---

36 *El País*, 1-X-2005.

37 «Una cierta idea de España», *ABC*, 6-II-2005.

38 Cortes Generales. *Diario de Sesiones del Congreso de Diputados*. Pleno de la Diputación Permanente, 2-XI-2005.

de España. El Estatuto fue sometido a referéndum en Cataluña, en junio de 2006, con una abstención superior al 50 por 100, y casi tres de cuatro votantes optaron por el «sí». El Partido Popular envió al Tribunal Constitucional una serie de recursos contra el nuevo texto. La sentencia del Tribunal se retrasó hasta junio de 2010; y supuso un pequeño recorte de su contenido. La reacción por parte de los nacionalistas fue radical. El 10 de julio de 2010 tuvo lugar una gran manifestación impulsada por la organización independentista *Omniun Cultural* bajo el lema: «Som una nació. Nosaltres decidim».

Para entonces, el nacionalismo conservador representado por Convergència i Unió, liderado por Artur Mas, optó ya claramente por la independencia. Como señala Francecs de Carreras, la táctica gramsciana seguida por Jordi Pujol de «fer país» y de «Paciència i independència» había dado sus frutos, con un control muy estricto de la sociedad civil catalana[39].

Artur Mas i Gavarró formaba parte del llamado «pinyol» (hueso), el núcleo de Convergència formado por jóvenes pospujolistas como David Madí, Francesc Homs, Lluís Corominas y Oriol Pujol. Mas se muestra partidario de una Commonwealht catalano-valenciana. Y se declara independentista. Y señala, en una entrevista: «Sigo siendo Prat de la Riba, porque creo en la obra de gobierno». «Cada vez más Maciá», porque «la vía de España está cerrada»: «Las gentes son medio negras. Castilla es muy seca y dura»[40]. Elegido presidente de la Generalitat en diciembre de 2010, Mas no tendrá ya otro horizonte político que la independencia.

En el País Vasco, el lehendakari Juan José Ibarreche propuso igualmente un nuevo estatuto. Se trataba de una propuesta basada en la «libre asociación» entre el País Vasco y España, la soberanía compartida y el derecho de autodeterminación[41]. En 2004, el proyecto fue aprobado en el Parlamento vasco, con la oposición del Partido Popular y el PSOE; y enviado al Congreso. El propio Ibarreche defendió la propuesta en el Parlamento español, siendo derro-

---

[39] Francesc DE CARRRERAS, *Paciencia e independencia. La agenda oculta del nacionalismo*, Barcelona, 2014, pp. 9-14.

[40] Pilar RAHOLA, *La máscara del rey Arturo. El enigma de Artur Mas*, Barcelona, 2010.

[41] Sobre este tema, véase Javier ORTIZ, *Ibarretxe*, Madrid, 2002.

tado por 313 votos en contra, 29 a favor y 2 abstenciones[42]. Sin embargo, lo que resultó más insidioso fueron las negociaciones que el gobierno estableció con la organización terrorista ETA, de cara al logro de la paz en el País Vasco, algo que fue interpretado por el Partido Popular como una traición. De hecho, fue un gran error porque elevó al nacionalismo violento a la categoría de interlocutor del gobierno, fortaleciéndolo. Al final, Rodríguez Zapatero llegó a una especie de Pacto de Vergara, a la manera de los carlistas y liberales en el siglo XIX, con el nacionalismo radical de izquierdas, legalizando las «marcas» de ETA, a cambio del cese de la violencia, si bien la organización terrorista aún no se ha autodisuelto.

Con todo, el PSOE volvió a ganar las elecciones el 9 de marzo de 2008, consiguiendo 169 escaños, y el Partido Popular, 158. Lo cual provocó un cierto debate en el seno del partido conservador. Esperanza Aguirre, presidenta de la Comunidad de Madrid, pretendió articular una alternativa a Rajoy. En un discurso, manifestó que las posiciones ideológicas que dividían a las sociedades europeas eran el socialismo y el liberalismo. A su entender, las causas de la derrota popular en marzo radicaban en la habilidad del PSOE para dar una imagen negativa de su partido, «un partido antipático, anticuado, al que cuesta mucho ganar terreno entre sus contrincantes», un «*nasty party*». Tanto la Ley de Matrimonios Homosexuales como la de Memoria Histórica habían supuesto unas «trampas ideológicas», de las que Rodríguez Zapatero supo sacar ventaja. Con la primera, la actitud del Partido Popular había resultado «antimoderna»; con la segunda, se había situado en «el lado malo de la historia», es decir, como heredero de «un régimen antidemocrático, antiliberal y antinacional como el franquismo». «Un régimen que abominaba de la libertad y negaba la nación como sujeto de soberanía. Un régimen con el que el Partido Popular no tiene nada que ver». La negativa de su partido a entrar en el fondo de ese debate ideológico llevó a los socialistas a «aparecer como paladines de la libertad y de una democracia en la que no creían y ayudaron a destrozar». Como conclusión, Aguirre afirmó: «No me resigno a que el Partido Popular no dé batallas ideológicas y sea capaz de ganárselas a los socialistas»[43].

---

[42] *ABC*, 2-II-2005.

[43] Discurso íntegro de Esperanza Aguirre en el Foro de *ABC*, *Calle 1440*, 8-IV-2008. Véase Esperanza AGUIRRE, *Yo no me callo*, Madrid, 2016, pp. 77-78.

Los populares convocaron su XVI Congreso en Valencia en junio; y, finalmente, Esperanza Aguirre no presentó su candidatura frente a Rajoy. El líder popular consiguió desprenderse de los sectores todavía fieles a José María Aznar. Y comenzó a hablarse de «giro centrista». La nueva imagen del Partido Popular la ofrecían Soraya Sáenz de Santamaría y María Dolores de Cospedal, así como la incorporación de Alberto Ruíz Gallardón al Comité de Dirección. A la hora de proponer la renovación de su candidatura, Rajoy afirmó que no cambiaría los principios del Partido Popular, pero que sí modificaría los procedimientos. Se trataba de dar respuesta a las acusaciones de la izquierda de fomentar la crispación y el combate político. El resultado de este cambio de estrategia debía ser un «partido grande, unido y de centro», definido el centro «no como una ideología ni como una doctrina política, sino como la voluntad de sacar el mejor partido de las cosas sin prejuicios doctrinarios»[44]. Uno de los intelectuales afines a Rajoy dentro del partido, José María Lassalle, clamó contra «el liberalismo antipático», afirmando que el proyecto político había de ser «un espacio de encuentro para los que comparten una longitud de onda moderada y centrada en torno a un liberalismo igualitario que trata de sintonizar con la compleja fisonomía ideológica y afectiva que irradian las sociedades abiertas después del derribo del Muro de Berlín»[45]. Muy crítico con este giro se mostró el influyente periodista Federico Jiménez Losantos —partidario de Esperanza Aguirre—, para quien el Congreso de Valencia recordaba a los congresos del Partido Comunista Búlgaro, en tiempos del socialismo real[46].

Sin embargo, la victoria electoral de Rodríguez Zapatero y su partido fue, a la larga, una victoria pírrica. Pronto pudo percibirse que su talón de Aquiles era la gestión económica. Según García Abad, el líder socialista era un hombre de muy escasa formación económica, cuyos intereses se centraban casi en exclusiva a los temas de carácter político[47]. El gobierno socialista fue incapaz de prevenir y encauzar la crisis económica que arrancaba de 2008; lo que provocó su caída en 2011. En un primer momento, la crisis fue calificada por Rodríguez Zapatero como una simple desaceleración; luego, se

---

[44] *ABC*, 22-VI-2008. La posición de Esperanza Aguirre, *Yo no me callo*, Madrid, 2016, pp. 80-82.

[45] «Liberalismo antipático», *El País*, 21-IV-2008.

[46] «Visantete en Bulgaria», *El Mundo*, 19-VI-2008.

[47] García Abad, *El Maquiavelo de León...*, pp. 134 ss.

obstinó en negar incluso su propia existencia. Sin embargo, la crisis económica se convirtió en la depresión más grave de los últimos ochenta años. Poco a poco, el capital simbólico del líder socialista fue difuminándose hasta prácticamente desaparecer incluso entre sus propios partidarios. Y es que cada vez el conjunto de la sociedad era más consciente de la dimensión de la crisis, del crecimiento del paro, de la subida del coste de los servicios públicos y de la electricidad y, en definitiva, de la falta de confianza en el futuro, en los políticos y en los partidos tradicionalmente hegemónicos.

2. RESPUESTAS E INICIATIVAS DE LA SOCIEDAD CIVIL DERECHISTA

Desde la llegada al poder de Rodríguez Zapatero, algunos sectores sociales conservadores dieron la voz de alarma sobre los proyectos del nuevo presidente socialista. En gran medida, las iniciativas corrieron a cargo de la sociedad civil derechista, ya que el Partido Popular se encontraba desde su derrota electoral en un auténtico estado de *shock*. Durante la negociación del gobierno con ETA, la Asociación de Víctimas del Terrorismo (AVT), dirigida por Francisco José Alcaraz, se convirtió en un referente de la protesta cívica conservadora frente a las iniciativas de Rodríguez Zapatero. La AVT logró sacar a la calle, sobre todo en Madrid, en repetidas ocasiones a cientos de miles de personas en defensa de la unidad nacional y contra cualquier pacto con los nacionalistas periféricos. En un principio, no fue esta la iniciativa del Partido Popular, pero luego, ante el éxito de las convocatorias, se sumó a ellas. Posteriormente, como reacción a la legislación abortista y a las iniciativas en pro del matrimonio gay, la Iglesia católica movilizó a sus fieles y aparecieron asociaciones como *Hazte Oir* y su plataforma *Derecho a Vivir*[48].

En este conflictivo contexto, adquirió especial relieve de nuevo la figura del periodista y escritor Federico Jiménez Losantos, quien, a través de la plataforma mediática de la Cadena de Ondas Populares (COPE), propiedad de la Conferencia Episcopal, se convirtió en el auténtico azote del gobierno socialista. En poco tiempo, su pro-

---

[48] Véase Ignacio ARSUAGA y M. VIDAL SANTOS, *PZ. Proyecto Zapatero*, Madrid, 2010.

grama *La Mañana*, fue la estrella de la COPE; y en el segundo por número de oyentes en España, después de *Hoy por Hoy*, de la cadena Ser. Junto a Jiménez Losantos, se distinguió por su celo antisocialista el periodista e historiador César Vidal Manzanares, a través del programa nocturno *La Linterna*, igualmente en la COPE. Por méritos propios, Jiménez Losantos se convirtió en la *bête noire* del conjunto de la izquierda, que, con notable distorsión de la realidad, llegó a compararlo con Ernesto Giménez Caballero. Según algún autor, era «el (anti) intelectual (*sic*) de derechas más influyente de la España democrática»[49].

Como ya sabemos, Jiménez Losantos había fundado en 1999 *La Ilustración Liberal*, que aúna la defensa de la unidad nacional con la teorización del liberalismo económico de Hayek y Von Mises. Entre los colaboradores, se encontraban Javier Rubio, José María Marco, Cristina Losada, Carlos Semprún Maura, Juan José Rallo, Rafael Bardají, Florentino Portero, Alberto Recarte, Pío Moa, César Vidal, etc. El año 2000, Jiménez Losantos fundó *Libertad Digital*, de la que es editor.

En opinión de Jiménez Losantos, el atentado del 11 de marzo de 2004 constituyó un auténtico golpe de Estado, que facilitó al PSOE alcanzar el poder y aliarse con los nacionalistas periféricos. En realidad, a su parecer, los islamistas eran sólo «la coreografía de un atentado que realmente llevó a cabo ETA». «El atentado se perpetró para echar al PP del poder y cambiar la historia de España». Desde el principio, cuestionó la legitimidad del triunfo electoral de Rodríguez Zapatero[50]. Jiménez Losantos llegó en sus críticas a la propia jefatura del Estado, acusando a Juan Carlos I, de connivencia con los planes de Rodríguez Zapatero: «El futuro de la Monarquía está como el de la nación, pero un poco peor [...] La figura del Rey está profundamente erosionada. Por muchas razones, pero sobre todo porque a la hora de la verdad solo se lleva bien con los socialistas y muy mal con la derecha. La derecha cree que les ha traicionado, porque no ha ejercido el poder moderador»[51].

---

[49] Véase Mario Martín Gijón, *Los (anti) intelectuales de la derecha española. De Giménez Caballero a Jiménez Losantos*, Barcelona, 2011, pp. 328-363. Véase igualmente Jéssica Fillol Morales, *El catecismo de Jiménez Losantos*, Barcelona, 2008.

[50] *El Mundo*, 22-VI-2005.

[51] *El Mundo*, 6-XI-2005.

Gran comunicador, Jiménez Losantos mostró su eficacia a la hora de movilizar a los sectores conservadores. Sin embargo, su proyecto político-cultural resultó muy limitado. Bajo su manto, creció y se extendió un remedo de historiografía muy influyente en el conjunto de las derechas, cuyos adalides fueron Pío Moa y César Vidal Manzanares. Ambos respondieron a las simplificaciones de las izquierdas con unas simplificaciones de signo contrario. Ni uno ni otro eran auténticos historiadores; a lo sumo, pueden ser conceptualizados de polemistas. Los escritos históricos de Moa —*Los orígenes de la guerra civil; Los mitos de la guerra civil; Los mitos del franquismo; Los crímenes de la guerra civil; La quiebra de la historia progresista; Franco, un balance histórico*, etc.— intentan contrarrestar la ofensiva antifranquista y antiderechista de la historiografía de izquierdas; pero no solamente adolecen de una formación intelectual e historiográfica muy somera, sino que incurre en tremendas simplificaciones sobre el «mesianismo» de las izquierdas, ignora el contexto de la época y desconoce la bibliografía básica sobre el período de entreguerras. En el fondo, su historiografía es, como la de las izquierdas, combativa, no reflexiva y capaz de revisión periódica. Sin embargo, disfrutó, durante algún tiempo, del apoyo de buena parte de la prensa conservadora, como *ABC, La Razón, Libertad Digital*, etc. El caso de César Vidal es diferente. Pasa por ser una especie de polígrafo del siglo XX: profesor universitario, periodista, historiador, teólogo, novelista, etc. Las obras de Vidal, sobre todo las de presunto contenido histórico —*La guerra que ganó Franco; Checas de Madrid; Paracuellos-Katyn. Un ensayo sobre el genocidio de izquierda*, etc.— incurren en los mismos defectos que las de Moa: son un conjunto de refritos, meras síntesis en el mejor de los casos, sin investigación profunda ni originalidad alguna. En consecuencia, lejos de servir a las derechas para contrarrestar la ofensiva de la izquierda, los libros de Moa y Vidal sirvieron *de facto* para dar a sus antagonistas la posibilidad de inventar un maniqueo, es decir, construir un adversario ideal, a quien refutar sin esfuerzo y fingir sabiduría y capacidad de innovación. Los historiadores o polemistas de izquierdas, como Francisco Espinosa o Alberto Reig Tapia, han calificado su posición de «revisionista»[52]; pero sus contenidos apenas tienen

---

52 Alberto REIG TAPIA, *Anti-Moa*, Barcelona, 2006. Francisco ESPINOSA MAESTRE, «El fenómeno revisionista y los fantasmas de la derecha española», en *Contra el olvido. Historia y memoria de la guerra civil*, Barcelona, 2006. Desde una pers-

algo que ver con lo que en Europa se considera «revisionismo», cuyos representantes más cualificados han sido Renzo de Felice, Pierre Chaunu, Ernst Nolte, François Furet, George L. Mosse, etc.[53]. En cualquier caso, el denominado «fenómeno Moa» y el relativo éxito mediático y editorial de Vidal Manzanares —que en un año publicó veintisiete libros— tiene su explicación en el cuasimonopolio que ejerce la historiografía de izquierdas en el mundo académico; algo que, de forma natural, produce rechazo entre el público conservador. Vidal y Moa —sobre todo el primero— fueron lo suficientemente astutos y oportunistas para percibir tal situación e intentar cubrir ese desguarnecido flanco político-cultural-mediático-simbólico. Sin embargo, lo hicieron de una forma tan intelectualmente precaria, que el supuesto remedio fue peor que la enfermedad. La cultura de derechas en España, lastrada por la discontinuidad, los complejos y la más elemental picaresca, creo que tardará tiempo en superar esta situación de indigencia y oscuridad. En realidad, no se trató de un equipo ideológicamente homogéneo. Vidal era de confesión luterana, y, sobre todo cuando abandonó la COPE, no escatimó críticas a la Iglesia católica; mientras que Moa se mostraba más conservador y próximo al catolicismo. Vidal se autodefinía como liberal y sometió a crítica la apologética católica del polemista gallego, rechazando su interpretación de la figura de Franco. Al final, acabaron polemizando. Para Vidal, Moa no era más que un «reaccionario espeso»[54].

Más creativo intelectualmente se mostró el ensayista José María Marco que, tras su polémico libro *La libertad traicionada*, emprendió una dura y discutible crítica contra el krausismo y la Institución Libre de Enseñanza, a los que acusaba de haber adulterado el liberalismo español, cargándolo de anticlericalismo y reacciones de tipo autoritario, además de afinidades con el socialismo. Y es que, en su opinión, la pedagogía institucionista había derivado en «la moderna

---

pectiva más certera y ecuánime, véase Enrique MORADIELLOS, «Revisión histórica crítica y pseudorrevisionismo político presentista: el caso de la guerra civil española», en *La guerra de España (1936-1939)*, Barcelona, 2012, pp. 263-305.

[53] Pedro Carlos GONZÁLEZ CUEVAS, «El revisionismo histórico europeo», en *Alcores*, n.º 6, 2008, pp. 277-305.

[54] César VIDAL, *No vine para quedarme. Memorias de un disidente*, Barcelona, 2013, pp. 558-560. Igualmente significativo es su ataque a la Iglesia Católica, véase César VIDAL, *La historia secreta de la Iglesia Católica en España*, Barcelona, 2014.

legislación socialista»[55]. Al mismo tiempo elaboró *Una historia patriótica de España*, en la que distingue entre patriotismo y nacionalismo y defiende una narración liberal, que culmina en la Transición y en la Constitución de 1978: «Nuestra democracia es la culminación de una historia de siglos en la que nuestros compatriotas se esforzaron por dar a nuestra patria lo mejor de sí mismos. España es un esfuerzo continuado durante miles de años, un tesoro inagotable de generosidad, ambición, carácter y sacrificio, un tesoro inagotable y sagrado»[56].

Finalmente, Jiménez Losantos y su equipo mediático, enemistados con la Casa Real, con un sector del episcopado y con la mayoría de los líderes del Partido Popular, tuvieron que abandonar la COPE, en 2009, pasando a dirigir su cadena radiofónica *esRadio*[57].

La FAES centró su labor cultural en la reivindicación de la España liberal y de la Restauración canovista. De ahí las biografías de Cánovas, obra de Carlos Dardé; de Silvela, de Luis Arranz; de Canalejas, de Salvador Forner; de Maura, de José María Marco; y de Javier de Burgos, de Juan Gay Armenteros. Igualmente, ha publicado libros de alcance teórico como *El Gran Debate. Edmund Burke, Thomas Paine y el nacimiento de la derecha y de la izquierda*, de Yuval Levin. Y biografías de estadistas europeos como Konrad Adenauer, de Ricardo Martín de la Guardia. Muy exitoso fue el ensayo de Manuel Álvarez Tardío, *El camino de la democracia en España: 1931 y 1978*, en cuyas páginas analiza los procesos de transición hacia la democracia liberal en la II República y en la Monarquía de Juan Carlos I, destacando las virtudes políticas de reformismo frente a los intentos rupturistas o revolucionarios[58].

Su órgano intelectual, *Cuadernos de Pensamiento Político*, ha contado con la colaboración de Roger Scruton, Gianfranco Pasquino, Jordi Canal, Jon Juaristi, Miguel Ángel Quintanilla Navarro, Rogelio Alonso, etc.

---

55 José María Marco, *Francisco Giner de los Ríos. Pedagogía y poder. Las raíces de la izquierda española*, Madrid, 2008.

56 José María Marco, *Una historia patriótica de España*, Barcelona, 2011, p. 411.

57 Véase Federico Jiménez Losantos, *El linchamiento, La liquidación de la COPE y la aventura de esRadio*, Madrid, 2011.

58 Manuel Álvarez Tardío, *El camino a la democracia en España: 1931 y 1978*, Madrid, 2005.

En febrero de 2007, salió a la luz la revista de pensamiento *Chesterton*, dirigida por el periodista José Antonio Fuster. Entre sus colaboradores, se encontraban Javier Badía, Pedro Fernández Barbadillo, José Barros, Emilio Campmany, David Gistau, Kiko Méndez-Monasterio, Pío Moa, Ignacio Peyró, Luis del Pino, Ana Samboal, César Vidal, Alejo Vidal-Quadras, etc. El título de la revista hacía referencia al célebre escritor católico inglés Gilbert Keith Chesterton, creador, entre otros, del célebre Padre Browm, réplica católica a Sherlock Holmes. Para los editores de la revista, Chesterton era, ante todo, «el apóstol del sentido común» y el representantes de la «visión cristiana del mundo». «Fue consecuente porque su fe tocó todo. Escribió sobre todos los temas y todo lo que escribió estaba imbuido de su fe». En ese sentido, *Chesterton* era «una revista cristiana, constitucionalista y libre». «Solo esos cuantos principios son inamovibles en esta publicación»[59]. La revista tuvo un escaso éxito y, en consecuencia, su duración fue muy efímera; tan sólo tres números, centrados en la crítica a la gestión de Rodríguez Zapatero, la defensa de la economía de mercado, la unidad nacional y la moral católica.

Contra no pocos pronósticos, *Razón Española* logró sobrevivir a la muerte de Gonzalo Fernández de la Mora, ocurrida en febrero de 2002. En octubre de 2013 cumplió sus treinta años de existencia. Además, el pensamiento de su fundador y guía ha suscitado el interés de investigadores del pensamiento político como Luis Sánchez de Movellán, Carlos Goñi Apesteguía o Álvaro Rodríguez Núñez[60]. Incluso se reeditó una de sus obras más significativas de la última etapa de su vida, *La envidia igualitaria*, por la editorial Áltera.

Entre los colaboradores de la revista, destacan las aportaciones de Dalmacio Negro Pavón —discípulo del gran historiador Luis Díez del Corral—, tanto en el ámbito de la historia de las ideas políticas, con sus semblanzas de Hobbes, Comte, Ranke, Tocqueville, o Schmitt,

---

[59] «¿Por qué Chesterton?», en *Chesterton*, n.º 1, febrero 2007, pp. 4-5.

[60] Luis SÁNCHEZ DE MOVELLÁN, *El razonalismo político de Gonzalo Fernández de la Mora*, Madrid, 2004; Carlos GOÑI APESTEGUÍA, *Teoría de la razón política. El pensamiento político de Gonzalo Fernández de la Mora*, Madrid, 2013; Álvaro RODRÍGUEZ NÚÑEZ, *Contra la oligarquía y el caciquismo del siglo* XX. *El pensamiento político de Gonzalo Fernández de la Mora*, León, 2015. Véase también Pedro Carlos GONZÁLEZ CUEVAS, *La razón conservadora. Gonzalo Fernández de la Mora, una biografía político-intelectual*, Madrid, 2015.

como en la teorización del liberalismo conservador. Para Negro Pavón, el liberalismo no es la expresión de la revolución, sino de la tradición política de Occidente, que se remonta a la Grecia del siglo V, y cuyo curso sigue a través de Roma, el cristianismo medieval, el absolutismo renacentista y moderno, la Reforma, la Ilustración, el despotismo ilustrado, el individualismo romántico, el nacionalismo, el Estado de Derecho, etc. No se trata, pues, de una mera ideología, sino de una categoría política fundamental. Para que esta categoría sea suficientemente comprensiva, se desdobla en liberalismo regalista o estatista y en político o tradicional. En opinión de Negro Pavón, este último es el auténtico liberalismo. Y es que existe una fuerte tensión entre ambas modalidades, puesto que, en último término, el liberalismo sólo puede tolerar el Estado, forma política no natural, aparato técnico que acaba teniendo vida propia, condicionando expresiones de la vida natural política[61]. A partir de tales planteamientos, Negro Pavón somete a crítica todas las tendencias constructivistas y totalitarias de la Modernidad, ajenas a las profundidades de la naturaleza humana y de las sociedades concretas. Y señala: «La destrucción del sentido común y de las tradiciones de la conducta, la politización totalitaria de la naturaleza humana, la amoralidad nihilista, el predominio de la religiosidad secular que da pábulo a toda clase de utopías y supersticiones —sobre todo, las cientificistas—, la alianza de la demagogia de la política con la ciencia —en especial con la biología utilizando los pretextos que le da el igualitarismo pseudodemócratico— y en suma la pérdida de la realidad, todo ello podría llevar de la mano del estatismo —el Estado como iglesia de la democracia totalitaria—, no a un tipo humano nuevo de la era tecnológica como podría ser el cuarto hombre de Alfred Weber, sino a experimentos de desenlaces imprevisibles»[62]. A ese respecto, nuestro autor se muestra muy crítico con el sistema político español. La Constitución de 1978 es, a su juicio, una Carta otorgada, que «garantiza el consenso» de las diversas fuerzas estatistas y anticonservadoras, estableciendo «un típico Estado de Partido». En ese contexto, «la derecha oficial» tan sólo tiene la tarea de «impedir la formación de algún partido nacional, liberal o conservador, disconforme con el consenso». En el fondo, el objetivo profundo de ese sistema es la

[61] Dalmacio NEGRO PAVÓN, *La tradición liberal y el Estado*, Madrid, 1995.
[62] Dalmacio NEGRO PAVÓN, *El mito del hombre nuevo*, Madrid, 2009, p. 418.

destrucción de «la conciencia y el *ethos* nacional reescribiendo el pasado a gusto del consenso político que sustituye al natural consenso social, base de la confianza y amistad civil»[63].

Igualmente destaca entre los colaboradores de *Razón Española,* el politólogo Jerónimo Molina Cano como expositor de los grandes representantes del realismo político, no sólo Julien Freund, sino Raymond Aron y Carl Schmitt[64]. A lo largo de ocho años, Molina Cano dirigió la revista *Empresas Políticas,* en cuyas páginas colaboraron Alain de Benoist, Montserrat Herrero, Estanislao Cantero, Carlos Goñi, etc.

Tras la desaparición de la revista *Hespérides,* la *Nouvelle Droite* española ha dado nuevos impulsos a la difusión de su ideario en la sociedad española. En junio de 2002, salió a la luz, en el diario *El Mundo,* el *Manifiesto contra la Muerte del Espíritu y la Tierra,* obra del escritor colombiano Álvaro Mutis —Premio Cervantes— y del editor y ensayista Juan Ruiz Portella. *El Manifiesto* denunciaba el «desencantamiento del mundo», la «aniquilación de la vida del espíritu», en una sociedad dominada por el materialismo y el ansia de lucro. Tanto era así que la propia palabra «espíritu» se encontraba «automáticamente cargada de despectivas connotaciones religiosas, si ya no esotéricas». Sin embargo, no era la cuestión religiosa lo que preocupaba a los autores de *El Manifiesto;* lo que, en su opinión, resultaba más inquietante era «la desaparición de ese aliento por el que los hombres se afirman como hombres y no sólo como entidades orgánicas». Su objetivo era cambiar el malestar de las minorías intelectuales y abrir el debate entre las distintas sensibilidades. El problema no era otro que «la necesidad de que se abra un destino para los hombres privados de destino y que han de seguir estándolo». Retirado lo sagrado de los ámbitos que le habían servido tradicionalmente de residencia, la religión y el poder, sólo cabía depositar una débil esperanza en la capacidad del arte en cuanto dador de sentido; lo que podría conseguirse tan sólo si el arte cambiase su trayectoria y rumbo actuales; y lo mismo podría decirse de las culturas populares, inmoladas «en el

[63] Dalmacio NEGRO PAVÓN, *Historia de las formas de Estado. Una introducción,* Madrid, 2010, pp. 164-165. Véase también del mismo autor, *La ley de hierro de la oligarquía,* Madrid, 2015.

[64] Véase Jerónimo MOLINA CANO, *Raymond Aron, realista político. Del maquiavelismo a la crítica de las religiones seculares,* Madrid, 2013; *Contra el mito de Carl Schmitt,* Murcia, 2014.

altar de la igualdad que mide todo por el mismo rasero»[65]. *El Manifiesto* suscitó la adhesión de distinas figuras de la intelectualidad: Albert Boadella, Carmen Posadas, Zoé Valdés, Luis Antonio de Villena, Luis Alberto de Cuenca, Aquilino Duque, Fernando Sánchez Dragó, Isidro Juan Palacios, José Luis Molinuevo, Eugenio Trías, José Javier Esparza, Alain de Benoist, Alejandro Sanz, Ignacio Sánchez Cámara, etc.

En octubre de 2004, apareció la revista *El Manifiesto,* que contó igualmente con el apoyo de la editorial Áltera. La dirección recayó en Ruiz Portella, y en su consejo de redacción aparecían antiguos colaboradores de *Hespérides,* como Abel Posse, Jerónimo Molina, Esparza, Palacios, Martínez Cava, Sánchez Dragó, etc. La nueva revista se presentó como portavoz del «pensamiento crítico» ante la sociedad actual. Significativo fue el ajuste de cuentas de Esparza con el anticristianismo de De Benoist, que juzga «bastante decepcionante» y que conduce a una serie de «callejones sin salida». Esparza no cree que el cristianismo sea la matriz del universo simbólico característico de la modernidad, ya que no es igualitario, sino selectivo; y puede implicar la renuncia a todas las cosas de este mundo. A su entender, el catolicismo es «la última gran reserva de sacralidad en Occidente»[66].

El Manifiesto ha contado con las colaboraciones de De Benoist, Pascual Tamburri, Esparza, Sánchez Dragó, César Alonso de los Ríos, Eugenio Trías, Abel Posse, Alvaro Mutis, Stanley Payne, Alain Finkielkraut, etc. Los temas básicos de la revista han sido la crítica de la modernidad, la crisis de la conciencia nacional españolas, la crítica del arte moderno, el tema de la «memoria histórica», los problemas de la juventud actual, la emigración y la ecología. La editorial Áltera ha publicado algunas obras de De Benoist, *Comunismo y nazismo* y *Más allá de la derecha y la izquierda*; *El bienio necio,* de José Javier Esparza; *Crónicas anacrónicas,* de Aquilino Duque; *Así hablaba Nietzsche,* de Fernando Savater.

Ligada igualmente al pensamiento de la *Nouvelle Droite,* se encuentra la revista *Nihil Obstat,* dirigida en un principio por Jordi Garriga y posteriormente por Josep Alsina Calvés. Relacionada con el Movimiento Nacional Republicano, la editorial de la revista, *Fides,* ha publicado algunas obras de De Benoist: *¿Cómo se puede ser*

---

[65] «El Manifiesto contra la Muerte del Espíritu y la Tierra», en *El Cultural* de *El Mundo,* 19-VI-2002.

[66] «Se alza el telón», *El Manifiesto,* n.º 1, octubre 2004, p. 3. «La Nueva Derecha y la cuestión religiosa», *El Manifiesto,* n.º 9, marzo 2008, pp. 9-32.

pagano?, ¿Es un problema la democracia?, Nosotros y los otros, El derecho a la diferencia, ¿Qué es el Eurasismo? Conversaciones de Alain de Benoist con Alexander Duguin. Y el volumen colectivo, *Alain de Benoist. Elogio a la disidencia.*

En 2007, apareció en Valencia, *Identidad*, autodefinida como «revista independiente contra el pensamiento único y políticamente correcto», cuyo director era Enrique Revello y su jefe de redacción Ernesto Milá —antiguo miembro de Fuerza Nueva[67]—, quien ha traducido al español, para las ediciones de la revista, el libro de De Benoist, *Mañana el decrecimiento. Para pensar la ecología hasta sus últimas consecuencias*. El mismo año salía a la luz en Madrid el primer número de *Disidencias*, bajo la dirección de Juan A. Aguilar; y entre sus colaboradores figuran Alberto Buela, Jorge Verstrynge, Laureano Luna, Ernesto Milá, Giorgio Locchi, etc. La revista propugnaba la III República, y, de cara a la defensa de la unidad nacional, celebraba las aportaciones de José Ortega y Gasset y de Claudio Sánchez Albornoz[68].

En el aspecto de la recepción del pensamiento de la *Nouvelle Droite* en España es significativo el libro de Rodrigo Agulló, *Disidencia perfecta. Una aproximación a la Nueva Derecha*, en cuyas páginas se expone la historia del movimiento intelectual, la evolución de De Benoist, sus ideas, la cuestión del «fascismo», etc. Para Agulló, la *Nouvelle Droite* es «la única escuela de pensamiento metapolítico surgida fuera del campo de la izquierda tras la Segunda Guerra Mundial». Una derecha en «las antípodas de la derecha hoy en día existente», radicalmente enfrentada «con la derecha economicista y liberal de nuestros días»[69].

El falangismo no ha destacado, en esta etapa, por ninguna aportación teórica o por algún intento de renovación de su proyecto político. En 2007, la revista *Nihil Obstat* publicó una encuesta sobre «Falangistas cara al siglo XXI», en la que participaron algunos militantes y dirigentes de las diversas facciones en que se halla dividido el movimiento, ninguno de los cuales aportó nada nuevo. Más interesante fue la participación en la encuesta de los historiadores Stanley

---

[67] Véase Ernesto MILÁ, *Ultramemorias. Retrato pintoresco de 40 años de Extrema Derecha*, 2 tomos, Barcelona, 2011.

[68] «*Dossier* España en la encrucijada», *Disidencias*, n.º 2, 2007, pp. 101-175.

[69] Rodrigo AGULLÓ, *Disidencia perfecta. Una aproximación a la Nueva Derecha*, Madrid, 2011, pp. 38, 117.

G. Payne y Ferrán Gallego. El primero consideraba inviable el proyecto económico nacional-sindicalista; apoyaba su defensa de la unidad nacional, pero sin el recurso al autoritarismo; y creía que la única viabilidad de renovación del falangismo era articular una alternativa cultural al sistema económico y político vigente. El segundo sólo veía posibilidad de futuro si abandonaba el sindicalismo y sometía a crítica el proceso de globalización en la defensa de la nación y de los sectores sociales afectados por la precariedad laboral[70].

Tampoco los herederos de Fuerza Nueva han sido capaces de superar la nostalgia del régimen anterior y de la tradición teológico-política. En consecuencia, su presencia en el mundo intelectual y político ha sido cuando menos testimonial[71]. Heredero en cierta forma de Fuerza Nueva ha sido el partido social-católico *Alternativa Española*, dirigido por el yerno de Blas Piñar, Rafael López Diéguez, que, hasta ahora, ha sido incapaz de conseguir un espacio político propio. Blas Piñar falleció el 28 de enero de 2014. En estos momentos, nada presagia la aparición en la sociedad española de un partido nacional-populista análogo al Frente Nacional Francés, de Marine Le Pen.

Bajo la dirección del jurista Miguel Ayuso Torres, el tradicionalismo católico ligado a la revista *Verbo* y a los Amigos de la Ciudad Católica ha recibido nuevos impulsos doctrinales y organizativos. Ha fundado el Consejo de Estudios Hispánicos «Felipe II», al igual que los *Anales de la Fundación Francisco Elías de Tejada* y la revista *Fuego y Raya*. En las reuniones organizadas en torno al Consejo de Estudios Hispánicos «Felipe II», han participado una serie de intelectuales tradicionalistas españoles, hispanoamericanos y europeos, en particular italianos: Miguel Ayuso, Dalmacio Negro Pavón, Felipe Window Lira, Danilo Castellano, Bernard Dumont, Juan Fernando Segovia, Juan Antonio Villalta, Javier Barraycoa, Giovanni Turco, etc. Una de las figuras más celebradas ha sido Danilo Castellano, filósofo iusnaturalista del derecho, a quien *Verbo* ha dedicado un número monográfico[72]. En general, estas reuniones se han dedi-

---

[70] «Falangistas cara al siglo XXI (una encuesta)», en *Nihil Obstat*, n.º 10, 2007, pp. 55-107.

[71] Véase, al respecto, el libro de entrevistas de María del Pilar Amparo PÉREZ GARCÍA, *Hacia el futuro. Preguntas políticamente incorrectas por España*, Buenos Aires, 2003.

[72] «La inteligencia de la política. Un primer homenaje a Danilo Castellano», en *Verbo*, n.os 537-538, agosto-septiembre 2015.

cado a la crítica de las ideologías tecnocráticas y a la democracia liberal, lo mismo que al problema de la *res publica christiana*[73].

Próximo a esta tendencia se encuentra el famoso escritor y novelista Juan Manuel de Prada, admirador, entre otros, de Gilbert Keith Chesterton y del Donoso Cortés autor de *Ensayo sobre el catolicismo, el liberalismo y el socialismo*. Colaborador habitual de *ABC*, ha denunciado lo que denomina la «Matrix progre», es decir, los intelectuales de izquierda que ejercen la hegemonía en la sociedad española frente al «sentido común». El «Matrix progre» es consecuencia de la crisis del proyecto revolucionario marxista y difunde un relativismo axiológico a ultranza compatible con el capitalismo liberal global[74]. A ese respecto, Prada se ha definido no como conservador, sino como «premoderno», «antirrevolucionario», «antitodo lo que trae el pensamiento político moderno»; y ha criticado la Transición como «un pacto entre fuerzas políticas para la entrega de España a la plutocracia», a «unas oligarquías financieras, políticas, culturales»[75]. A partir de tales supuestos teológico-políticos, De Prada ha sometido a una crítica implacable la situación política, social y cultural de la España actual, caracterizada por «la soledad espiritual, la desesperación, la falta de sentido de la propia existencia», «la falta de lazos», «la corrupción endémica», la «partitocracia» y los «abusos del capitalismo financiero»; todo ello producto de la desmoralización y secularización provocada por las elites políticas y económicas, «incapaces de aunar voluntades en la persecución del bien común, convencidos de que el meollo de su acción política debe cifrarse en la exaltación de la diferencia, de la búsqueda a menudo arbitraria de zonas de fricción con el adversario, siempre a lomos de tal o cual banderín ideológico. Así, la democracia se ha convertido en "demogresca"; y la política en «una carrera de acaparación de dinero del poder»[76].

Significativa y sorprendente, dada la trayectoria filosófica del autor, ha sido la labor crítica y analítica de Gustavo Bueno, con-

[73] Véase Miguel AYUSO (ed.), *La res publica christiana como problema político*, Madrid, 2014; Miguel AYUSO (ed.), *Política católica e ideologías. Monarquía, tecnocracia y democracia*, Madrid, 2015.

[74] Juan Manuel DE PRADA, *La nueva tiranía. El sentido común contra el Matrix progre*, Madrid, 2009.

[75] *Eldiario.es*, 24-IV-2013.

[76] Juan Manuel DE PRADA, *Dinero, demogresca y otros podemonios*, Barcelona, 2015, pp. 13-15 ss.

vertido en un auténtico *outsider* conservador, implacable en su rechazo de la situación política, social y cultural dominante en la etapa de gobierno de Rodríguez Zapatero[77]. El filósofo materialista había fundado en 2002 la revista digital *El Catoblepas*, en cuyas páginas se han suscitado no pocas polémicas. En principio, hay que destacar su intento de definición de la derecha. Frente a la izquierda, siempre utópica, que pretende abolir los conflictos entre los seres humanos, la derecha en todo momento ha sido consciente de la perennidad del conflicto a todos los niveles[78]. De la misma forma, Bueno ha sido un defensor de la unidad nacional española, como construcción histórica y política digna de ser conservada, frente a los nacionalismos periféricos de carácter étnico y cultural. El auge de los nacionalismos particularistas en España se encuentra relacionado, a su juicio, con las apetencias materiales de «las clases políticas respectivas que recibirían honores de Jefe de Estado (ellos y los de su esposa o pareja) en lugar de recibirlos como presidentes autonómicos»[79]. Su crítica a los proyectos de Rodríguez Zapatero ha sido tan descarnada como nítida. Gustavo Bueno relaciona los planteamientos del líder socialista con lo que denomina «Pensamiento Alicia», es decir, producto de la representación de «un mundo distinto del mundo real», «un mundo al revés de nuestro mundo, como es propio del mundo de los espejos». No es un pensamiento utópico, ya que éste «mantiene la conciencia de las dificultades que median para llegar a él, dificultades que exigen incluso una o muchas revoluciones sangrientas». En el «Pensamiento Alicia», «se tiene la voluntad de pasar a ese mundo al revés y basta», «una suerte de ensoñación infantil», «ensoñación simplista, propia de adolescentes», que se deja llevar por «las razones abstractas», «encubriendo la realidad en lugar de analizarla», «un racionalismo simplista», que Bueno relacionaba con el krausismo, un «simplismo masónico». Todo lo cual tenía como manifestación su proyecto de Alianza de Civilizaciones, su voluntad de diálogo

---

[77] Una semblanza del filósofo en Gabriel PLATA PARGA, «Gustavo Bueno, La austeridad materialista», en *De la revolución a la sociedad de consumo*, Madrid, 2010, pp. 73-101.

[78] Gustavo BUENO, *El mito de la derecha*, Madrid, 2008.

[79] Gustavo BUENO, *España no es un mito. Claves de una defensa razonada*, Madrid, 2005. Junto a Santiago ABASCAL, *En defensa de España. razones para el patriotismo español*, Madrid, 2008.

con los nacionalistas periféricos; sus críticas históricas al régimen de Franco, que no fue, a juicio de Bueno, un paréntesis social y político, sino la gran época de la «acumulación capitalista»; su reivindicación de la «memoria histórica», etc.[80]. En esa misma línea, no ha dudado en someter a crítica la democracia «realmente existente». A su juicio, la democracia es una ideología que se corresponde con la «sociedad de consumo pletórico», fundada «no tanto en la igualdad cuanto en la desigualdad entre bienes ofrecidos (mercancías, incluyendo en esta rúbrica la fuerza de trabajo) y compradores (consumidores usuarios) de esos bienes». En ese contexto, el individuo no decide como tal; quienes deciden son las estructuras supraindividuales que moldean las decisiones de los propios individuos. Así, en el fondo, las democracias «realmente existentes» son, «plutocracias u oligarquías», «partitocracias», «en las que los individuos, propiamente dichos, carecen de toda iniciativa»[81].

Por otra parte, diversas asociaciones conservadoras, como el Instituto de la Democracia y el Foro de la Sociedad Civil, han propugnado una serie de alternativas reformistas a lo que ya consideran «el final de una época», con la crisis del sistema político y, sobre todo, del Estado de las autonomías. Para los miembros del Instituto de Estudios de la Democracia, cuya principal figura es el antiguo ministro de la UCD Juan Manuel Otero Novas, el gran problema nacional es el de las autonomías. Y es que la sociedad española asistía a un claro proceso de «desintegración», en el que el poder central se había convertido en «algo mínimo, con tendencia a lo residual, que puede ser ignorado y fácilmente sorteado por nuestros competidores dentro y fuera de la Unión Europea; pone en riesgo la paz»; y resulta «moralmente inaceptable», ya que algunos territorios pretendían «disfrutar ahora separadamente el bienestar que alcanzaron gracias al esfuerzo proteccionista arancelario del resto de España durante siglos». Para Otero Novas, ya no era posible ceder más competencias a las comunidades autónomas, porque prácticamente se había llegado a una «confederalización» del Estado. Otero Novas seguía creyendo en el autonomismo, pero juzgaba nece-

[80] Gustavo BUENO, *Zapatero y el Pensamiento Alicia. Un presidente en el País de las Maravillas*, Madrid, 2006, pp. 10-11, 12, 15, 90 ss.

[81] Gustavo BUENO, *Panfleto contra la democracia realmente existente*, Madrid, 2004, pp. 192 ss.

sarias una serie de reformas en la Constitución de 1978 que «reduzcan las aguas desbordadas». El antiguo ministro de la UCD defendía un gobierno de coalición Partido Popular-PSOE que llevara a cabo esas necesarias reformas: recuperación del control de la enseñanza por parte del Estado, defensa de la lengua común, defensa de la unidad de mercado, regulación de la intervención del Estado en las comunidades autónomas, cierre del reparto competencial, la Justicia como servicio estatal, reforma de la ley electoral, etc.[82].

Presidido por otro antiguo ministro de la UCD, Ignacio Camuñas, el Foro de la Sociedad Civil denunciaba igualmente la degeneración del sistema autonómico, la partitocracia; un modelo económico que «hace aguas de forma manifiesta en un mundo globalizado y altamente competitivo»; la politización de la Justicia; la Ley de Memoria Histórica; la confrontación permanente con la Iglesia católica, etc. Como respuesta a todo ello, el Foro propugnaba una nueva ley electoral, la rectificación de aquellos puntos de la Constitución referentes al Estado autonómico; reformar y garantizar la independencia del poder judicial; un pacto de Estado para la dirección de la política exterior; un nuevo modelo de crecimiento económico; una revisión de la política fiscal y laboral; y, por último, «invertir masivamente en educación y cuidar y potenciar nuestra cultura y nuestra lengua»[83].

En agosto de 2009, aparecía en sociedad el diario *La Gaceta*, auspiciado por el Grupo Intereconomía, que igualmente controlaba Intereconomía TV y Radio Inter. *La Gaceta*, dirigida en un primer momento por el periodista Carlos Dávila, fue el único diario que blasonaba de su ideario conservador. Una de sus divisas fue «Orgullosos de ser de derechas». Su presidente y propietario era el político y empresario navarro Julio Ariza, antiguo diputado del Partido Popular por Barcelona. En su ideario, el Grupo Intereconomía afirmaba su compromiso con «la dignidad innata e inviolable de cada persona humana y con el respeto efectivo a sus derechos y libertades fundamentales en el marco de una sociedad libre, justa, solidaria y democrática». Se identificaba, además, «con las raíces cristianas de la civilización», lo mismo que con la unidad nacional española, la familia, la libertad de educación y de empresa. En Intereconomía

---

[82] GRACIÁN, *La España necesaria*, Madrid, 2008, pp. 17-42, 147-150.
[83] FORO DE LA SOCIEDAD CIVIL, *España. El final de una época*, Madrid, 2009.

Televisión, destacaba el programa *El gato al agua*, en el que solían participar Mario Conde, Javier Horcajo, José Javier Esparza, Rafael García Serrano —hijo del célebre escritor falangista—, Alejo Vidal-Quadras, militantes del Partido Popular y del grupo social católico *Alternativa Española*. En sus momentos de esplendor, incluso Mariano Rajoy acudió para ser entrevistado en el programa. Igualmente, y como respuesta a las campañas de la «memoria histórica», el periodista Alfonso Arteseros dirigía y presentaba el programa *España en la memoria*, en los que se describía la vida cotidiana a lo largo de la etapa franquista. De la misma forma, destacó el programa cultural *Lágrimas en la lluvia*, dirigido por el escritor católico Juan Manuel de Prada. En la Biblioteca de Intereconomía, destacaba su contenido tradicional: *Historia de España contada con sencillez*, de José María Pemán; *Historia de los heterodoxos españoles*, de Marcelino Menéndez Pelayo; *Diccionario para un macuto* y *Plaza del Castillo*, de Rafael García Serrano; *Ensayo sobre el catolicismo, el liberalismo y el socialismo*, de Juan Donoso Cortés, etc.

En *La Gaceta* colaboraron Amando de Miguel, Mario Conde, Joaquín Leguina, José Javier Esparza, Susana Burgos, etc. El diario comenzó a entrar en decadencia a partir de 2012, al igual que Intereconomía Televisión. Según su primer director, Carlos Dávila, se debió a su «hipercatolicismo»[84]. Con posterioridad, fue dirigido por García Serrano, Esparza y Maite Alfageme. En la actualidad, emite en Internet.

Mientras tanto, al calor de la crisis económica, social, política y cultural, crecía no una derecha radical, como profetizaban algunos periodistas, sino un populismo de izquierdas, luego representado por el partido *Podemos*, cuyos primeros atisbos pudieron percibirse en los sucesos ocurridos a partir del 15 de mayo de 2011, donde se hizo explícito y visible el malestar de un importante sector de la población, sobre todo de una juventud maltratada por el paro y por la inseguridad vital, sin proyecto de vida. En Madrid, el 17 de mayo se escenificó la protesta en la Puerta del Sol, cuando cientos de personas instalaron sus tiendas de campaña y se quedaron a dormir allí a lo largo de varios días. La plaza madrileña se convirtió en el símbolo de aquellas protestas. Una enorme pancarta, de contenido radical y republicano, aparecía en una de las paredes del recinto:

---

[84] *Periodista Digital*, 27-XII-2013.

«Madrid será la tumba del neoliberalismo. No pasarán»[85]. Y en las librerías cada vez era más visible la presencia de autores adscritos a la extrema izquierda como Toni Negri, Michel Foucault, Alain Badiou, Jacques Derrida, Noam Chomsky, Pierre Bourdieu, etc. Incluso Carl Schmitt era monopolizado por las izquierdas radicales, a través de su lectura por parte de Chantal Mouffe y Ernesto Laclau[86]. Autores de derechas o liberales, como Alasdair Macintyre, Michael Oaskhesott, Karl Popper, John Gray o Alain de Benoist brillaban por su ausencia.

3. EL PARTIDO POPULAR DE NUEVO EN EL PODER: DE LA EUFORIA AL VACÍO DOCTRINAL

Finalmente, se convocaron elecciones para el 20 de noviembre de 2011. En esa ocasión, el candidato socialista no fue Rodríguez Zapatero, ya amortizado políticamente, sino Alfredo Pérez Rubalcaba. Frente a él, Mariano Rajoy. La victoria del Partido Popular fue aplastante; consiguió un 46 por 100 de los votos y 186 diputados, la mayoría absoluta. Contaba, además, con el control de la mayoría de las comunidades autónomas. El candidato popular generó, en un principio, grandes expectativas, sobre todo en el ámbito de la economía. Sin embargo, la situación era extremadamente complicada, porque la sociedad española no sólo padecía una profunda crisis económica, con casi seis millones de parados, sino igualmente política, social y cultural. Significativamente, poco después de esa victoria fallecía, en enero de 2012, Manuel Fraga Iribarne, en una sociedad y en un Partido Popular que ya no eran los suyos.

Y es que, tras la etapa de gobierno de Rodríguez Zapatero, muchas de las certezas sobre la supuesta fortaleza del régimen político y de la sociedad española en su conjunto se habían, en gran medida, evaporado. Muchos de los problemas que se creían superados salían de nuevo a la luz con singular virulencia. La cuestión religiosa continuaba viva, ya que permanecía el enfrentamiento entre católicos y laicistas, aunque ambos grupos fuesen minoritarios. En

---

[85] *Las voces del 15-M*, Barcelona, 2011, p. 22.

[86] Véase, al respecto, el libro de Íñigo Errejón y Chantal Mouffe, *Construir pueblo*, Barcelona, 2015.

la sociedad española, el proceso de «irreligión natural» continúa; y es una de las sociedades más secularizadas de Europa; pero el laicismo sigue siendo una de las señas de identidad del conjunto de las izquierdas, al igual que sus críticas a la Iglesia católica. Tampoco parece que la cuestión de la forma de gobierno haya encontrado una solución definitiva. En junio de 2014, Juan Carlos I abdicó en su hijo Felipe VI. La institución y la figura del monarca fueron incapaces de resistir la erosión de las críticas de que fueron objeto, por su tormentosa vida privada y la corrupción que caracterizaba a no pocos miembros de la Familia Real. La infanta Cristina fue finalmente imputada por su implicación en el caso Nóos. El tabú de la Monarquía se había roto[87]. En febrero de 2014, había salido a la luz un *Manifiesto del Mundo Intelectual y Académico por la III República*, en el que se consideraba «obsoleta» la Monarquía y se le acusaba de ser una institución impuesta por «el dictador»[88]. Y la mejor forma de manifestar la oposición al régimen actual, especialmente en la juventud, ha sido sacar a la calle una bandera de la II República. Incluso un sector de la derecha, como ya hemos visto, no perdonó a Juan Carlos I su apoyo a la instauración del Estado de las autonomías o su condescendencia con los socialistas.

Además, en estos momentos, asistimos, como ha puesto de relieve José Ramón Parada, al fracaso del modelo de descentralización política[89]. El modelo autonómico no sólo no consiguió integrar a los nacionalismos periféricos catalán y vasco, sino que ha favorecido las tendencias centrífugas; además, implica unos costes económicos excesivos, que lo hacen, a medio plazo, inviable. Su dialéctica intrínseca lleva a la «confederalización» y luego a la fragmentación del Estado[90]. Este proceso ha dado la razón a aquellos que, en las discusiones previas a la aprobación del texto constitucional de 1978, como Julián Marías, Gonzalo Fernández de la Mora, José María Gil Robles o Laureano López Rodó, se mostraron escépticos, cuando no opuestos, a la solución autonomista. Por otra parte, el sistema polí-

[87] Véase Daniel Barredo, *El tabú real. La imagen de la Monarquía en crisis*, Barcelona, 2013. Un intento teórico de regeneración de la Monarquía, en Gaspar Ariño Ortiz, *La Corona. Reflexiones en voz baja*, Madrid, 2013.

[88] *Público*, 18-II-2014.

[89] Véase José Ramón Parada, «El fracaso de la descentralización política», en *Revista de Occidente*, n.º 416, enero 2016, pp. 5-39.

[90] Véase Ignacio Sotelo, *España a la salida de la crisis. La sociedad dual del capitalismo financiero*, Barcelona, 2014.

tico tampoco ha sido capaz de crear una simbología integradora como expresión de la unidad nacional.

En relación al modelo económico, el Estado benefactor ha salido muy dañado de la crisis económica y ha mostrado su impotencia a la hora de garantizar el nivel de empleo y de evitar las disfunciones más dolorosas debidas al paro, la enfermedad, la invalidez o la vejez. España era igualmente uno de los países que más se había desindustrializado desde finales de los años setenta, pasando de un 39 por 100 del PIB en 1975 a un 19 por 100 en la actualidad. Junto a ello, el denominado «invierno demográfico» español[91], que pone en cuestión, entre otras cosas, la continuidad social, cultural y los fundamentos del Estado benefactor.

Al mismo tiempo, se ahondaba en la crisis de representación del régimen político español. Hoy, el modelo de democracia liberal representativa se encuentra en crisis en la mayoría de las sociedades desarrolladas, a causa del proceso de globalización económica y el cuestionamiento del modelo de Estado-nación[92]. Progresivamente, y ya lo señalamos en 2005, el sistema político nacido en 1978 se presentaba, sobre todo ante las nuevas generaciones, como cerrado y oligárquico. La democracia española sigue siendo plana y partitocrática[93]. De ahí el auge actual de los movimientos populistas de izquierda en nuestro suelo, en particular Podemos, un fenómeno hasta ahora prácticamente inédito en la vida política española[94].

En este contexto tan problemático, Mariano Rajoy Brey no parecía, desde luego, el líder político más indicado, ni un modelo de estadista. Uno de sus biógrafos lo ha descrito como «el hombre impasible»[95]. El líder del Partido Popular no es un hombre de pensamiento, sino un político muy apegado al terreno; un político de gestión. En alguna ocasión se ha identificado con el legado de Adol-

---

[91] Véase Alejandro MACARRÓN, *El suicido demográfico español*, Madrid, 2011.

[92] Véase Carlo GALLI, *El malestar de la democracia*, México, 2013; Danilo ZOLO, *Democracia y complejidad. Un enfoque realista*, Buenos Aires, 1994; Guy HERMET, *El invierno de la democracia. Auge y decadencia del gobierno del pueblo*, Madrid, 2008.

[93] Véase José Miguel ORTÍ BORDÁS, *Oligarquía y sumisión*, Madrid, 2013; *Desafección, posdemocracia, antipolítica*, Madrid, 2015.

[94] Véase Ignacio TORREBLANCA, *Asaltar los cielos. Podemos o la política después de la crisis*, Barcelona, 2015.

[95] Graciano PALOMO CUESTA, *El hombre impasible. Historia secreta del PP de Rajoy camino del poder*, Madrid, 2011.

fo Suárez[96]; pero el líder de UCD era, ante todo, un hombre de acción, un político audaz, en ocasiones voluntarista. En contraste, Rajoy tiene fama de lento, de proclive al inmovilismo. Con frecuencia igualmente se le ha relacionado con la tecnocracia de Gonzalo Fernández de la Mora[97]. Ciertamente, Rajoy fue amigo de Fernández de la Mora, e incluso dedicó un artículo periodístico a la glosa de su obra *La envidia igualitaria*[98]. Sin embargo, Fernández de la Mora fue, ante todo, un intelectual, que, cuando percibió que su proyecto político resultaba inviable en el contexto de la democracia liberal, abandonó la vida política activa, para centrarse en la creación cultural. Además, dedicó, como sabemos, los últimos años de su vida a la elaboración de una alternativa regeneradora de la partitocracia: listas abiertas, reforma de la ley electoral, independencia del poder judicial, neocorporativismo, etc.[99], un proyecto que no ha ejercido ninguna influencia en el pensamiento ni en la práctica política del líder popular. Por todo ello, es preciso profundizar más en el análisis. Y es que la ejecutoria de Rajoy, al igual que la de su partido, es, en realidad, producto de las contradicciones que caracterizan a la praxis de los partidos conservadores en la actual situación social y política. Y lo mismo podríamos decir de los partidos social-demócratas. En el caso de la derecha existe, por un lado, un importante sector de su base social y política que se muestra partidario del respeto a las tradiciones, al orden moral católico, a la estabilidad vital o a las ideas de patria y religión; por otro, estos principios chocan cada vez más con la realidad de un orden socioeconómico global que necesita fluidez, ausencia de fronteras y de tradiciones; un orden que, en el fondo, se base en el cambio permanente[100]. Mariano Rajoy y su partido no han podido o no han querido sintetizar ambas perspectivas. En lo fundamental, han optado por la segunda opción en detrimento de la primera. En toda esta actitud, subyace igualmente el triunfo de lo que el filósofo Peter Solterdijk

---

[96] *El Mundo*, 4-XII-2015.

[97] Federico JIMÉNEZ LOSANTOS, *Los años perdidos de Rajoy*, Madrid, 2015, p. 27; Graciano PALOMO CUESTA, *Pedro Arriola, el brujo*, Madrid, 2014; Guillermo GORTÁZAR, «El arriolismo», *El Mundo*, 1-IV-2014.

[98] «La envidia igualitaria», *Faro de Vigo*, 24-VIII-1984.

[99] Véase Pedro Carlos GONZÁLEZ CUEVAS, *La razón conservadora. Gonzalo Fernández de la Mora, una biografía político-intelectual*, Madrid, 2015, pp. 401 ss.

[100] Véase Esteban HERNÁNDEZ, *Nosotros o el caos. Así es la derecha que viene*, Barcelona, 2015, pp. 249 ss.

Intervención de Mariano Rajoy durante la presentación de un libro. *Archivo Anaya.*

ha denominado «razón cínica», una actitud difusa muy característica de ciertos sectores sociales y de ciertas élites fatigadas, escépticas. Ese «nuevo cinismo», que, según el filósofo alemán, actúa como «una negatividad madura que apenas proporciona esperanza alguna, apenas a lo sumo un poco de ironía y de compasión». Un «cinismo» que Sloterdijk describe como la «falsa conciencia ilustrada», la de aquellos que saben que todo ha sido desenmascarado y no pasa nada[101].

Así, el Partido Popular centró su actividad en la economía, siguiendo a rajatabla los parámetros establecidos por la Comunidad Económica Europea, a través de la reforma del sistema tributario y del mercado de trabajo, así como en el logro de la estabilidad presupuestaria[102]. Las reformas políticas y de carácter moral y cultural brillaron por su ausencia. Nada se hizo en lo referente a las garantías para el logro de la independencia del poder judicial. Tampoco se derogó, ni se sometió a reforma la Ley de Memoria Histórica. En lo

101 Peter SLOTERDIJK, *Crítica de la razón cínica*, Madrid, 2007, p. 762.

102 Véase Mikel BUESA, *La pachorra conservadora. Política y economía en la gobernación de Rajoy*, Madrid, 2015, pp. 53-98.

relativo al aborto, el ministro Alberto Ruíz Gallardón presentó un anteproyecto de Ley de Protección de la Vida del Concebido y los Derechos de la Mujer Embarazada, que fue finalmente rechazado por el propio Mariano Rajoy; lo que provocó la dimisión del ministro de Justicia[103]. El Estado de las autonomías, pese a las quejas de los insaciables partidos nacionalistas, no sufrió reforma ni mengua alguna. La ley electoral permaneció intacta. Las medidas pronatalistas brillaron por su ausencia. El Partido Popular dio una adhesión tácita a las medidas de Rodríguez Zapatero con respecto a ETA. La excarcelación de algunos terroristas etarras fue todo un símbolo de esa política. El Partido Popular abordó, sin embargo, el tema de la reforma de la enseñanza, con la Ley Orgánica para la Mejora de la Calidad Educativa (LOMCE), elaborada por el ministro José Ignacio Wert. La ley introducía algunas novedades en el sistema educativo español —pruebas de evaluación para obtener el título de graduado en ESO y el título de bachiller; mayor importancia de las asignaturas troncales; obligatoriedad de la oferta de enseñanza cuya lengua vehicular fuese el castellano; educación plurilingüe; asignatura de religión, etc.—, pero no se consiguió el apoyo de ningún grupo de la oposición; y el ministro careció de apoyo mediático y político. Como denunciaba el periodista Ignacio Camacho, la derecha aparecía con esta ley como «el monstruo deshumanizado que desmantela la igualdad de oportunidades»; y concluía: «El ministro se ha quedado solo con su reforma, por un lado, hasta los padres y profesores más simpatizantes de su causa se sienten desoídos y abandonados, por otro, ni el Gobierno ni el partido encuentran quien salga a hacerle un quite a capotazos»[104].

Bajo el gobierno del Partido Popular, se produjo una clara desmovilización de la sociedad civil derechista. Asociaciones como *Hazte Oir, Derecho a Vivir, Asociación de Víctimas del Terrorismo*, etc., prácticamente desaparecieron del espacio público. En Cataluña, la ofensiva secesionista no cesó. Artur Mas y sus aliados de la izquierda nacionalista continuaron su ofensiva separatista. Significativamente, se celebró un simulacro de referéndum sobre la independencia de Cataluña, en el que la participación no llegó al 40 por 100. El gobierno, pese a su ilegalidad, prácticamente no hizo nada; ni movi-

---

103 *El País*, 23-IX-2014.

104 «Balaclava», *ABC*, 26-X-2013.

lizó a los sectores catalanes antiindependentistas. A finales de 2014, se celebró en la Universidad de Barcelona un simposio historiográfico, presidido por el historiador Josep Fontana, titulado *España contra Cataluña*[105]. Y tampoco tuvo lugar ninguna respuesta significativa por parte de la historiografía española.

A esta inacción, se sumó la corrupción en que una parte de sus élites dirigentes se halla inserto. Todo lo cual se tradujo en una ostensible pérdida de votos, tanto en las elecciones al Parlamento Europeo como en las autonómicas y luego en las generales. En estas últimas su presencia en el Parlamento quedó reducida a 123 escaños. Lo cual era consecuencia de la indignación y, al mismo tiempo, de la desmovilización de su base electoral y política. El escritor católico Juan Manuel de Prada profetizaba, en ese sentido, la desaparición del Partido Popular, utilizando un fragmento del Apocalipsis: «Porque no eras frío ni caliente, te vomitaría mi boca»[106]. No muy lejos de las razones últimas de aquellas críticas, pero desde una perspectiva más sosegada, Miguel Ángel Quintanilla Navarro —hombre de la FAES— ajustaba cuentas con Mariano Rajoy y su equipo de gobierno, tras las elecciones de diciembre de 2015, afirmando que los malos resultados electorales del Partido Popular eran consecuencia directa del «nuevo liberalismo paradójico», triunfante en el Congreso de Valencia de junio de 2008. Y es que, lejos de haber entrado en una era postpolítica, las sociedades europeas desarrolladas se enfrentaban a «la vuelta de Marx y ante todo tipo de visiones fuertes de sectarismos, nacionalismos, radicalismos y populismos»[107].

No resulta extraño que aparecieran intentos de articular una nueva derecha. Por primera vez en muchos años, apareció una disidencia del Partido Popular con alguna expectativa de futuro. Se trataba de VOX, una alternativa representada, entre otros, por Alejo Vidal-Quadras, Santiago Abascal, José Luis González Quirós, Ignacio Camuñas —exministro de UCD— y José Antonio Ortega Lara —víctima de ETA—, que apareció en enero de 2014. De inmediato arreciaron campañas mediáticas en su contra, sobre todo por parte de los órganos del Partido Popular, presentándolo como un remedo español del Frente Nacional Francés. Por el contrario, Ignacio Camu-

105 *ABC*, 12-XII-2014.

106 *El Cultural*, 2-X-2014.

107 «El ser y el proceder del Partido Popular», *Cuadernos de Pensamiento Político*, n.º 49, enero-marzo 2016, pp. 38-39.

ñas hizo referencia a una «propuesta de regeneración democrática», defensora de la libertad individual y del Estado de Derecho; y que considera innegociable «la unidad y la soberanía nacional». «La necesidad de un cambio de rumbo es inapelable. VOX nace con la convicción de que puede ayudar a ese cambio que el país precisa»[108]. El nuevo partido cifró sus esperanzas en el logro de un escaño en el Parlamento Europeo para Vidal-Quadras, intento que, al final, fracasó. Poco después el político catalán abandonó VOX, que luego sufría otras disidencias como las de González Quirós y Camuñas. La dirección recayó entonces en Santiago Abascal, antiguo militante del Partido Popular en el País Vasco, dirigente de la Fundación para la Defensa de la Nación Española, cuya obra escrita se ha centrado en la crítica del principio de autodeterminación[109]. VOX es el único partido político español que, hoy por hoy, se autodefine como de «derechas». Abascal considera a Mariano Rajoy el «albacea testamentario de Zapatero». Se muestra partidario de la derogación de la Ley de Memoria Histórica y de la reforma de la Constitución de 1978 para abolir el Estado de las autonomías. Su proyecto político se sintetiza en «la implantación del Estado unitario, la defensa de la familia y la protección del no nacido, una potente rebaja fiscal y la reducción del intervencionismo estatal»[110].

No obstante, la incidencia de VOX ha sido mínima en la vida política nacional; pero su aparición es, sin duda, un reflejo de las contradicciones de la derecha española actual. Su porvenir, como ocurre al resto de las derechas españolas, es incierto. La historia es siempre un proceso abierto.

---

[108] «Una propuesta para la regeneración democrática», *El País*, 13-II-2014.

[109] Santiago ABASCAL, *La farsa de la autodeterminación*, Madrid, 2005; *¿Derecho de autodeterminación? Sobre el pretendido derecho a la secesión del Pueblo Vasco*, Madrid, 2003.

[110] Santiago ABASCAL, *No me rindo*, Madrid, 2014; *Hay un camino a la derecha*, Barcelona, 2015.

Bibliografía

1. PERIÓDICOS Y REVISTAS

ABC.
Acción Española.
Arbor.
Arriba.
Atlántida.
Chesterton.
Conquista del Estado, La.
Cuadernos de Pensamiento Político.
Debate, El.
Disidencias.
Empresas Políticas
Escorial.
Futuro-Presente.
Hespérides.
Ilustración Liberal, La.
JAP.
JONS.
Manifiesto, El.
Nihil Obstat.
Nueva Revista de Política, Cultura y Arte.
Pensamiento Español, El.
Punta Europa.
Razón Española.
Razón y Fe.
Revista de Estudios Hispánicos.
Revista de Estudios Políticos.
Veintiuno.
Verbo.

2. OBRAS TEÓRICAS

ARON, R.: *Democracia y totalitarismo*, Seix Barral, Barcelona, 1968.

BOBBIO, N.: *Derecha e izquierda*, Taurus, Madrid, 1996.

BREUER, S.: *Anatomie de la révolution conservatrice*, Maison des sciences de l'homme, París, 1996.

BURROW, J. W.: *La crisis de la razón. El pensamiento europeo, 1848-1914*, Crítica, Barcelona, 2001.

FELICE, R.: *El fascismo. Sus interpretaciones*, Paidós, Buenos Aires, 1976.
FERRERO, G.: *El Poder. Los Genios invisibles a la ciudad*, Tecnos, Madrid, 1991.
GARCÍA-PELAYO, M.: *Burocracia y tecnocracia*, Alianza, Madrid, 1982.
GEERTZ, C.: *La interpretación de las culturas*, Gedisa, Barcelona, 1990.
HUGHES, H. S.: *Conciencia y sociedad. La reorientación del pensamiento social europeo, 1890-1930*, Aguilar, Madrid, 1972.
MACINTYRE, A.: *Justicia y racionalidad*, Eunsa, Pamplona, 1994.
MOUFFE, Ch.: *La paradoja democrática*, Gedisa, Barcelona, 2003.
NOCE, A.: *L'époque de la sécularisation*, Syrtes, París, 2000.
PÉREZ DÍAZ, V.: *Una interpretación liberal del futuro de España*, Taurus, Madrid, 2002.
PINKER, S.: *La tabla rasa. La negación moderna de la naturaleza humana*, Paidós, Barcelona, 2003.
RÉMOND, R.: *Les droites en France*, Aubier, París, 1982.
SCHMITT, C.: *La dictadura*, Ed. Revista de Occidente, Madrid, 1968.
— *Estudios políticos*, Doncel, Madrid, 1975.
— *Sobre el parlamentarismo*, Tecnos, Madrid, 1990.
SLOTERDIJK, PETER: *Crítica de la razón cínica*, Siruela, Madrid, 2007.
SOWELL, Th.: *Conflicto de visiones. Orígenes ideológicos de las luchas políticas*, Gedisa, Barcelona, 1990.
STERNHELL, Z.: *El nacimiento de la ideología fascista*, Siglo XXI, Madrid, 1994.
TAGUIEFF, P. A.: *Sur la nouvelle droite*, Descartes et Cie., París, 1995.
TAYLOR, Ch.: *Fuentes del yo. La construcción de la identidad moderna*, Paidós, Barcelona, 1996.
WEBER, E. (ed.): *La derecha europea*, Luis de Caralt, Barcelona, 1971.
WILLIAMS, R.: *Sociología de la comunicación y del arte*, Paidós, Barcelona, 1981.
WINOCK, M.: *La France politique*. XIX-XX *siècles*, Seuil, París, 2003.

3. OBRAS HISTÓRICAS

ALVÁREZ JUNCO, J.: *Mater dolorosa. La idea de España en el siglo* XX, Taurus, Madrid, 2001.
ÁLVAREZ TARDÍO, Manuel: *El camino de la democracia en España: 1931 y 1978*, Madrid, 2005.
ARTIGUES, D.: *El Opus Dei en España*, Ruedo Ibérico, París, 1970.
BAÓN, ROGELIO: *Historia del PP*, Ibersat, Madrid, 2001.
BLAS GUERRERO, A.: *Sobre el nacionalismo español*, Centro de Estudios Constitucionales, Madrid, 1989.
BORRÁS, T.: *Ramiro Ledesma Ramos*, Editora Nacional, Madrid, 1971.
BULLÓN DE MENDOZA, A.: *José Calvo Sotelo*, Ariel, Barcelona, 2004.
DÍAZ FERNÁNDEZ, Onésimo: *Rapel Calvo Serer y el grupo Arbor*, PUV, Valencia, 2008.
FERNÁNDEZ CARVAJAL, R.: *El pensamiento español en el siglo* XIX, Nausicaä, Murcia, 2000.
GIL PECHARROMÁN, J.: *José Antonio Primo de Rivera. Retrato de un visionario*, Temas de Hoy, Madrid, 1996.

Gómez Navarro, J. L.: *El régimen de Primo de Rivera*, Cátedra, Madrid, 1991.
González Cuevas, P. C.: «El retorno de la tradición liberal-conservadora», *Ayer*, n.º 22, 1996.
— *Acción Española. Teología política y nacionalismo autoritario en España (1913-1936)*, Tecnos, Madrid, 1998.
— *Historia de las derechas españolas. De la Ilustración a nuestros días*, Biblioteca Nueva, Madrid, 2000.
— *La tradición bloqueada*, Biblioteca Nueva, Madrid, 2002.
— *Maeztu. Biografía de un nacionalista español*, Marcial Pons, Madrid, 2003.
— *Conservadurismo heterodoxo*, Biblioteca Nueva, Madrid, 2009.
— *La razón conservadora. Gonzalo Fernández de la Mora, una biografía político-intelectual*, Biblioteca Nueva, Madrid, 2015.
González Hernández, M. J.: *El universo conservador de Antonio Maura*, Biblioteca Nueva, Madrid, 1999.
Huneeus, C.: *La UCD y la transición a la democracia en España*, Centro de Investigaciones Sociológicas, Madrid, 1985.
Jardí, E.: *Eugenio d'Ors*, Aymá, Barcelona, 1967.
Meer, F.: *Don Juan de Borbón. Un hombre solo*, Junta de Castilla y León, Valladolid, 2001.
Montero, F.: *El movimiento católico en España*, Eudema, Madrid, 1993.
Nolte, E.: *El fascismo en su época*, Península, Barcelona, 1969.
— *La guerra civil europea, 1917-1945*, Fondo de Cultura Económica, México, 1994.
— *Después del comunismo*, Ariel, Barcelona, 1997.
Queipo de Llano, G.: *Los intelectuales y la Dictadura de Primo de Rivera*, Alianza, Madrid, 1987.
Payne, S. G.: *El régimen de Franco*, Alianza, Madrid, 1992.
— *La primera democracia española. La Segunda República, 1931-1936*, Paidós, Barcelona, 1995.
— *Franco y José Antonio. El extraño caso del fascismo español*, Planeta, Barcelona, 1997.
Plata Parga, Gabriel: *De la revolución a la sociedad de consumo*, UNED, Madrid, 2010.
Penella, Manuel: *Orígenes y evolución del PP. Una historia de AP, 1973-1998*, Caja Duero, Salamanca, 2005.
Robles Egea, A. (ed.): *Política en penumbra*, Siglo XXI, Madrid, 1996.
Selva Roca de Togores, E.: *Ernesto Giménez Caballero. Entre la vanguardia y el fascismo*, Pre-Textos, Valencia, 1999.
Sobejano, G.: *Nietzsche en España*, Gredos, Madrid, 1967.
Suárez Fernández, L.: *Francisco Franco y su tiempo*, Azor, Madrid, 1985.
Towson, Nigel (dir.): *España en cambio. El segundo franquismo*, Siglo XXI, Madrid, 2009.
Tusell, J.: *La oposición democrática al franquismo, 1939-1962*, Planeta, Barcelona, 1976.
— *Franco en la guerra civil*, Tustquets, Barcelona, 1992.
— *Juan Carlos I. La restauración de la Monarquía*, Temas de Hoy, Madrid, 1995.
Tusell, J., y Portero, F. (eds.): *Cánovas del Castillo y el sistema político de la Restauración*, Biblioteca Nueva, Madrid, 1997.
Ucelay Dacal, E.: *El imperialismo catalán*, Edhasa, Barcelona, 2004.
Varela, J.: *La novela de España*, Taurus, Madrid, 1999.

VILAR, S.: *Protagonistas de la España democrática. La oposición a la dictadura*, Ediciones Sociales, París, 1969.
WATANABE, Ch.: *Confesionalidad católica y militancia política. La ACNP y la juventud católica española (1923-1936)*, UNED, Madrid, 2003.
ZAMORA, J.: *Ortega y Gasset*, Plaza & Janés, Barcelona, 2002.

4. PENSAMIENTO DE LA DERECHA ESPAÑOLA (SELECCIÓN DE CLÁSICOS SEGÚN TRADICIONES)

A) CONSERVADURISMO AUTORITARIO

AUNÓS, E.: *La reforma corporativa del Estado*, Aguilar, Madrid, 1934.
CALVO SERER, R.: *España, sin problema*, Rialp, Madrid, 1949.
— *Teoría de la Restauración*, Rialp, Madrid, 1950.
CALVO SOTELO, J.: *El proletariado ante el socialismo y el maurismo*, Madrid, 1915.
ESCRIVÁ DE BALAGUER, J.: *Camino*, Rialp, Madrid, 1962.
GIL ROBLES, J. M.: *Discursos parlamentarios*, Taurus, Madrid, 1969.
GOICOECHEA, A.: *Hacia la democracia conservadora*, Madrid, 1914.
— *Política de derechas*, Madrid, 1922.
GOMÁ, I.: *Pastorales de la guerra de España*, Rialp, Madrid, 1955.
HERRERA, A.: *Obras selectas*, Biblioteca de Autores Cristianos, Madrid, 1963.
LÓPEZ-AMO, A.: *Poder político y libertad. La Monarquía de la reforma social*, Rialp, Madrid, 1952.
MAEZTU, R. de: *La crisis del humanismo*, Minerva, Barcelona, 1919.
— *Defensa de la Hispanidad*, Fax, Madrid, 1934.
MARRERO, V.: *La guerra civil española y el trust de cerebros*, Punta Europa, Madrid, 1964.
MARTÍN SÁNCHEZ-JULIÁ, F.: *Ideas claras. Reflexiones de un español actual*, Madrid, 1959.
PEMÁN, J. M.: *El hecho y la idea de la Unión Patriótica*, Madrid, 1929.
— *Cartas a un escéptico en materia de formas de gobierno*, Cultura Española, Madrid, 1935.
PEMARTÍN, J.: *Los valores históricos en la Dictadura española*, Madrid, 1929.
— *¿Qué es lo nuevo?*, Cultura Española, Santander, 1938.
PIÑAR, B.: *Combate por España*, Fuerza Nueva, Madrid, 1973.
PRIMO DE RIVERA, M.: *El pensamiento de Primo de Rivera*, Madrid, 1929.
RUIZ GIMÉNEZ, J.: *Diez discursos*, Aguilar, Madrid, 1954.

B) CONSERVADURISMO LIBERAL

DATO, E.: *Justicia social*, Real Academia de Ciencias Morales y Políticas, Madrid, 1908.
MAURA, A.: *Estudios jurídicos*, Madrid, 1916.
— *Treinta años de vida pública*, Biblioteca Nueva, Madrid, 1953.
SÁNCHEZ GUERRA, J.: *La crisis del régimen parlamentario*, Real Academia de Ciencias Morales y Políticas, Madrid, 1923.

C) Falangismo

Arrese, J. L.: *El Estado totalitario en el pensamiento de José Antonio*, Ediciones del Movimiento, Madrid, 1945.
Conde, F. J.: *Introducción al Derecho Político actual*, Escorial, Madrid, 1942.
Fernández Carvajal, R.: *La Constitución española*, Editora Nacional, Madrid, 1969.
Giménez Caballero, E.: *Genio de España*, Madrid, 1932.
— *Arte y Estado*, Madrid, 1935.
Laín Entralgo, P.: *Valores morales del nacional-sindicalismo*, FE, Madrid, 1941.
Ledesma Ramos, R.: *¿Fascismo en España?*, Madrid, 1935.
— *Discurso a las juventudes de España*, Madrid, 1935.
Legaz Lacambra, L.: *Introducción a la teoría del Estado nacional-sindicalista*, Bosch, Madrid, 1941.
López Aranguren, J. L.: *La filosofía de Eugenio d'Ors*, Epesa, Madrid, 1945.
Muñoz Alonso, A.: *Persona humana y sociedad*, Ediciones del Movimiento, Madrid, 1955.
— *El bien común de los españoles*, Euroamérica, Madrid, 1956.
Primo de Rivera, J. A.: *Obras completas*, 2 vols., Instituto de Estudios Políticos, Madrid, 1976.
Redondo, O.: *El Estado nacional*, Madrid, 1940.

D) Tradicionalismo carlista

Ayuso, Miguel (ed.): *Política católica e ideologías*, Madrid, 2015.
Elías de Tejada, F.: *La Monarquía tradicional*, Rialp, Madrid, 1953.
Gambra, R.: *La Monarquía social y representativa en el pensamiento tradicional*, Rialp, Madrid, 1954.
— *Tradición o mimetismo*, Instituto de Estudios Políticos, Madrid, 1976.
Gil Robles, E.: *Tratado de Derecho Político, según los principios de la Filosofía y el Derecho Público cristianos*, 2 vols., Afrodisio Aguado, Madrid, 1961.
Pradera, V.: *El misterio de los fueros vascos*, Madrid, 1918.
— *El Estado nuevo*, Madrid, 1935.
Vázquez de Mella, J.: *Regionalismo y Monarquía*, Rialp, Madrid, 1956.
— *El ideal de España. Los tres dogmas nacionales*, Madrid, 1915.

E) Derecha radical

Azorín: *Un discurso de La Cierva*, Madrid, 1914.
— *Con bandera de Francia*, Biblioteca Nueva, Madrid, 1950.
— *El político*, Espasa-Calpe, Madrid, 1980.
Ors, E. d': *La bien plantada*, Planeta, Barcelona, 1981.
— *Glosari*, Edicions 62, Barcelona, 1981.
— *Vida de Fernando y de Isabel*, Juventud, Barcelona, 1982.

PRAT DE LA RIBA, E.: *La nacionalidad catalana*, Aymá, Barcelona, 1981.
— *La nació i l'estat. Escrits de juventut*, La Magrama, Barcelona, 1987.
SALAVERRÍA, J. M.: *La afirmación española*, Barcelona, 1917.
— *El muchacho español*, Madrid, 1917.
— *El instante dramático*, Espasa-Calpe, Madrid, 1934.

F) Neoconservadurismo tecnocrático

FERNÁNDEZ DE LA MORA, G.: *El crepúsculo de las ideologías*, Rialp, Madrid, 1965.
— *Del Estado ideal al Estado de razón*, Real Academia de Ciencias Morales y Políticas, Madrid, 1972.
— *La partitocracia*, Instituto de Estudios Políticos, Madrid, 1976.
— *El hombre en desazón*, Nobel, Oviedo, 1999.
— *La envidia igualitaria*, Áltera, Madrid, 2011.
LÓPEZ RODÓ, L.: *Política y desarrollo*, Aguilar, Madrid, 1971.

G) Liberalismo conservador

ALCALÁ ZAMORA, N.: *Los defectos de la Constitución de 1931 y tres años de experiencia constitucional*, Madrid, 1936.
MADARIAGA, S. de: *Anarquía o jerarquía*, Aguilar, Madrid, 1935.
MARÍAS, J.: *Consideración de Cataluña*, Aymá, Barcelona, 1965.
— *La España real*, Espasa-Calpe, Madrid, 1998.
MOLINA CANO, Jerónimo: *Raymond Aron, realista político*, Sequitur, Madrid, 2013.
NEGRO PAVÓN, Dalmacio: *La tradición liberal y el Estado*, Real Academia de Ciencias Morales y Políticas, Madrid, 1995.
— *El mito del hombre nuevo*, Encuentro, Madrid, 2009.
— *Historia de las formas de Estado*, Buey Mudo, Madrid, 2010.
ORTEGA Y GASSET, J.: *España invertebrada*, Ed. Revista de Occidente. Madrid, 1922.
— *La rebelión de las masas*, Ed. Revista de Occidente, Madrid, 1930.
— *Rectificación de la República*, Ed. Revista de Occidente, Madrid, 1972.
— *Vieja y nueva política*, Ed. Revista de Occidente, Madrid, 1973.
— *El hombre y la gente*, Ed. Revista de Occidente, Madrid, 1988.
SÁNCHEZ CÁMARA, I.: *La teoría de la minoría selecta en el pensamiento de Ortega y Gasset*, Tecnos, Madrid, 1986.
— *De la rebelión a la degradación de las masas*, Altera, Madrid, 2003.

H) Derecha liberal-democrática

AGUIRRE, Esperanza: *Yo no me callo*, Espasa-Calpe, Madrid, 2016.
AZNAR, J. M.: *Libertad y solidaridad*, Planeta, Barcelona, 1991.
— *España. La segunda transición*, Espasa-Calpe, Madrid, 1994.
— *La España en que yo creo. Discursos políticos (1990-1995)*, Noesis, Madrid, 1995.

CALVO SERER, R.: *Las nuevas democracias*, Rialp, Madrid, 1964.
FRAGA, M.: *El desarrollo político*, Grijalbo, Barcelona, 1972.
— *Pensamiento conservador español*, Planeta, Barcelona, 1981.
VIDAL-QUADRAS, Alejo: *Ahora, cambio de rumbo. Agenda para recomponer España*, Planeta, Barcelona, 2012.

5. PÁGINAS WEB SOBRE LAS DERECHAS ESPAÑOLAS

Fuerza Nueva: redaccion@fuerzanueva.com
Fundación Balmes: fundacionbalmes@terra.es
Fundación Antonio Maura: archivo@fantoniomaura.org
Fundación para el Análisis y los Estudios Sociales: fundacionfaes@fundacionfaes.org
Fundación Francisco Franco: secretaria@fnff.org
Fundación José Antonio: secretaria@fundacionjoseantonio.org
Razón Española: razonespanola@bigfoot.com

Índice onomástico

Abascal, S.: 279, 289-290.
Aguirre, E.: 265-266, 296.
Agulló, R.: 275.
Agustí, I.:. 206.
Ahrens, H.: 127.
Albareda, J. M.: 173.
Albiñana, J. M.: 108, 135.
Alcalá Galiano, A.: 29.
Alcalá Zamora, N.: 27, 107, 11, 116-117, 149, 158.
Alfonso XIII: 31, 60, 69, 107, 116.
Alonso de los Ríos, C.: 253, 275.
Alonso, D.: 167.
Alsina, J.: 275.
Altamira, R.: 36.
Álvarez de Miranda, F.: 198.
Álvarez Tardío, M.: 271.
Álvarez, J. L.: 205.
Álvarez, M.: 116-117, 158.
Amor-Ruibal, A.: 190.
Annunzio, G. d': 42.
Aparisi y Guijarro, A.: 28, 48, 121.
Apostua Palos, L.: 205.
Aragón, M.: 114.
Aranda, C.: 35.
Araquistain, L.: 110-111.
Arias Navarro, C.: 206, 211.
Arias Salgado, F.: 205.
Aristóteles: 202, 250.
Armengou, M.: 255.
Aron, R.: 15, 162, 207, 223, 226, 239, 274, 291, 296.
Arranz, L.: 271.
Arrese y Magra, J. L.: 182-184.
Aub, M.: 206.
Aunós, E.: 99-100, 106, 120, 124-125, 167, 294.
Ayala, A.: 67, 174.
Ayuso, M.: 237-238, 277-278, 295.
Azaña, M.: 10-11, 111-116, 118, 141-142, 157-158, 226, 228-229, 257.
Azcárate, G.: 34, 74.
Aznar López, J. M.: 10-11, 226-228, 230-233, 249-250, 252-253, 262-263, 266, 296.
Aznar, J. B.:. 108.
Azorín: *véase* Martínez Ruiz, J.

Badiou, A.:. 283
Bainville, J.: 83.
Balbín, R.: 174.
Balmes, J.: 29, 33, 68, 121, 217, 130, 171, 202.
Barbado Viejo, P.: 193.
Bardají, R.: 268.
Baroja, P.: 57, 98, 149, 159, 167, 245.
Barraycoa, J.:. 277
Barrès, M.: 42, 50, 54, 82, 84, 91.
Barros, F.: 257.
Belloc, H.: 87.
Benavente, J.: 98.
Benjumea, R.: 99, 101.
Benoist, A.: 244-246, 274-276, 283.
Berenguer, D.: 107, 108.
Bergson, H.: 41, 103.
Berlin, I.: 230, 266.
Bermúdez Cañete, A.: 67.
Bertalanffy, L. von: 245.
Besteiro, J.: 110, 251.
Bismarck, O. von: 35, 188.
Blanqui, L. A.: 16.
Boadella, A.: 275.
Bobbio, N.: 11, 291.
Bofill, J.: 53.
Bonald, L.: 34.
Borrego, A.: 29.
Borrell, J.: 254.
Bourdieu, P.: 283

BOTTAI, G.: 141.
BRAVO MURILLO, J.: 35.
BRICMONT, J.: 251.
BUENO MONREAL, J.: 132.
BUENO, G.: 12, 223, 278-280.
BUENO, M.: 98, 101, 158.
BURGOS MAZO, M.: 107.
BURGOS, J.: 271.
BURKE, E.: 11, 33, 192, 233, 250, 271.

CALLEJO, E.: 101.
CALVO SERER, R.: 107, 169, 174-177, 179-180, 200-201, 292, 294, 297.
CALVO SOTELO, J.: 71, 74-75, 98-99, 107, 120, 124-125, 158, 292, 294.
CALVO SOTELO, L.: 220.
CAMACHO, I.: 288.
CAMBÓ, F.: 99.
CAMINERO, F. J.: 29.
CAMÓENS, L. DE: 130.
CAMUÑAS, I.: 281. 289-290.
CANAL, J.: 255, 271.
CANALEJAS, J.: 52, 69, 271.
CÁNOVAS DEL CASTILLO, A.: 10, 30, 33, 55, 68-69, 82, 84, 112, 121, 205, 230, 271, 293.
CANTERO, E.: 204, 237, 274.
CARLOS VII: 44-45, 47, 76.
CARLYLE, TH.: 36, 85.
CARO BAROJA, J.: 245.
CARRERO BLANCO, L.: 184, 206.
CARRETERO, A.: 251.
CARRILLO, S.: 253, 255, 257.
CARRO, V.: 101.
CASO, A.: 255.
CASTELLANO, D.: 277.
CASTELLET, J. M.: 13.
CASTILLO, P.: 252.
CASTRO ALBARRÁN, A.: 121.
CASTRO, A.: 227.
CAVERO, I.: 198.
CERDA Y DE LAS BÁRCENAS, T.: 134.
CHAMPENTIER, CH.:. 277.
CHAUNU, P.: 270.
CHESTERTON, C.: 87.
CHESTERTON, G. K.: 272, 278.
CHIRBES, R.: 255.
CIORAN, E. M.: 15, 244.
COLBER, J.-B.: 35.
COMELLAS, J. L.: 242.
COMTE, A.: 22, 50, 82, 178, 188, 272, 295.
CONDE, F. J.: 165-166, 182, 206.
CONDE, M.: 282.
CONTRERAS Y LÓPEZ DE AYALA, J., *véase* LOZOYA, M.
COPPOLA, F.: 43.
CORRADINI, E.: 43.
CORTS GRAU, J.: 67.
COSTA, J.: 35, 43, 45, 55, 105, 135.
CRÉMER, V.: 180.
CUERDA, J. L.: 255.

DARDÉ, C.: 271.
DATO, E.: 52, 58, 69.
DÁVILA, C.: 281-282.
DAWSON, CH.: 175, 180.
DELGADO BARRETO, M.: 101.
DIEGO, G.: 180.
DÍEZ DEL CORRAL, L.: 175, 194, 272.
DIMIER, L.: 83.
DONOSO CORTÉS, J.: 29, 36, 121, 130, 171, 190, 195, 204, 278, 282.
DREYFUS, A.: 50.
DUGUIT, L.: 89.
DULAY, F.: 18.
DUMONT, B.: 277.
DUPERIER, A.: 179.
DUQUE, A.: 242, 245, 275.

EINSTEIN, A.: 103.
ELIADE, M.: 244.
ELÍAS DE TEJADA, F.: 35, 175, 176, 204, 237-238, 277, 295.
ELISEDA, M.: 148.
ELLACURÍA, I.: 222.
ELOLA-OLASO, J. A.: 182.
EMERSON, W.: 36.
ENGELS, F.: 80.
ENTRAMBASAGUAS, J.: 180.
ERREJÓN, I.: 283.
ESCRIVÁ DE BALAGUER, J.: 174.

ESLAVA GALÁN, J.: 255.
ESPARZA, J. J.: 242, 245-246, 275, 282.
ESTELRICH, J.: 53, 159.
ETZIONI, A.: 245.

FAL CONDE, M.: 163.
FANFANI, A.: 132-133, 175.
FEDERZONI, L.: 43.
FELICE, R.: 26-27, 270, 291.
FELIPE VI.: 284.
FERNÁNDEZ ALMAGRO, M.: 159, 167.
FERNÁNDEZ BARBADILLO, P.: 272.
FERNÁNDEZ CARVAJAL, R.: 30, 163, 292, 295.
FERNÁNDEZ CUESTA, R.: 181, 212.
FERNÁNDEZ DE LA CIGOÑA, F.: 204, 237.
FERNÁNDEZ DE LA MORA, G.: 35, 54, 174-175, 178-179, 187, 191, 206, 212, 216, 218, 237-243, 245, 272, 284, 286, 293, 296.
FERNÁNDEZ FLÓREZ, W.: 98, 159.
FERNÁNDEZ LADREDA, J.: 170.
FERNÁNDEZ MIRANDA, T.: 179, 208, 211.
FERNÁNDEZ SANTOS, V.: 11.
FERNÁNDEZ SEBASTIÁN, J.: 13.
FERRER GUARDIA, F.: 60.
FERRERO, G.: 61, 110, 292.
FOGOZZARO, G.: 86.
FOIX, J. V.: 53.
FONSECA, C.: 255.
FONTÁN, A.: 208, 230.
FORNER, S.: 271.
FOUCAULT, M.: 283.
FOURIER, CH.: 16.
FOXÁ, A.: 159, 206.
FRAGA, M.: 24, 202-203, 205, 209, 211-212, 214, 217, 220-221, 226-227, 245, 254, 283, 297.
FRANCO, F.: 12, 28, 157, 160-163, 169-173, 175, 179, 180-183, 187-188, 198-199, 203-204, 206, 208, 210, 215, 227, 232, 235-237, 253-257, 259-260, 269-270, 280, 293, 297.
FREUND, J.: 17, 230, 246, 274.
FROBENIUS, L.: 96.
FUENTE, L. DE LA: 212.
FUENTES, J. F.: 13.
FUEYO, J.: 242.
FUKUYAMA, F.: 225-227, 240, 245.
FUNES ROBERT, M.: 245-246.
FURET, F.: 245, 270.
FUSTEL DE COULANGES, N.: 50.
FUSTER, J. A.: 272.
FUSTER, J.: 13.

GALINSOGA, L.: 71.
GALLEGO, F.: 277.
GAMBRA, R.: 175-176, 204, 236-237, 295.
GANIVET, A.: 106, 112-113.
GARCÍA ABAD, J.: 251-252, 266.
GARCÍA DE CORTÁZAR, F.: 230, 233, 254.
GARCÍA DE CORTÁZAR, J. A.: 237.
GARCÍA DE VILLADA, Z.: 123, 158.
GARCÍA ESCUDERO, J. M.: 180.
GARCÍA GÓMEZ, V.: 167.
GARCÍA HOZ, V.: 174, 193.
GARCÍA MORENTE, M.: 158-159, 193.-
GARCÍA NIETO, J.: 162, 180.
GARCÍA-PELAYO, M.: 175, 188, 217, 292.
GARCÍA SERRANO, R.: 206, 282.
GARCÍA-VALDECASAS, A.: 119, 167, 169.
GAY, V.: 101.
GEERTZ, C.: 21-22, 292.
GEHLEN, A.: 245.
GENTILE, E.: 27.
GENTILE, G.: 136, 138, 141.
GIL ROBLES, E.: 44, 47, 102, 126.
GIL ROBLES, J. M.: 67, 125, 126-128, 172, 197, 199, 200, 216, 284.
GILSON, E.: 175.
GIMÉNEZ CABALLERO, E.: 120, 136, 140-144, 159, 169, 242, 268, 293, 295.
GIMÉNEZ FERNÁNDEZ, M.: 115, 157, 197.
GINER DE LOS RÍOS, F.: 35, 271.
GIRÓN, J. A.: 183-184, 212.
GOICOECHEA, A.: 71-74, 107, 116, 120, 125, 162, 172, 294.
GOMÁ Y TOMÁS, I.:. 160
GÓMEZ DE LA SERNA, J.: 58, 117.
GONZÁLEZ ÁLVAREZ, A.: 174, 194.

González Arintero, J.: 121.
González Cuevas, P. C.: 9-10, 13, 21, 30, 53, 86, 108, 181, 190, 270, 272, 286, 293.
González Márquez, F.: 220, 226, 253.
González Quirós, J. L.: 230, 257, 289-290.
González Ruiz, N.: 67.
González Seara, L.: 213.
González Trevijano, P. J.: 257, 260.
González Vicén, F.: 182.
González y Díaz-Tuñón, Z.: 29.
Goya, F.: 154.
Gramsci, A.: 244-245, 264.
Gray, J.: 250, 283.
Gregor, A. J.: 27.
Guardini, R.: 175, 180.
Gullón, R.: 167.

Habermas, J.: 232, 246.
Haecker, T.: 175.
Halcón, M.: 159.
Hayek, F.: 177, 227, 230-231, 241, 246, 268.
Hedilla, M.: 162.
Hegel, G. F.: 22, 88-90, 127, 138, 178.
Heidegger, M.: 136, 244.
Herder, J. G.: 33.
Hernández, M.: 206.
Hernández-Mancha, A.: 226.
Herrera, A.: 11, 26, 67-69, 99, 107, 114, 116, 121, 125-126, 170-171, 180, 294.
Herrero García, M.: 67, 123, 132,.
Herrero y Rodríguez de Miñón, M.: 215, 233-234, 257, 260.
Herrero, M.: 274.
Hinojosa, J. M.: 158.
Hitler, A.: 114.
Hobbes, Th.: 160, 163, 272.
Horcajo, J.: 282.
Horia, V.: 180, 242, 245.
Hügel, F.: 66, 86.
Hulme, T. E.: 87.
Hureaux, R.: 234.
Husserl, E.: 103.

Ibáñez Martín, J.: 170.
Iglesia, R.: 54.
Iriarte, J.: 193-194.
Irujo, M.: 198.

Jaime de Borbón: 76.
Jatamí: 262.
Jauregui, R.: 257.
Jellinek, G.: 233.
Jiménez de Parga, M.: 197.
Jiménez Losantos, F.: 226, 228, 231, 266-269, 271, 286.
Jovellanos, G. M.: 195, 202, 205.
Juan Carlos I: 208, 224, 252, 256, 268, 271, 284, 293.
Juan de Borbón: 171-173, 175, 198, 204, 293.
Juaristi, J.: 233, 271.
Juliá, S.:. 253.
Jünger, E.: 245.
Junoy, J. M.: 53.

Kant, I.: 87, 89, 91.
Kelsen, H.: 11, 166.
Ketteler, W. von: 100.
Keyserling, H.: 96.
Kidd, B.: 36.
Kierkegaard, S.: 41.
Kirk, R.: 180.
Kolakowski, L.: 16-17.

La Cierva, J.: 54, 82, 83, 107.
La Cierva, R.: 209, 213.
La Tour du Pin, R.: 99.
Laclau, E.: 283.
Laín Entralgo, P.: 54, 159, 166-169, 179, 181, 193-194, 221-222, 224, 295.
Lakoff, S.: 251.
Largo Caballero, F.: 11, 111.
Larraz, J.: 67, 171.
Lasalle, J. M.: 11, 266.
Lavilla, L.: 206, 220.
Le Bon, G.: 36.
Le Pen, J. M.: 244.
Le Pen, M.: 277.
Le Play, F.: 100.

LEDESMA RAMOS, R.: 54, 120, 136-138, 140, 144, 147-149, 158, 164, 169, 292.
LEFEBVRE, M.: 204, 237.
LEGAZ LACAMBRA, L.: 165-166, 295.
LEGUINA, J.: 282.
LEQUERICA, J. F.: 71.
LERROUX, A.: 111, 130.
LÉVY, E.: 224.
LINCOLN, A.: 199.
LISSARRAGUE, S.: 119.
LLANOS Y TORRIGLIA, F.: 71.
LOCCHI, G.: 276.
LOCKE, J.: 11.
LOIS, J.: 242.
LOISY, A.: 66, 86.
LÓPEZ ARANGUREN, J. L.: 165, 167-168, 179, 181, 194, 206, 211, 222, 295.
LÓPEZ DIÉGUEZ, R.: 277.
LÓPEZ IBOR, J. J.: 174-175, 180, 191.
LÓPEZ RODÓ, L.: 184, 187-188, 212, 216, 284, 296.
LÓPEZ-AMO, A.: 17-176, 178, 208, 294.
LÓPEZ-PICÓ, J. M.: 53.
LORA TAMAYO, M.: 180.
LORENZ, K.: 175, 245.
LÖWITH, K.: 175.
LOZOYA, M.:,. 67, 120, 130.
LUHMANN, A.: 246.
LUNA, L.: 276.

MACHADO, A.: 206.
MACHADO, M.: 159.
MACÍAS PICAVEA, R.: 36-37, 39, 105.
MACINTYRE, A.: 19, 230, 245, 283, 292.
MADARIAGA, S.: 110, 148-153, 198-199.
MAESTRO, A.: 242.
MAEZTU, R.: 27, 55-57, 86-90, 98, 102, 105-108, 110, 113, 120, 122-123, 125, 144, 148-149, 151, 158, 181, 202, 205, 242, 293-294.
MAFFESOLI, L.: 244.
MAIER, CH. S.: 25, 62.
MAISTRE, J.: 15.
MALLADA, L.: 36-37.
MARAGALL, P.: 253, 262-263.
MARAÑÓN, G.: 107, 158-159, 167, 180, 303.
MARAVALL, J. A.: 119, 179, 194.
MARCO, J. M.: 10, 230, 268, 270-271.
MARCUSE, H.: 244.
MARÍAS, J.: 191, 193-196, 207-208, 213, 215, 218, 220, 222, 224, 284.
MARINETTI, F. T.: 141.
MARITAIN, J.: 66.
MARQUINA, E.: 159.
MARRERO, V.: 174, 180-181, 193-194, 204, 242, 294.
MARTÍ D'EIXALÁ, J.: 33.
MARTÍN ARTAJO, A.: 67, 170-171, 180.
MARTÍNEZ LÁZARO, J. 255.
MARTÍN RUBIO, A. D.: 12.
MARTÍN SÁNCHEZ-JULIÁ, F.: 67, 171.
MARTÍNEZ DE PISÓN, I.: 255.
MARTÍNEZ DE VELASCO, J.: 158.
MARTÍNEZ ESTERUELAS, C.: 212.
MARTÍNEZ RUIZ, J.: 54.
MARTÍNEZ-CAVA, C.: 12, 275.
MARX, K.: 16, 5, 74, 80, 113, 130, 207, 240, 289.
MASSIS, H.: 175, 180.
MAURA, A.: 52, 54, 57-60, 69-71, 82, 205, 271, 293-294, 297.
MAURA, G.: 83, 107, 173.
MAURA, M.: 27, 116-117, 119, 158.
MAURRAS, CH.: 26, 42-43, 50, 52-54, 57, 77, 82-84, 99. 106, 120, 136, 205, 237.
MAYOR OREJA, J.: 254.
MENÉNDEZ PELAYO, M.: 13-14, 34, 54, 66, 68, 92, 102-103, 112, 121-122, 130, 134, 168, 171, 179, 181, 190-191, 227, 253, 282.
MENÉNDEZ PIDAL, R.: 149, 159, 167, 179, 227.
MERCIER, D.: 66.
METZ, J. B.: 222.
MIAJA DE LA MUELA, J.: 179.
MICHELS, R.: 239.
MIGUEL, A. DE: 282.

Milá i Fontanals, F.: 33.
Milet, S.: 178.
Mill, J. S.: 36.
Millán Puelles, A.: 175, 177, 180, 190-191, 242.
Millán Vallicrosa, J. M.: 180.
Mises, L. von: 231, 268.
Misrah, R.: 62.
Moa, P.: 12-13, 268-270.
Molina, J.: 245, 274-275.
Molinuevo, J. L.: 275.
Moltnam, J.: 222.
Morales, R.: 180.
Morán, F.: 229.
Mosca, G.: 239.
Mosse, G. L.: 13-14, 270.
Mouffe, Ch.: 15, 17, 183, 192.
Muñoz Alonso, A.: 175, 184-187, 195, 295.
Muñoz Seca, P.: 158.
Murciego, P. L.: 121.
Murri, R.: 66, 86.
Mussolini, B.: 134-135, 141, 155.
Mutis, A.: 274-275.

Napoleón III: 36, 39.
Navarro Rubio, M.: 184.
Negro Pavón, D.: 242, 272-274, 277, 296.
Nietzsche, F.: 41, 54.55, 84-85, 91, 136, 244, 275, 293.
Noce, A. del: 27, 222, 292.
Nocedal, C.: 130.
Nolte, E.: 25, 63, 91, 162, 232, 245, 270, 293.
Núñez Balart, M.: 255.
Núñez, D.: 16.

Oliveira Salazar, A.: 110, 134, 154-155.
Orano, P.: 43.
Oreja, M.: 206.
Oriol, J. L.: 180.
Ors, A. d': 237-238.
Ors, E. d': 26, 52-53, 98-99, 106, 110, 113, 135, 144-145, 148-149, 153-155, 159, 165-166-168, 206, 293.
Ortega Lara, J. A.: 289.
Ortega y Gasset, J.: 9-10, 22, 27-28, 86, 90, 92, 94-96, 107-108, 110, 113, 116, 118, 135-139, 144, 148, 150, 158, 167, 169, 179, 190-195, 229, 241, 245, 251, 276, 294.
Ortí Bordás, J. M.: 285.
Ossorio y Gallardo, A.: 69, 107.
Ossorio, A.: 206.
Otero Novas, J. M.: 280.
Ottaviani, P.: 195.

Pacheco, F.: 29.
Paes, S.: 42.
Palacio Atard, V.: 175, 208, 242.
Palacios, L.-E.: 174.
Pániker, S.: 213.
Papini, G.: 26, 42.
Pareto, V.: 91, 189, 239, 244.
Pastor Díaz, N.: 29.
Peguy, Ch.: 84.
Pemán, J. M.: 67, 101-102, 104, 107, 135, 159, 180, 282.
Pemartín, J.: 101-104, 126, 164, 170, 174, 294.
Pérez de Ayala, R.: 67, 107.
Pérez Embid, F.: 174, 177, 191, 208.
Pérez Villanueva, J.: 179.
Pessoa, F.: 42.
Pétain, Ph.: 162.
Petit, Ph.: 251.
Pidal, A.:. 33
Pildain, A.: 194.
Pinker, S.: 18, 292.
Piñar López, B.: 204, 206, 212, 235, 277, 294.
Pla y Deniel, E.: 159, 171.
Poliakov, L.: 16.
Popper, K. R.: 227, 230-231, 246, 283.
Portero, F.: 30, 58, 262, 268, 293.
Posse, A.: 245, 275.
Payne, S. G.: 110, 275, 277.
Prada, J. M.: 278, 282, 289.
Pradera, V.: 26, 67, 76-81, 107, 120-121, 124, 160, 295.
Prado, B.: 255.

PRAT DE LA RIBA, E.: 26, 50-51, 53, 264, 296.
PRESTON, P.: 255.
PRIMO DE RIVERA, J. A.: 27, 61, 98-100, 104, 106-107, 120, 126, 134, 136, 144-148, 158, 160, 169, 179, 182-183, 185, 187, 259, 292-295.
PRIMO DE RIVERA, M.: 97, 101, 143.
PROUDHON, J. P.: 16, 75.
PUIG, V.: 9.
PUIGDOLLERS, M.: 67.
PUJOL, J.: 216, 264.
PUJOL, O.: 264.

QUINTANILLA NAVARRO, M. A.: 271, 289.

RAGUER, H.: 257.
RAJOY BREY, M.: 11, 14, 249-251, 254, 263, 265-266, 282-283, 285-290.
RAMÍREZ, S.: 180-181, 193-194.
RAPOSO, H.: 42.
RECASENS SICHES, J.: 117, 179, 193.
REGÁS, R.: 253, 255.
RÉMOND, R.: 20, 292.
RENAN, E.: 22, 50, 91, 138-139, 244.
REVEL, J. F.: 226.
REY REGUILLO, F.: 110.
REYES MATE, M.: 257.
RIDRUEJO, D.: 167, 179, 181, 198.
RISCO, V.: 180.
ROCA, M.: 215.
ROCCO, A.: 43, 104.
RODRÍGUEZ ARANA, J.: 213-214.
RODRÍGUEZ CASADO, V.: 174.
RODRÍGUEZ LOZANO, J.: 252.
RODRÍGUEZ ZAPATERO, J. L.: 9, 14, 249-255, 257, 260-263, 265-268, 279-280, 283, 288, 290.
ROIG GIRONELLA, J.: 193.
ROMERO ROBLEDO, F.: 54.
ROSMINI, A.: 185.
ROSTOW, W. W.: 188.
ROUSSEAU, J.-J.: 42, 73, 90, 154.
RUIZ DEL CASTILLO, C.: 180.
RUIZ GIMÉNEZ, J.: 171, 179-181, 198.
RUIZ MANJÓN, O.: 9.

SAINZ RODRÍGUEZ, P.: 123, 272.
SALAS POMBO, D.: 182.
SALAVERRÍA, J. M.: 26, 84-86, 97-98, 148-150, 159.
SAMPEDRO, R.: 180.
SÁNCHEZ ALBORNOZ, C.: 99, 227, 276.
SÁNCHEZ CÁMARA, I.: 229-230, 296.
SÁNCHEZ CERVELLÓ, J.: 255.
SÁNCHEZ DE MUNIAÍN, J.: 171.
SÁNCHEZ DRAGÓ, F.: 245, 275.
SÁNCHEZ MAZAS, R.: 182, 206.
SÁNCHEZ VILLASEÑOR, J.: 193-194.
SANJURJO, J.: 121, 128, 158.
SANZ DEL RÍO, J.: 37.
SARDÁ Y SALVANY, F.: 204.
SARDINHA, A.: 42, 106, 130.
SATRÚSTEGUI, J.: 197-198.
SAVATER, F.: 233, 253, 275.
SAVIGNY, F.: 233.
SCHELER, M.: 43.
SCHMITT, C.: 11, 24, 26, 37, 43, 96-97, 106, 113, 163, 166, 175, 192, 202, 230, 244-246, 272, 274, 283, 292.
SCHMITTER, PH.: 62.
SCHOPENHAUER, A.: 41, 84.
SCHUMPETER, J. A.: 239.
SCRUTON, R.: 271.
SECO SERRANO, C.: 58, 213.
SEGOVIA, F. J.: 277.
SEMPRÚN, J.: 229.
SEMPRÚN MAURA, C.: 268.
SERRANO SÚÑER, R.: 160, 162.
SEVILLANO CALERO, F.: 255.
SILIÓ, C.: 71, 75-76, 107.
SILVA MUÑOZ, F.: 212.
SILVELA, F.: 58-59, 271.
SLOTERDIJK, P.: 14, 287, 292.
SOMBART, W.: 43, 91, 96.
SOREL, A.: 255.
SOTELO, I.: 221, 225, 251, 284.
SOWELL, TH.: 12, 18, 292.
SPANN, O.: 43, 96.
SPENCER, H.: 55, 93.
SPENGLER, O.: 14, 26, 43, 96, 245.
STEIN, L.: 175, 176.
STERNHELL, Z.: 27, 42, 292.

STIRNER, M.: 54.
SUÁREZ FERNÁNDEZ, L.: 183, 208.
SUÁREZ GONZÁLEZ, A.: 211-213, 215, 218-219, 240, 286.
SUÁREZ VERDEGUER, F.: 174.

TAGUIEFF, P. A.: 224, 244, 292.
TAINE, H.: 22, 55, 127.
TAPARELLI, L.: 36, 127.
TARCHI, M.: 236.
TARDE, G.: 75.
TAYLOR, CH.: 16, 245, 292.
THIBAUDET, A.: 16.
THOMÁS DE CARRANZA, E.: 212.
TIERNO GALVÁN, E.: 37.
TOCQUEVILLE, A.: 230, 272.
TOMÁS DE AQUINO: 36.
TORO, G. DEL: 255.
TORRAS I BAGES, J.: 49.
TORRENTE BALLESTER, G.: 159, 224.
TOURAINE, A.: 246.
TOVAR, A.: 165, 167, 179, 181.
TRÍAS, E.: 275.
TUÑÓN DE LARA, M.: 206.
TURCO, G.: 277.
TUSELL, J.: 30, 32, 197, 208, 213, 293.
TYRRELL, G.: 86.

UCELAY, E.: 16, 293.
UESKÜLL, J.: 96.
ULLASTRES, A.: 184.
UMBRAL, F.: 180.
UNAMUNO, M.: 52, 54-55, 98, 105, 136, 144, 159, 179, 190.
URIARTE, E.: 233.
URIBE, I.: 255.
USCATESCU, J.: 180.
UTRERA MOLINA, J.: 242.

VALDÉS, F.: 158.
VALERA, J.: 195.
VALIENTE, J. M.: 24.
VALJAVEC, F.: 191.
VALLELLANO, C.: 71, 172, 183.
VALLET DE GOYTISOLO, J.: 204-205, 237-238.
VALVERDE, J. M.: 181.
VARELA, J.: 91, 293.
VÁZQUEZ DE MELLA, J.: 26, 44, 47-49, 76-78, 80, 102, 121, 127, 176, 190, 295.
VEGAS LATAPIÉ, E.: 108, 120, 174, 204-205, 237.
VELARDE, J.: 99, 197, 242-243.
VERDAGUER I CALLÍS, N.: 50.
VERSTRYNGE ROJAS, J.: 245, 276.
VIDAL MANZANARES, C.: 268, 270.
VIDAL-QUADRAS, A.: 233, 272, 282, 289-290, 297.
VIGÓN, J.: 180, 183.
VINYES, R.: 254, 257.
VIÑAS, A.: 257.
VIVAS, A.: 10, 36, 69.
VOEGELIN, E.: 11, 175.

WAUGH, E.: 180.
WEBER, E.: 20, 292.
WEBER, M.: 113, 166, 223.
WERT, J. I.: 288.
WILLIAMS, R.: 19, 292.
WILSON, E. O.: 241.
WILSON, W.: 76.
WINDOW, F.: 277.
WINGT, D.: 255.
WINOCK, M.: 21, 292.
WUST, P.: 175-176.

YANGUAS MESSÍA, J.: 107.
YELA, J.: 193.

ZAMBRANO, M.: 119, 193, 251.
ZAPATERO, V.: 257.
ZARZALEJOS, J. A.: 10.
ZUBIRI, X.: 167, 179, 190, 193, 222.
ZULETA ÁLVAREZ, E.: 191, 242.
ZULOAGA, I.: 52, 159.